权利推定研究

霍宏霞 著

九州出版社
JIUZHOUPRESS

图书在版编目（CIP）数据

权利推定研究／霍宏霞著 . -- 北京：九州出版社，
2021.12

ISBN 978-7-5225-0639-5

Ⅰ.①权… Ⅱ.①霍… Ⅲ.①权利—研究 Ⅳ.
①D90

中国版本图书馆 CIP 数据核字（2021）第 232109 号

权利推定研究

作　　者	霍宏霞　著	
责任编辑	周弘博	
出版发行	九州出版社	
地　　址	北京市西城区阜外大街甲 35 号（100037）	
发行电话	（010）68992190/3/5/6	
网　　址	www. jiuzhoupress. com	
印　　刷	唐山才智印刷有限公司	
开　　本	710 毫米×1000 毫米　16 开	
印　　张	16	
字　　数	229 千字	
版　　次	2021 年 12 月第 1 版	
印　　次	2021 年 12 月第 1 次印刷	
书　　号	ISBN 978-7-5225-0639-5	
定　　价	95.00 元	

目　录
CONTENTS

导　论

一、权利在现代法律理论与法律实践中的重要性

法律，这一语词，往往被人们在如下并非同一乃至迥然相异的概念层面上反复使用着：教义学层面上的法律概念认为法律是某地或某个实体的具有特定效力的规范，社会学层面上的法律概念探究"特定类型的制度性的社会结构"，分类学层面上的法律概念认为"任何拥有社会学意义上之法律的政治共同体，也会有一种具体的规则与其他类型之标准的集合，它们属于法律的准则，而与道德的或习惯的或其他类型的准则相对"，伦理学层面上的法律概念在法律的合道德性意义上界定法律，也被称为"合法性理念"或"法治"。①

即便是在对法律的教义性概念所作的一般性说明中，一直以来，在法律与道德的关系，进而在法律的构成、权利与法律的关系、权利的范围与类型等问题上，"围绕法律是什么"这个古老的问题而形成的不同的法律理论亦有不同的理解。与功利主义的正义观有强烈亲和性的现代法律实证主义者认为法律独立于道德，道德因素不能在法律命题的真值条件中发挥作用。他们主张权利来源于法律，"权利是法律之子"，个人享有的权利只是那些人定的法律所授予的权利，除了法律规则明文规定的权利外，个人

①　［美］罗纳德·德沃金：《身披法袍的正义》，周林刚、翟志勇译，北京大学出版社2014年版，第2—6页。

在司法中没有什么权利，因此，在法律被制定出来之前，是根本没有权利的，所谓"自然权利"纯属无稽之谈。以德沃金"法律是一种解释性概念"，"法律的教义性概念即是作为一种解释性概念发挥其功能的，至少在复杂的政治共同体中是如此"① 的观点为代表的新自然法学拒斥这种对于权利与法律关系的理解，认为法律依赖于道德，道德因素在法律命题的真值提交中发挥着重要的作用，权利并非仅仅存在于法律规则之中，权利也存在于历史和传统中，权利是"掌握在个人手中的政治王牌"，是要求保护的"道德主张"，也是反抗政府的理由，权利可以是法定的权利，也可以是道德的或政治上的权利，权利既包括实证权利，又包括自然权利。

尽管如此，随着耶林"为权利而斗争"的摇旗呐喊，"权利在现代法律中占有着重要的地位，权利是现代法的核心概念和价值表达"这样一种观念在现代社会的法律实践中已获得了越来越多的认可。正如马图佐夫所论说的那样，"权利构成法律体系的特征。法律体系中的许多因素是由权利派生出来的，由它决定，受它制约。权利在法律体系中起着关键作用。在对法律体系进行广泛解释时，权利处于起始的位置：权利是法律体系的主要的和中心的环节，是规范的基础和基因"②。亨金则更是以"这是一个权利的时代"一语概括高度凝练并真实缩写了权利在现代法律中之重要性的种种实践彰显。

同样，权利理论是现代法律理论的最基本的组成部分。权利理论之所以成为法律理论的"基石理论"，其原因就在于：权力对社会秩序的形成尽管必不可少，但它必须囿于权利规则的范围之内实施才具有正当性，权利的话语和技术的主要功能就是要抵消权力的内在支配性，从而使权力服务于权利。正如德沃金从法律与政治道德哲学之内在关联的高度所理解的那样，通过法律来实施和保障基本的和宪法的"权利"，法律在强力所维

---

① [美]罗纳德·德沃金：《身披法袍的正义》，周林刚、翟志勇译，北京大学出版社2014年版，第13页。

② 马图佐夫：《发展中的社会主义法律体系》，载《苏维埃国家与法》1983年第1期，第21页。转引自张文显：《从义务本位到权利本位是法的发展规律》，载《社会科学战线》1990年第3期。

持的法律有效性之外又获得了其何以获得人们的尊崇的充分理由。权利构成了法律和政治道德之间的恰当联系。正是权利使法律本身更为道德，正是权利起到了防止政府和政治官员将制定、实施和运用法律用于自私或不正当的目的。① 正如拉德布鲁赫从权利义务的价值关系中所分析的那样，"在法律领域中，一个人的义务总是以他人的权利为缘由。权利概念，而不是义务概念，是法律思想的起点"②，也正如孙国华从法的目的与价值的角度所思考的那样，"权利是在一定社会生活条件下人们行为的可能性，是个体的自主性、独立性的表现，是人们行为的自由。……权利是国家创制规范的客观界限，是国家在创制规范时进行分配的客体。法的真谛在于对权利的认可和保护"③。

二、权利推定在现代法律理论与实践中的重要性

尽管当我们谈到权利的时候，我们更多想到的或更容易想到的是"明确规定"在法律规范中的权利，而忽视了法律权利的另一种存在方式，即"隐含"在法律规范中的权利。在此，我们不妨将前者称为"明示的权利"，将后者称为"隐形的权利"。但事实上，当这种法条直接指涉权利的简单情形不存在时，当现有法律的直接权利规定不能满足社会发展所提出的新的权利诉求时，当我们面对疑难案件时，我们势必不能简单地以法律没有相关明确规定，甚至以法律规范中没有与之明确对应的权利条文而简

---

① ［美］罗纳德·德沃金：《认真对待权利》，信春鹰、吴玉章译，中国大百科全书出版社 1998 年版，中文版序言，第 3—4 页。

② ［德］拉德布鲁赫：《法学导论》，米健、朱林译，中国大百科全书出版社 1997 年版，第 6 页。

③ 孙国华：《法的真谛在于对权利的认可和保护》，载《时代论评》1988 年创刊号，第 79 页。转引自张文显：《从义务本位到权利本位是法的发展规律》，载《社会科学战线》1990 年第 3 期。

单地回避、搁置纠纷或以机械的判决方式"解决"纠纷。①

　　显然，在权利设定的立法实践中，在权利保护的司法实践中，以至在普通民众的权利诉求实践中，事实上都并没有将权利仅仅等同于法律权利，更没有将法律权利仅仅等同于明示的法律权利。权利体系的存在是一个动态的过程，新兴权利的提出以及新兴权利通过立法或司法中的权利创设或权利推定不断进入法律正是权利体系生命力的体现。

　　"国家尊重和保护人权"的条款入宪后，我国人权体系由封闭变为开放，权利推定有了更明确的宪法规范支持。这一条款可以视为司法上的权利推定条款。一方面，这一条款以规范化的形式认可"宪法规定之外还有基本人权"的人权理念，权利不仅包括法律上明示的权利，也包括法律上没有明示的权利，司法的权利保障义务不限于明示的法律权利。另一方面，这一条款预示着司法负有一种通过权利推定对公民的更广泛的权利主张予以识别、证成与救济的义务，因此，司法中的经得起推敲的权利推定又是得出审慎法律结论的重要途径之一。

　　所以，上述我们所谈到的在现代法律实践和法学理论中发挥重要作用，占有重要地位的权利和权利理论显然并没有而且也并不能仅仅局限于在"明确法律"涵盖范围内的权利以及与之相对应的权利理论。完整的法律权利和法律权利理论也应该包括"隐含法律"本身所包容的"隐含权利"以及与之相对应的关于"隐含权利"的理论。事实上，所谓"隐含权利"，更多的是对法律实践中司法机关针对民众涌动的权利诉求，依据对既定法律的整体性理解，结合特定情势所进行的广泛权利确认与权利保护举措的一种理论上的解释或理论上的概括。事实上，人们对乞讨权问题的争论、法院对胎儿权利的保护、最高法院对侵犯受教育权应承担的责任方

---

① 例如在大陆法系中，整个审判实践要求法官必须对起诉的案件作出判决，不得借口法律规定的含混不清而悬置不决，这样就使法官陷入困境：一方面法律不适合实际的需要，另一方面又要求法官无论遇到什么案件都必须作出正确判决。这也要求司法机关或法官必须借助"权利推定"的方式，尽量表明自己所作的判决是以立法机关创制的法律规定为根据的，是对"隐含权利"的揭示与司法保护。

式的司法解释以及司法中对诸如"基因权""环境权"等新兴权利的塑造都是对"权利推定"理论的运用。而作为诉讼总会引起的三种争论①中之一种的法律争论②在很大程度上也印证了"隐含权利"事实上已经成为法律实践的一部分。"隐含权利"的问题和作为包括对隐含权利揭示之过程的"权利推定"问题已经引起了法律理论和权利理论的关注。

事实上，正如有的学者所指出的那样，立法技术的需要以及法律所规范的社会利益关系的流变性等多种原因使得隐形的权利在数量上要远远超过明示的权利。③而且，在司法实践中以司法解释或具体个案判决的方式存在着的被"揭示"或"明晰"出来的"隐含权利"也在权利司法保障的实践中占有很大的比例。而且，这种隐含权利的揭示或明晰过程远远不会因为其被逐一地揭示或明晰，并以新的立法或法律解释乃至司法判决的方式确定下来而宣告结束。事实上，无论立法何等详尽，无论在立法技术上怎样要求法律的明示性，法律的实践品性都使其面对的永远是一个变动、发展社会中的权利诉求和权利保护。所以，权利推定是法律实践中的一个无法终结也无法回避的主题。在某种意义上，法律回应社会生活的及时性和适度保持法律自身结构的稳定性正是通过"权利推定"的法律实践来完成的。

当我们谈到权利的时候，我们往往关注"法定权利"，而忽视了"应有权利"，事实上，正是"应有权利"内在的道德力量为"法定权利"提供了道德上的正当性，正是"应有权利"的社会流变性为"法定权利"的

---

①　关于事实的争论，关于法律的争论，以及关于政治道德和忠实的双重争论。参见〔美〕德沃金：《法律帝国》，李常青译，中国大百科全书出版社 1996 年版，第 3 页。

②　关于法律的争论主要体现在不同的法律命题中。"法律命题是指对于法律应该允许或禁止的是什么，它赋予人们何种权利，人们对此所有的各种各样的声明和主张。"法律的命题可能很一般化——"法律禁止各州否认任何人在第十四条修正案的范围内享受到平等的保护"——或者不那么一般化地称之为"法律并不规定向任何受伤的工人提供赔偿"，或者讲得更具体，"由于约翰·史密斯在 2 月份受雇于阿克米公司时受伤，法律要求该公司给予赔偿"。参见〔美〕德沃金：《法律帝国》，李常青译，中国大百科全书出版社 1996 年版，第 3—4 页。

③　郑成良主编：《现代法理学》，吉林大学出版社 1999 年版，第 97 页。

不断扩展提供了发展的动力，人为地切断"应有权利"与"法定权利"之间的逻辑关联与价值关联，否定从"应有权利"到"法定权利"的权利推定，就无疑是阻碍了法律权利发展的一个重要的途径，就无疑是屏除了、破坏了权利内在的关联性和权利的整体性。而法律实践若秉持这样一种理念，从而认为权利保障仅仅通过孤立的法条的直接适用就可以完全满足，而忽略或回避对法律的整体性认识和对规定或隐含在法律整体中的各种权利的尊重和保护，忽略或回避从"应有权利"到"法定权利"的权利推定的话，法律实践就不会推动权利的发展。

然而，当我们谈到权利理论的时候，我们势必要从一个宏观的架构上来突破法律权利的规定性，而深入到法律权利的背后，从更高的层面上来把握权利与功利、权利与自由、权利与人的尊严以及权利与人的道德关怀等问题，进而也就是把握权利的演进与应有权利、法定权利以及实有权利三者之间的逻辑关联和权利转化。而权利推定在更深的理论层次上则正是对权利理论内在复杂性的一种反映，是一种从应有权利到法定权利的权利推理过程和权利推定结果，是权利发展和权利演进的一种重要方式。

有些学者明确地从权利的推定过程、权利的推定结果以及权利推定的价值基础的角度指出权利推定与权利存在的三种基本形态即应有权利、法定权利、现实权利之间的联系，认为权利推定基于现实生活中的实际权利要求。从权利的推定过程看，"不是先有了权利的推定，才有了某种法定权利，而是先有了现实权利的实际行为，并为了这种行为合法化、普遍化才产生了权利推定。任何权利推定都是基于现实权利的事实。这说明了权利推定与现实权利之间的联系"[1]。从权利推定的结果看，"被推定的权利作为一种存在的实态，它只能是法定权利而不是其它权利；若是应有权利，那么就没有'推定'的必要；若是一种现实权利，那么'推定'就失去了法律根据。这说明了权利推定与法定权利之间的联系"[2]。从权利推定的价值基础来看，"当一种被推定的权利成为一种法定权利时，其价值并

---

[1]　程燎原、王人博：《权利及其救济》，山东人民出版社 1998 年第 2 版，第 344 页。

[2]　程燎原、王人博：《权利及其救济》，山东人民出版社 1998 年第 2 版，第 344 页。

非由法律所赋予，因为法律只能赋予它效力而不能赋予它内在价值。而且，在权利推定过程中，应有权利自始至终都作为'推定'的客体价值而存在的。没有应有权利，权利推定就失去了前提和基础。这说明了权利推定与应有权利之间的联系"①。总之，可以说，"现实权利构成了权利推定的事实；法定权利构成其目的；应有权利构成其价值基础。权利推定使三种权利之间多了一层实际联系"②。尽管这种对权利推定的认识并不是完全无懈可击的。例如，对于"从权利的推定过程看，不是先有了权利的推定，才有了某种法定权利"以及"若是应有权利，那么就没有'推定'的必要"的观点在很大程度上还是最好应该保留一种开放的姿态，关于这一点，我将在权利推定的概念部分进行详细的说明。但是，不可否认，上述这种对权利推定所发挥的权利形态间的勾连功能的洞识是极其重要的。

权利存在方式的多样性、法律权利在制定法中存在方式的独特性、权利所存在于其间的法律规范空隙以及权利保护的迫切要求都使"权利推定"成为法律实践中的一个重要问题，它要求我们以权利推定的方式去面对权利立法的独特技术安排，在法律规范空隙中进行恰当的权利推定，发现制定法结构中和判例法结构中的隐含权利，从而借助权利推定技术在现实法律生活中落实权利本位的法理念，通过权利推定的方式来推动法律权利的发展和权利体系的扩展，通过权利推定来加强权利之间的关联。这些实践中的问题都需要从理论上进行系统的研究。

权利推定问题的提出在其理论层面上是与"法律是什么"这个法理学的永恒主题密切相关的。对这个永恒主题的不同的理论回答在某种意义上或在某种程度上也就预先确定了对"是否存在权利推定"这一直接关涉着"权利推定"问题研究"是否要继续展开""在哪一个层面上展开"以及"如何去展开"等前提性问题所可能有的回答。

因此，存不存在权利推定的问题，部分取决于我们如何看待权利，如何看待权利的存在方式。如果承认权利的含义不仅仅拘泥于法律权利，权

---

① 程燎原、王人博：《权利及其救济》，山东人民出版社 1998 年第 2 版，第 344 页。

② 程燎原、王人博：《权利及其救济》，山东人民出版社 1998 年第 2 版，第 344 页。

利有多种指称，那么权利推定的含义和方式也就是多元的。如果承认权利不仅是以明示的方式存在，而更多的情况下是以隐含的方式存在，如果承认隐含权利不仅存在于法律规则之中，而且存在于法律原则、法律结构之中的话，那么权利推定的存在就是必然的，那么权利推定的方式就是多样的。

西方关于权利推定的理论主要间接反映在罗纳德·德沃金基于对法律惯例主义与法律实用主义的批判而提出的"作为整体的法律"的法律理论中。"作为整体的法律"既是法律实践的产物，又是对法律实践进行全面阐释的激励。① 这种整体性法律只有为法律人不断解释才能揭示其意蕴。法律之所以是解释性概念，是因为它并非就是法律文字所写明的，它既有明确的含义，又有隐含的含义。正是隐含法律概念的提出关涉到了权利推定这一重要的理论问题。②

权利推定问题的提出在其实践层面上是与一种以"权利为本位"这一法律理念为中心的强调人的自主性、尊重人的创造性、倡导人的平等性的现代法律制度密切相关的。在一个以"义务为本位"的法律理念为中心的强调人的他主性、压抑人的创造性、倡导人的等级性的法律制度中是没有所谓的平等的权利实践的，因而也就更没有所谓的现代法理学意义上而不仅仅是法律逻辑学意义上的那种权利推定的实践的。在制度层面上，"法不禁止即自由"原则的确立、"国家尊重与保护人权"的宪法规定以及以原则形态存在着的宪法基本权利条款等等都为广泛的权利推定实践提供了制度基础，尽管在具体个案中以此原则进行的权利推定同时要受制于诸多其他既有原则、规则乃至立法意图等的限制，即便如此，这种制度上的宣示，其意义仍尤为深远。

---

① ［美］德沃金：《法律帝国》，李常青译，中国大百科全书出版社 1996 年版，第 202 页。
② 关于隐含法律的理论，参见［美］德沃金：《法律帝国》，李常青译，中国大百科全书出版社 1996 年版，第 1—41，201—245 页。

三、本书的论证结构

除导论和结语外，本书的主体将分为八个部分。主要运用语义分析、价值分析、比较分析、个案分析等方法对权利推定问题进行系统的研究。

第一章主要讨论权利推定的概念，即"权利推定是什么"。作为权利理论，作为权利本位理论，作为新兴权利理论的重要组成部分，权利推定在概念层面上所指是何，如何对其进行概念分析，往往影响着对权利推定的意义的认知，影响着对权利推定的主体、权利推定的方式以及权利推定的限度的认知，进而影响着对权利推定的法律实践等一系列一般问题的认知与评价。例如，围绕权利推定的新兴权利生成和人权司法保护等功能展开对权利推定的价值、理性、经验维度的研究，对权利推定所要解决的问题的讨论恰恰是预设了权利推定的概念指向。在更为具体的问题上，权利推定是否会导致权利泛化，如何有效规制司法实践中的权利推定也与如何理解权利推定密切相关。

无论是简单地将权利看作自明之物，孤立地从推定的角度理解权利推定，还是人为限缩推定的推理本质，将推定所蕴含的形态丰富的包括了实质推理与形式推理在内的"推理"限缩为"形式推理"，将形态丰富的包括了演绎和归纳逻辑在内的"形式推理"限缩为"归纳推理"中的"假定、假设"，都会导致对"权利推定"复杂性的误判，弱化权利推定事实上所要解决问题的问题意识。因此，本章在相对粗略地讨论权利的概念、权利的存在方式以及推定的词意以及权利推定与法律推定、事实推定等概念的区分的基础上，在对权利推定既有释义的上述分析与检讨基础上，试图接纳既有释义中的合理成分，并结合所开放出来的部分问题给出一个权利推定的综合性界定并对这种界定予以简要的分析。

第二章主要阐述权利推定的意义，即"为什么要进行权利推定"。本章主要涉及两个问题。第一，为什么要进行"权利""推定"，即"权利推定何以必要"。对此，主要分两个步骤讨论。一是为什么是"权利"的推定，二是为什么要借助权利"推定"。第二，权利推定具有何种意义。

主要从引导法制变革、认识基本权利，填补权利漏洞、确认新兴权利，强化权利保障、推动权利发展三个方面展开具体的阐述。

第三章主要陈述权利推定的理论资源与规范支撑。未完全理论化协议理论本身为权利推定提供了一种新的理论解释。法律中作为高层次理论原则而存在的原则性规定以及作为中层形态的未完全理论化协议而存在的法律规则中的例示规定都是未完全理论化协议存在的重要表现形式。同时，未完全理论化协议也为权利推定提供了一种按未完全理论化协议所提示的思路进行权利推定的可能性，为权利推定中主体之间的多元互动和权利推定共识提供了新思路。宪法中的未列举权利保护条款和人权保护条款为权利推定提供了重要的高阶规范支撑。

第四章主要讨论权利推定的主体问题，即"谁来进行权利推定"。本章在权利推定主体这一问题上坚持一种广泛主体性原则，强调民众作为权利推定主体在推进权利发展、完善民主法治建设中的应有作用。一是避免对权利推定简单地进行一种纯方法论问题上的"目中无人"的抽象化、教条化的研究，二是避免将权利推定主体局限于立法者、司法者的"目中无民"的官僚化、精英化的研究倾向。关注不同权利推定主体介入或进行权利推定的不同时段、不同程序与不同限度，从而使权利推定既有深厚的民众基础又不失其法律的规范性和专业性。本章重点从权利推定主体之内在规定性、权利推定主体资格之确立与权利推定主体的多元互动三个方面论证权利推定主体多元共存的合理性。

第五章主要分析法律权利推定的方式。即"怎样进行法律权利推定"。分析了包括必要条件推定和以"法律融贯论"为基础的最佳理由推定在内的宪法未列举权利的推定；分析了以"规则、原则、概念"的法要素为线索推定"未明示的广义法律权利"的主要方式。尤其是以"权利、义务（包括作为第二性义务的责任）"的逻辑线索细分了基于规则这一核心法要素的法律权利推定类型，探究了基于"法不禁止即自由"原则解析基础上的法律权利推定和基于其他一般法律原则的法律权利推定，而基于原则的推定不可避免地会与外部权利推定相关。

第六章主要讨论权利推定的界限问题，即"权利推定的原则和限制因素"。无论是以怎样的方式进行权利推定必然都涉及遵循怎样的权利推定原则，注意哪些权利推定的限制性因素。法治原则、位阶原则、内容稳妥性原则、民众行为优先适用权利推定原则和法律政治、经济社会文化、伦理道德等限制因素共同保证了权利推定的正当性。

第七章主要比较权利推定与权利创造。本章通过把权利推定主要限定在通过辩证推理的方式来探究更深层面上的权利隐含性的外部权利推定，把权利创造主要限定为理论上与实践中均已达成共识的立法性的权利创造的基础上，认为权利推定和权利创造是关于权利和关于法律的两种不同的认识路径和不同的理论认识，是权利发展的两种基本方式，在此基础上展开对权利推定与权利创造之间差异基础上的互动关系的研究。

第八章主要讨论权利推定与法律实践。权利推定是对法律实践中出现的一种特定的权利实践现象的理论概括。司法实践中对隐私权和胎儿权利的确认与保护都是综合运用多种权利推定方式来促进权利发展的比较典型的个案。权利推定在为司法实践中更广泛的权利保护和权利发展提供充分空间的同时，也从三个不同的方面制约着法律实践中的司法自由裁量权，从而保证了权利保护的司法正当性和适当性，使司法中的权利推定区别于所谓的司法中的权利创造或司法立法。第一，权利推定是以"隐含法律"之揭示为内在的控制机制，而不是任性的权利创造或是司法立法，或者说，正是司法中权利推定所担负的"隐含法律"或"隐含权利"的揭示及此基础上的适用为司法立法或司法之权利创造提供了一种价值导引和软性规范，从而也构成了对司法自由裁量权的正当制约，规范着自由裁量的方向；第二，权利推定是以"多元主体参与沟通"为基础的，而不是一元主体的专横决断。权力的适当分布与扩散以及意见的充分平等的沟通保证了权利推定的理性成分和可接受性；第三，司法中权利的层级性和权利推定的层次性使得司法中的权利推定在不同的层次上有不同的规范和制约，保证了司法中权利推定的质量。

第一章

权利推定的概念

　　清晰的概念区分并不意味着概念所涉事例也清晰存在。所以，缺乏清晰事例不应当成为我们努力阐清概念区分的障碍。① 权利是权利推定中的一个核心概念，在此，如果暂时搁置对"推定"一词的形形色色的争议，在探寻已知事实与未知事实之间逻辑关系的"推理、推论"意义上使用这一概念。那么，这里权利推定中的"权利"究竟是指作为"过程意义上"的权利推定的起点（前提）的基础性事实，还是指权利推定的终点（结论）的导出性事实呢？还是兼而有之呢？如果兼而有之，那么，作为权利推定的起点（前提）的权利和作为权利推定的终点（结论）的权利之间又有怎样的联系与区别呢？作为"结果意义上"的权利推定终点（结论）的导出性事实的"推定权利"，其作为一种制度性事实，与前提、结论均为自然事实（纯粹事实）的作为事实推定的终点（结论）的推定事实之间有何差异？

　　作为基础性事实的权利是权利推定的全部基础吗，还是权利仅仅是权利推定的一种基础性事实，从义务、责任等权利之外的其他基础性制度事实中也可以进行权利推定，作为权利推定基础性事实之一的权利必然是法定权利吗？可不可以从应然权利中推导出法定权利，可不可以从现实权利中推导出法定权利，司法过程中可不可以进行这样一种法定权利的推导，

---

　　① ［英］约瑟夫·拉兹：《法律的权威》，朱峰译，法律出版社 2005 年版，第 81 页。

还是这样一种法定权利的推导必须限定在立法过程之中？

要明晰上述这些问题，首先要弄清权利概念所可能有的多种指称，其次要弄清楚权利存在的不同方式。对权利推定的初步界定首先需要建立在对权利和权利存在方式之认识的基础上。对权利推定的进一步的更具解释力的理解乃至对权利推定问题的整体性思考甚至需要深入到对"法律是什么"这一法理学经典问题的不同思考的学术脉络中去寻找解答的资源，甚至更需要在当下法治中国的权利需求和法律实践中去寻找解答的资源。

一、权利的概念

怎样界定和解释"权利"一词，是法理学上的一个难题。在现代政治法律里，权利是一个受人尊重而又模糊不清的概念。康德在谈及权利的定义时说，"问一位法学家'什么是权利？'就像问一位逻辑学家一个众所周知的问题'什么是真理？'同样使他感到为难"①。"他的回答很可能是这样，且在回答中极力避免同义语的反复，而仅仅承认这样的事实，即指出某个国家在某个时期的法律认为唯一正确的东西是什么，而不正面解答问者提出来的那个普遍性的问题。"② 费因伯格认为，给权利下一个"正规的定义"是不可能的，应该把权利看作一个"简单的、不可定义、不可分析的原初概念"③。

在某种程度上，"权利"一词难以界定与"权利"一词的过度使用有关。权利语言虽然源于西方，但权利文化现在已经成为一种全球现象。作为用来提起诉求和表达正义的一个方便而精巧的工具，权利语言提供了一种表述实践理性要求的途径。换言之，只要自己认为是合理、正当的需求，就可以称之为"权利"。作为其负面的结果，权利语言也经常被滥用，关于权利及其涵义的讨论也时常发生一些误解。不过，即便如此，如何界

---

① ［德］康德：《法的形而上学原理》，沈叔平译，商务印书馆1991年版，第39页。

② ［德］康德：《法的形而上学原理》，沈叔平译，商务印书馆1991年版，第39页。

③ Joel Feinberg, the nature and values of rights, *Journal of Value Inquiry*, 4（1970），pp. 243—244.

定和解释"权利"一词，也是权利推定研究中无法回避的问题。因为权利是权利推定中的一个核心概念，无论怎样理解权利推定都不可能绕过对权利的理解。在"作为一种提出请求的资格和一种独特的行动理由"① 这种通常的权利理解之外，对于"权利"一词还有许多其他不尽相同的解读。

《布莱克维尔政治学百科全书》在政治哲学的语境中对"权利"进行了如下的解读：（1）在制度安排的意义上，利益得到法律的保护，选择具有法律效力，商品和机遇在有保障的基础上提供给个人。（2）表达一种正当合理的要求，即上述制度安排应该建立并得到维护和尊重。（3）表现这个要求的一种特定的正当理由即一种基本的道德原则，该原则赋予诸如平等、自主或道德等基本的个人价值以重要意义。② 第一种用法指称作为制度安排的法律权利，第二种用法指称作为论证法律权利制度安排的应有权利，第三种用法指称特定的应有权利。简言之，"法律权利"这一术语是在第一种意义上使用的，而"道德权利"则主要是在后两种意义上使用的。"人权"在以上三种意义上都可使用。当然这种用法上的分类并不是绝对的，任何对第一种用法上的权利的深入的探究最终又会不可避免地回归到对权利性质中所蕴涵的正当性的追问上。

《元照英美法词典》认为权利可分为抽象含义和具体含义。在抽象含义上，指正义或道德正当性，即与法律规则或道德原则相符者，其含义与拉丁文中的"jus"相合；在具体含义上，"权利被认为是与法律相一致的为某一行为或占有某物的自由，或者更严格地说，如果侵犯这种为某一行为或占有某物的自由，则将受法律制裁。在最一般的意义上，权利既包括以某种方式作为或不作为的自由（为法律所保护者），也包括迫使特定的人为或不为某一特定行为的权力（为法律所强制者）"③。在具体含义的

---

① ［美］朱尔斯·科尔曼，斯科特·夏皮罗主编：《牛津法理学与法哲学手册》（上册），杜宴林、朱振、韦洪发等译，上海三联书店 2018 年版，第 524 页。

② ［英］戴维·米勒、［英］韦农·波格丹诺（英文版）主编，邓正来（中译版）主编：《布莱克维尔政治学百科全书》（修订版），中国政法大学出版社 2002 年版，第711 页，"权利"词条。

③ 薛波主编：《元照英美法词典》，法律出版社 2003 年版，第 1200 页。

基础上，再细述之，则如：①由宪法、制定法或判例法所保障的或由于习惯而被主张的一种权力、特权或豁免权；②对财产标的的所有权或利益，包括占有、使用、收益或处分；③要求他人作为或不作为某一特定行为的合法的、强制性的请求权；④在自己被剥夺或失去占有时，有从他人处得以恢复之权，此时，该权利带有"请求权"之力。①

西方许多法学家对上述《布莱克维尔政治学百科全书》中第一种使用方式上的权利和《元照英美法词典》中"具体含义"层面上的权利，即法定权利的含义及其所包括的要素又进行了更深入的分析。除了霍菲尔德最为著名的以"相对关系"和"相关关系"为架构搭建的八种术语概念（请求权、无请求权、自由权、义务、权力、无能力、豁免、有责）下的权利的概念体系分析②之外，霍兰德和阿兰·格沃斯也都对法律权利的含义、结构或要素作了深入的分析。

霍兰德主要在"权利是一种法律关系"的分析法学的立场上对法律权利进行了分析。在《法理学》第八章"权利的分析"中认为，一种权利必然具有以下要素：一是权利被授予的人或者权利的拥有者，即权利主体（the person entitled）；二是权利行使的对象，即权利的客体（the object）；三是行为或不行为（the act or forbearance）；四是权利所约束的人（the person obliged）。在上述四个要素中，第一个和最后一个要素都是人（person）。前者即权利的享有者，一般称为权利内在主体（the person of inherence），后者即受他人权利约束的人，一般称为权利指涉主体（the person of incidence）。第二个要素是权利的客体，它可以是物或法律上视为物的东西（thing）。第三个要素是行为（act）。人、物和行为是权利中的恒定要素（permanent phenomena）。③ 权利正是存在于这些要素的关联之中，在这个意义上，权利体现了一种现代社会中以人的关怀为核心的人与

---

① 薛波主编：《元照英美法词典》，法律出版社 2003 年版，第 1200 页。

② 陈彦宏：《分析法学的权利概念分析》，吉林大学法学院 2011 年博士论文。

③ Thomas Ersking Holland, *The Elements of Jurisprudence*, Oxford University Press, 1917, p. 91.

人之间的法律关系。同时权利与权利之间也正是因为这四个要素的不同而构成了不同类型的权利和处于不同的法律调整之中。

阿兰·格沃斯在《为什么权利是必不可少的》一文中认为权利的一般结构可以用如下公式表达："A 由于理由 Y 而针对 B 拥有内容为 X 的权利",并从这一公式中分析出五个主要的权利因素：一、权利的主体（A),即权利的拥有者；二、权利的性质，即，权利是由什么构成的，或对某人而言，拥有一个权利意味着什么；三、权利的客体（X),即拥有什么的权利；四、权利的应答者（B),即义务的承担者，即有对应的义务的人或团体；五、权利的正当基础（Y)。①

上述这些关于权利的概念分析，更多是关于权利的形式概念的分析，提供的仅仅是对权利结构的分析，是依照逻辑自洽的要求，对之前已经被认定为权利的"东西"的理性重构。② 权利的形式概念的缺陷不在于它识别权利的标准"不好",而在于它没有提供任何识别权利的标准。③

尽管阿兰·格沃斯在分析权利的一般结构时，明确指出了权利的性质、权利的正当基础是权利结构的重要组成部分，提示我们对于权利的形式概念、权利的一般结构需要更为实质性的权利概念来充实。并且，在权利的一般结构里,"权利的性质"问题，即拥有一个权利意味着什么来说，事实上它又是和关于权利的正当基础之探讨交织在一起的。可以说，这里存在着一个微妙的循环。正是潜在的对权利之正当基础的不同认识导致了更为直接的对权利性质的不同主张。在某种意义上，这些相互关联的问题加深了权利与法律权利之间的勾连，即权利所具有的"正当性"问题应该融入或已经融入了法律之中。

关于权利的概念争论，更多地是发生在诸如"权利究竟意味着什么，权利的本质何在"等事关权利的性质和本质的权利的实质概念层面上的。

---

① Alan Gewirth, Why Rights are Indispensable, *Mind*, Vol. 95, No. 379 (Jul., 1986), pp. 329-344.

② Jonathan Gorman, *Rights and Reason: An Introduction to the Philosophy of Rights*, Acumen Publishing, 2003, p. 113.

③ 于柏华：《权利概念的利益论》，载《浙江社会科学》2018 年第 10 期，第 37 页。

大致说来，在权利的实质概念层面上的理论最为突出的是意志理论和利益理论，争论的焦点是权利对主体的价值或意义。①

就权利的意志理论而言，一般说来，主要体现在格劳秀斯以及 19 世纪的自然法学家们关于权利的论说中。他们都强调的是权利的伦理因素。格劳秀斯把权利看作"道德资格"；霍布斯、斯宾诺莎等人将自由看作权利的本质，或者认为权利就是自由；康德、黑格尔也用"自由"来解说权利，但偏重于"意志"。而且，康德、黑格尔的自由概念与霍布斯的也很不相同。严格说来，康德的权利定义不限于意志自由，尤为强调人与人的自由的协调共存。上述种种权利的解释都是将权利看作人基于道德上的理由或基于超验的根据所应该享有之物，其中虽然也涉及利益，但并不以利益本身为基点。在康德看来，权利与利益即使存在一定联系，这种联系也仅仅是经验性的，由于缺乏普遍联系，因此不能说"利益"已经重要到足以通过它去揭示权利本质的地步。相反，权利与意志的关系是密切的，意志决定着权利。权利指称的是以自由或意志为基点的经过道德上之正当论证的应有权利。总之，权利的意志理论认为，权利的本质在于权利主体的意志，权利就是意志的自由行使，并具体表现为个人意思的自由或个人意思的支配。② 作为权利意志论基础的法哲学认为，对行为的正当性判断只能根据这种行为是否符合道义的要求，因此权利的意志理论也往往被称为基于伦理角度的权利界定。围绕"意思"范畴展开的权利意志论，特别强调权利所应具备的主体性、普遍性及防御性，以此作为其区别于权利利益理论的显著表征。③ 权利的意志理论过于强调权利的私人属性，忽略权利的公的面向，对于那些基于权利的公属性过于明显以至于压倒私属性的不可让渡，尤其是不可放弃的权利无法予以合乎逻辑的解释因而遭遇质疑。权利的利益论的支持者通常认为，如果不可放弃的权利是成立的，那么意

---

① Matthew H. Kramer and Hillel Steiner, "Theories of Rights: Is There a Third Way?", *Oxford Journal of Legal Studies*, Vol. 27, No. 2（2007），p. 298.

② 郑玉波：《民法总则》，中国政法大学出版社 2003 年版，第 60 页。

③ 丁南：《权利意志论之于民法学的意义》，载《当代法学》2013 年第 4 期，第 69 页。

志论将会因为无法匹配这种权利而成为错误的主张。① 这可能是意志理论的基本缺陷。

就权利的利益理论而言，把权利置于现实的利益关系中去理解，侧重从实在法的角度解释权利。边沁和耶林被认为是给出了利益理论的现代陈述②或提出了利益理论的指导性原则。③ 哈特提出了受益人理论，根据边沁的观点，拥有权利即是成为义务的意图指向的受益人。以边沁为代表的功利主义者认为由社会功利规定全部的权利和义务并派生出所有的道德标准。权利的实质是普遍的功利。在这种意义上，权利指称的是以利益为基点的经过社会效果之功利论证的法定权利。④ 耶林认为权利就是受到法律保护的利益。同时，不是所有的利益都是权利，只有为法律承认和保障的利益才是权利。拉兹也提出了权利的利益理论，并给出了如下二种解释：一是当且仅当一个有能力成为权利持有人的实体的某种利益足以成为义务的基础时，这个有能力成为权利持有人的实体才享有一项权利；二是当且仅当一个有能力成为权利持有人的实体的某种利益足以成为义务的基础时，而该义务又必须是显著地照顾和促进该利益时，一项权利才得以存在。拉兹将自己归入广义的边沁式的权利理论之中，但拉兹对权利的第一种解释不同于边沁，边沁要求权利享有者必须也是受益人。作为对边沁观

---

① 当然，权利意志论的捍卫者也对"不可放弃的权利"概念本身是否成立作出回应，认为无论是不可放弃的权利的概念，还是它的成立理由，都未获得充足的检验。如果将不可放弃的权利视为一个独立的现象，那么这既不意味着该种权利是不可被正当侵犯的，也不意味着它是不可被剥夺的，而只意味着权利人自己缺乏放弃的"权力"。如果这就是不可放弃的权利的准确定义，那么它将因为会导致权利的冗余而贬低了权利的重要性，而且还会因为引发无穷回溯的逻辑困境而在概念上无法成立。所以，并不存在不可放弃的权利。以此反击利益论对意志论的指责。详见陈景辉：《不可放弃的权利：它能成立吗?》，载《清华法学》2020 年第 2 期。

② Leif Wenar, "The Nature of Rights", 33 Philosophy and Public Affairs, 2005, note 27 at p. 240.

③ Philipp Heck, The Jurisprudence of Interests：An Outline, in The Jurisprudence of Interests：Selected Writings of Various Authors, trans. and ed. by M. Magdalena Schoch, Harvard University Press, 1948, p. 35.

④ 夏勇：《权利哲学的基本问题》，载《中国法学》2004 年第 3 期，第 4 页。

点的反对，也作为对利益论所不可避免会导致的权利主体范围的扩张这一理论缺陷的回应，哈特提出了第三方受益人的情形。F. M. 卡姆则指出了拉兹的二种权利解释中的缺陷，认为义务在其权利解释中没有被表达为向权利人承担的指向性义务，进而引发存在一种仅仅基于你的利益而产生的义务，然而你却并不享有权利的现象。① 此外，权利利益理论的代表人物还有里昂斯、麦考密克、克雷默等人。总之，权利的利益理论的核心观点被概括为利益是权利的精髓，由此形成一个问题的两个方面，一方面是以权利利益理论确定权利主体范围，另一方面是以权利利益理论证成他人义务。如果严格贯彻利益理论，还必然会为提升权利人利益而对权利人进行必要干预，即利益理论容易导致一种法律父权主义。而这恰是利益理论最大的缺陷，也是其备受意志理论所攻击的地方。② 此外，利益理论也难以证成有权利但不能受益甚至有害的情形，并容易导致权利主体范围的泛化。

在现代权利学说发展中，尽管权利的利益理论较之于权利的意志理论拓展了权利观念的适用范围，为权利证成提供了更为普遍的理由，并因其在实践层面更能为一些疑难案件提供保护依据而往往成为疑难案件中权利推定或权利论证的首要的或更具说服力的理论选择。③ 但是，人们也逐渐意识到无论是意志理论还是利益理论都存在如下共有的缺陷：第一，对作为理论核心词的"利益"或"意志"的概念理解是模糊的，虽触及但还是未能充分揭示权利的本质。如何理解"意志"？如何理解"利益"？如果把

---

① ［美］朱尔斯·科尔曼、斯科特·夏皮罗主编：《牛津法理学与法哲学手册》（上册），杜宴林、朱振、韦洪发等译，上海三联书店 2018 年版，第 532 页。

② 彭诚信：《现代权利视域中利益理论的更新与发展》，载《东方法学》2018 年第 1 期，第 101—102 页。

③ 宜兴冷冻胚胎案的一、二审判决提供了两种不同的基础性理由，一种是基于"生育目的"来讨论权利是否存在，而另一种是基于"利益"来证成权利，背后分别体现了"意志论"与"利益论"的权利理论。比较而言，在理论上，利益论是一种更具有综合性的权利理论；在现实层面，利益论能够更开放地面对复杂的关系，体现出权利的动态性特征。详见刘小平：《为何选择"利益论"？——反思"宜兴冷冻胚胎案"一、二审判决之权利论证路径》，载《法学家》2019 年第 2 期。

"意志"本身看作利益，可能会导致意志理论趋同于利益理论或是被利益理论吞噬，反过来，如果把利益看作主体的自我选择的结果，同样也可能会导致两种理论的趋同，而这恰恰又是意志理论与利益理论所共同反对的。第二，意志理论也好，利益理论也罢，如若仅仅提出权利是法律所尊重的意志的体现或权利是法律保护的利益而不指明从意志到权利或从利益到权利的具体程序设计的话，那么其实都还是从外部视角来理解权利或是对权利人的外部赋权而不是权利人自己为自己创设权利。因此，在现代权利视域中对权利本质的探究需要一种视角的转化，从程序性理念出发，从权利人的权利生成与权利适用的基于主体间的理性沟通的程序视角来发现权利、论证权利、拓展权利。① 这一点对于后文权利推定的规制具有重要的启示意义。

这两类关于权利本质的理论或是关于权利性质的界定只是笼统言之。其实，这两类界定中，每一类分别又包含诸多小的差别以及一定的认识上的交叉。有学者将中外法学论著中产生过重要影响的形形色色的权利释义至少概括为资格说、主张说、自由说、利益说、法力说、可能说、规范说、选择说八种之多。② 仅仅从某个特定的角度认识权利的性质并不难，但这样做容易导致对权利问题认识上的简单化、庸俗化。因此，为了全面、正确地理解权利究竟意味着什么，我赞同如下这种看法，即，更为妥当的和较为关键的是把这些对权利性质的不尽相同的认识理解为权利性质所包纳的或在不同情境中所需要突出的因素。③

第一个因素是利益（interest）。一项权利之所以成立，是为了保护某种利益，是由于利在其中。在此意义上，也可以说，权利是受到保护的利益，是为道德和法律所确证的利益。这种利益既可能是个人的，也可能是群体的、社会的；既可能是物质的，也可能是精神的；既可能是权利主体

---

① 参见彭诚信：《现代权利视域中利益理论的更新与发展》，载《东方法学》2018 年第 1 期。

② 张文显：《法哲学范畴研究》（修订版），中国政法大学出版社 2001 年版，第 300—309 页。

③ 夏勇：《权利哲学的基本问题》，载《中国法学》2004 年第 3 期，第 4 页。

自己的，又可能是与权利主体相关的他人的。

第二个因素是主张（claim）。一种利益若无人提出对它的主张或要求，就不可能成为权利。一种利益之所以要由利益主体通过意思表达或其他行为来主张，是因为它可能受到侵犯或随时处在受侵犯的威胁中。

第三个因素是资格（entitlement）。提出利益主张要有所凭据，即要有资格提出要求。资格有两种，一是道德资格，一是法律资格。专制社会里的民众没有主张言论自由的法律资格，但是具有提出这种要求的道德资格，这种道德资格是近代人权思想的核心，即所谓人之作为人所应有的权利。同时，这个时代的一些思想家又对国王和贵族所具有特殊的法律资格，给予道德上的否定。

第四个因素是力量。它包括权威（power）和能力（capacity）。一种利益、主张、资格必须具有力量才能成为权利。力量首先是从不容许侵犯的权威或强力意义上讲的，其次是从能力的意义上讲的。由法律来赋予其权威的利益、主张或资格，称法律权利。人权在获得法律认可之前是道德权利，由于仅具道德权威，侵害它，并不招致法律处罚。但在获得法律确认后，人权就既是道德权利，也是法律权利。因而，侵犯人权会导致法律后果。除了权威的支持外，权利主体还要具备享有和实现其利益、主张或资格的实际能力或可能性。

第五个因素是自由。在许多场合，自由是权利的内容，如出版自由、人身自由。这种作为某些权利内容的自由（或称"自由权利"），不属于作为权利本质属性之一的自由。因为奴役权利、监护权利并不以自由为内容，但其本身的确是权利。作为权利本质属性或构成要素的自由，通常指权利主体可以按个人意志去行使或放弃该项权利，不受外来的干预或胁迫。如果某人被强迫主张或放弃某种利益、要求，那么就不是享有权利，而是履行义务。①

　　正如夏勇所认为的那样，究竟以哪一个因素或哪几个因素为原点来界定或理解权利的性质，取决于界定者的价值取向和理论主张。以上所述，与其说是关于权利的定义，毋宁说是关于权利的一种定义方法，它代表着理解权利概念的一种路径。

　　作为一种对权利概念的总体性把握，庞德在认真考究和总结了法学史上权利概念的各种意义，并对各种权利概念进行了系统的比较研究之后指出，作为一个名词，"权利"这个词比别的任何一个词的涵义都丰富。利益、利益加上保障这种利益的法律工具、狭义的法律权利、权力、自由权（特权）、正当，这六者在任何细心的思考里，都需要加以区别。②

　　作为吸收当代法学中流行的权利概念的合理要素基础上，尤其是把利益作为权利背后更具决定性的东西，我国法理学主流观点对法律权利概念作了如下动态视角下的整体性把握：法律权利是规定或隐含在法律规范中、实现于法律关系中的、主体以相对自由的作为或不作为的方式获得利益的一种手段。③ 指出，利益是权利形成的更深层次的动机，是权利指向的目的，正是普遍的获得广泛关注的利益的竞争推进着权利和法律的变化和发展。在现代权利视域中，权利的利益理论较之于权利的意志理论获得了更多的关注。利益论的权利概念被认为反映了权利在社会实践中"保障个体利益以彰显人的尊严、凝聚价值共识以提高实践效率、推动相关义务论证以提供问题解决机制"的普遍特征，能够合理地解释权利与价值、义务、利益的关联和差异。④

---

① 关于详细的权利定义的介绍请参见夏勇：《权利哲学的基本问题》，载《中国法学》2004年第3期，第3—6页。夏勇：《人权概念起源——权利的历史哲学》（修订版），中国政法大学出版社2001年版，第40—58页。张文显：《法哲学范畴研究》（修订版），中国政法大学出版社2001年版，第298—323页。

② 参见张文显：《二十世纪西方方法哲学思潮研究》，法律出版社1996年版，第494页。详细的分析请参考 Roscoe Pound, Legal Rights, *International Journal of Ethics*, Vol. 26, No. 1 (Oct., 1915), pp. 92—116.

③ 张文显主编：《法理学》（第五版），高等教育出版社2018年版，第130页。

④ 于柏华：《权利概念的利益论》，载《浙江社会科学》2018年第10期，第36页。

因此，当我们谈到权利推定的时候，我们在关注权利的意志论所强调的"权利"所拥有的是以一种独特的方式来表达对人的道德地位的尊重，尊重权利人的自由意志或者自主的同时，必须关注权利的"利益"本质，关注利益识别与评判的程序语境，必须将其放置在具体的权利语境中，在具体的语境中澄清我们此刻所强调的究竟是权利的哪个侧面还是权利的所有可能的属性，澄清我们通过权利推定这一语词所要表达的究竟是一种正当合理的诉求，还是一种其间所主张的利益得到法律制度保护的确证，抑或其他更多的或更少的东西。

比如，我国法律并未明示乞讨权，也未禁止乞讨行为，那么我们能否在"法不禁止即自由"原则的基础上，或是在普遍道德、社会习惯的基础上，推定出乞讨权？这是何种意义上的乞讨？是法律意义上的吗？是一种法律制度上的隐含的积极保障或是一种很强势的法律权利吗？还是自然权利或习惯权利？如果是法律意义上的乞讨权，那么对于一些城市出于社会治安和城市形象之故，陆续出台一些诸如《北京市轨道交通运营安全管理办法（送审稿）》、苏州市《关于加强对城市生活无着的流浪乞讨人员救助管理的通告》等的规范性文件在一些公共场所设置"禁讨区"的行为，又该作何评价呢？这是对作为道德正当行为与法律正当行为的乞讨行为在现实中的限制吗？这种法律权利的限制是否合理？因此，作为推定权利的乞讨权，其所强调的更多是一种建立在人们对道德权利、道德义务或普遍道德的预设基础上的理念或观念性的道德资格，或更进一步，是源自人们的内在需要和自然权利，并以"恒久和持续"为其效力和实效的来源核心的，经人们长久的、自发的行为积累而成的自然而然地、潜移默化地呈现为一种实践状态的习惯权利。[①]

比如，我国宪法虽然尚未明示知情权，但知情权的理念与精神在宪法和法律中均有某种或明或暗的体现。我国宪法第 2 条规定的人民对国家事务、经济和文化事业和社会事务的管理权，第 3 条规定的人民对人民代表

---

① 谢晖：《流浪权再探———一份学理上的检讨》，载《苏州大学学报》（社会科学版）2015 年第 3 期，第 67 页。

大会的监督权，人民代表大会有对国家行政机关、监察机关、审判机关、检察机关的监督权，第34条规定的公民的选举权，第41条规定的公民对国家机关及其工作人员的批评建议权以及申诉、控告或者检举权，第71条规定人民代表大会调查委员会的调查权，第73条规定人民代表大会代表的质询权，等等。根据这些权利规定，我们显然可以得知，知情权是一项隐藏在这些权利规定背后的前提性权利。因为，人民行使这些明示的宪法权利，必须建立在对政府活动及相关信息的了解的基础之上。这种基于权利推定而得出的推定权利，相对而言，就可以说是法律制度上的明确的积极保障或是一种较强势的法律权利。

正如我在导论中反复强调的那样，权利推定或权利推理是法律推理的重要组成部分，但其更强调权利保护、权利拓展的目的导向。因此，权利推定不能仅仅被理解为单纯的立法或司法技术手段，对于权利推定的规范与引导需要深入到对权利的本质理解中。也许探究权利的本质更重要的不在于揭示权利本质本身为何，而在于依照权利的本质要求进行权利推定，创设或实现权利。① 传统的权利的本质理论能否为权利推定以及经由权利推定的新兴权利生成、权利保护和权利体系拓展提供更多的理论依据和实践指导？进行权利推定的时候，我们需要一种怎样的权利本质理论来引导并规范权利推定的法律实践？

二、权利的存在方式

权利的形态是多种多样的，按照不同的分类标准可以有不同的权利存在方式，这里我主要关注可能与我所要分析的权利推定有关的两组权利存在方式。第一组探讨的是法律权利外部权利推定层面上可能涉及的不同的权利类型之间的转化和推导。第二组探讨的是法律权利内部权利推定层面上可能涉及的不同的法律权利存在方式之间的转化和推导。

---

① 彭诚信：《现代权利视域中利益理论的更新和发展》，载《东方法学》2018年第1期，第100页。

（一）权利的存在方式

1. 应有权利、法定权利与现实权利

应有权利、法定权利和现实权利是按照权利的存在形态所作的划分。张文显教授认为："应有权利是权利的初始形态，它是特定社会的人们基于一定的物质生活条件和文化传统而产生出来的权利需要和权利要求，是主体认为或被承认应当享有的权利。"[①] 这种权利是与时代紧密相联的，是在法律形式之前先于法定权利存在的，代表着权利发展的一种态势，是一种可以代表主流道德观念也可以代表非主流道德观念的价值判断。不同于法定权利直接来源于法律上的授予，应有权利来源于社会事实，根源于由物质条件决定的社会生活。应有权利说明了权利的性质，法定权利说明了权利的尺度。应有权利作为法定权利的深层来源和基础，是社会主体评价法定权利的依据，法定权利则为主体从强化法律的实效方面实现权利提供了法律依据，应有权利则从变革法律本身的方面为实现权利提供了原则。[②] 现有权利是权利的最终形态，法定权利得以实现或在司法过程中对道德权利或习惯权利予以司法认可都可以使道德权利或习惯权利直接以一种实有权利形态存在。应有权利在于揭示理想的、道德的权利对于法定权利的指导和限定作用，现实权利在于揭示人们在社会生活中对权利的实际享有，构成了权利的一种独立存在形态，进而一方面强调了法定权利只有转化为现实权利才能是为人们享有的权利，另一方面则强调了在确定法定权利时必须考虑现实权利因素，如何把现实权利也认可为一种有名分的法定权利。正是通过这种双重的勾连，使法定权利在文本层面或制度层面之外又获得了价值层面和现实层面的更深刻或更切实的意义。正是这两种权利形态的存在，使得权利的外部推定成为必要与可能。

（1）应有权利

在权利推定中，对于应有权利作为一种价值定向的功能应注意如下两

---

① 张文显主编：《法理学》第三版，高等教育出版社 2007 年版，第 143 页。

② 参见程燎原、王人博：《权利及其救济》，山东人民出版社 2004 年版，第 37 页。

点：其一，应有权利是指虽尚未为现实法律所确认而实际上法律又应当在目前或将来确认的实实在在地构成了法定权利之价值基础的权利。法定权利不过是人们运用法律这一工具使应有权利法律化的表现形式。立法者在把应有权利上升为法定权利过程中是否愿意运用法律确认与保障应有权利以及怎样选择应有权利是受各方面主客观条件限制的。应有权利的存在产生了立法者"应不应当"以及"如何"选择、确认、保障权利的问题。否认应有权利的存在，法定权利就成为无源之水，无本之木。其二，应有权利作为一种价值判断的定向选择，"应有"之意在于尚未为法律确认为法定权利，而实际上构成法定权利价值原则、基础的那些权利必须是合道德性的权利。那些未被法律确认的权利，如若不符合道德，它就不能成为应有权利。[1]

（2）法定权利

法定权利是逻辑判断与价值判断有机结合的统一体，对法定权利的概念界定不能用逻辑判断代替价值判断，反之亦然。[2] 从应有权利到法定权利的转化本质上是权利自身的一种限制。法律在赋予权利法律意义的同时也确定了一种法律权利的界标，在法律规定的权利界标之内的是权利，超越法律界标的则是"不法"。法定权利就是权利限度的表现形式。问题在于如何确定这个限度，出于什么样的目的限制权利，法定权利概念中的价值判断由此凸显。当立法不是为了保护和实现权利的目的而是为了限制权利的目的设定权利时，这样的法定权利不可能是合理的。[3] 马克思特别痛恨在宪法上承认权利和自由，而在具体法律上限制甚至取消权利自由的虚伪性。他针对1848年11月4日通过的法兰西共和国宪法一针见血地指出："宪法一再重复着一个原则：对人民的权利和自由（例如，结社权、选举权、出版自由、教学自由等等）的调整和限制将由以后的组织法加以规

---

[1]　程燎原、王人博：《权利及其救济》，山东人民出版社1998年第2版，第315—316页。

[2]　程燎原、王人博：《权利及其救济》，山东人民出版社1998年第2版，第327页。

[3]　程燎原、王人博：《权利及其救济》，山东人民出版社1998年第2版，第331—332页。

定，——而这些'组织法'用取消自由的办法来'规定'被允诺的自由。"① 马克思认为诸如"投票是直接的和普遍的——除法律将来规定的情况外"之类的宪法措词本身使宪法成为不可能的事情，因为每个条款都包含着相反的一面，而完全取消条款本身。② 马克思的批判中隐含着"不是为了限制自由和权利才去立法，而是为了寻求自由权利实现的途径和方式才去创制法律"的价值诉求，即立法只有充分地确认了自由权利并付诸了实现的手段以后，才能对有碍于权利实现的因素实行限制。

同样，法定权利也是一种逻辑判断的结果。法定权利不仅有价值判断赋予的正当性，也必须有逻辑上的正当性，只有法定主体经过一定的法定程序通过权利创造、权利推定、权利认可、权利发现等方式制定、揭示、明晰、认可的权利才是法定权利。法定权利的表达受制于特定的法律制度的逻辑约束。不同的社会、国家存在着不同的法律制度，因而法定权利的表现形式也存在着差别。一般而言，法律权利的表现形式大致有列举式、概括式和折衷式三种。因列举式和概括式利弊互现，折衷式则将较重要的基本权利逐一列举，对未列举的权利进行概括规定，因兼顾列举式和概括式的利弊而平衡之，为世界上大多数国家的立法所采用，这种法定权利规定的立法形式为内部的法律权利推定提供了可能性。

不管法定权利的表现形式有何不同，一种法定权利体系总是构成特定的权利制度。通常而言，权利制度是包括权利主体制度、权利内容或权利客体制度，以及涵括救济程序和责任设置的权利实现制度在内的一种制度化的规范综合体。一种合理的权利制度有着重要的价值。一是有助于大幅节约人们行为之前进行复杂道德权衡的思虑成本，帮助个人在尊重他人自由活动范围基础上来调整他自己的行为，二是通过责任制度设置来制止个人作恶倾向，从而使他的行为在一定程度上坚定起来并阻止他去干涉他人的权利。三是权利制度也在个人的被规定的范围之内保护他不受来自他人

---

① 《马克思恩格斯全集》第 7 卷，人民出版社 1959 年版，第 588 页。
② 《马克思恩格斯全集》第 7 卷，人民出版社 1959 年版，第 588 页。

的侵犯。①

（3）现实权利

"现实权利"是一个似乎容易理解却又难以精确把握的概念。一般认为现实权利着眼于权利的实践方面，意指现实社会关系中已经实现了的权利，是法定权利实现的结果或形成的一种实有状态，是权利主体的实际行为。现实权利不是法律规定的一种"行为可能性"，而是一种"行为现实性"。另外，与权利推定有关的现实权利也可以是事实上存在的一种具有道德正当性的既有利益形态，它不是以法定权利为基础的一种法定权利的现实性展开，而是迫切需要以权利推定的方式通过法律解释和立法的程序获得一种法定的正当权利形态。

总的来说，首先，应有权利仍然必须符合一定要求和具备一定基础，不符合道德要求和没有社会伦理基础的权利需求不能成为权利，也不会真正给人们带来利益和满足，更不能够获得社会和国家的赞成。作为权利第一阶段的应有权利必须考虑道德价值和伦理基础。其次，应有权利的法律化除了符合伦理道德要求以外还要受到社会的政治、经济和文化等条件的制约和影响。所以，有些应有权利不仅具有道德价值和伦理基础，而且获得了国家的承认从而获得合法性基础，而另外一些应有权利却由于不能被纳入法律体系中成为法定权利，仅仅作为以道德主张为表现的应有权利即道德权利而存在。所以，法定权利"既与法律有关，又与道德有关。它是能够靠法律来维护的一种要求，而任何道德规范都不能这样做；它又是被公认为应当能够靠法律来维护的要求，因而又具有道德的一面。它既能够也应该能够靠法律来维护"②。最后，在规定了法定权利之后，就需要在执法、司法和守法等阶段由法律关系主体把法定权利变成获得满足的实际的利益和权益，以现实权利这一权利存在形态实现正当利益要求这一最终目

① ［德］弗里德里希·包尔生：《伦理学体系》，何怀宏、廖申白译，中国社会科学出版社1988年版，第522页。
② ［英］鲍桑葵：《关于国家的哲学理论》，汪淑钧译，商务印书馆1995年版，第204页。

的。这一过程中，权利的道德价值和伦理基础就在"合法性"基础之下继续发挥作用。具体就是在执法、司法和守法过程中体现的伦理要求。毕竟，如果法定权利的运行不能通过符合"尊重原则"和"效果原则"① 的方式或者是在伦理基础上不能够正常实现就不能进行到现实形态，就没有任何意义，只是人们的要求或者是法律纸面上的规定而已。

2. 道德权利与法律权利

道德权利与法律权利是按照权利的根据所作的一种分类。道德权利由道德原理来支持，法律权利由法律制度来规定。把握道德权利与法定权利的关系对于权利推定来说也尤为重要。鉴于前文在述及权利的其他分类时已对法律权利（法定权利）予以说明，此处不再予以重述，仅特别指出法律权利（实在法上的权利）所具有的独特的规范效力，并简要说明道德权利以及道德权利与法律权利之间的关系。

法律权利的这种特殊的规范效力不同于道德权利、习惯权利以及人们出于朴素正义观而提出的其他利益主张所具有的效力。较之于诸如道德、政策、功利性等可称之为背景性理由或一阶理由而言，作为一种独特类型的理由或者说是相对于一阶理由而言的二阶理由，法律权利具有优先性，这就是法律权利所独具的特殊的规范性力量。法律权利作为二阶理由优先于这些背景性理由对法律权利的存在来说具有概念性的重要性，对于义务人来说，此时法律权利所提供的理由不再仅仅是建议或要求，如果仅仅起到建议或要求的作用，也就是说仅仅是提醒义务人去注意权利理由的存在，并在行动中和其他背景性理由或一阶性理由一样去进行考量的话，那么权利作为一种理由的规范效力显然就失去了其存在的意义。② 以最具典

① 尊重原则就是要求对人的价值和自由给予最大的承认和尊重，视人为目的。效果原则就是在接受尊重原则的基础上还需要给每个人带来最大的满足，实现主体最大的善。关于权利的伦理学上的"尊重原则"与"效果原则"的论述，参见刘雪斌：《权利分析：一种伦理学的视角》，载徐显明主编：《人权研究》（第四卷），山东人民出版社 2004 年版，第 120—158 页。

② 朱振：《认真对待理由——关于新兴权利之分类、证成与功能的分析》，载《求是学刊》2020 年第 2 期，第 110 页。

型意义的"主张权"为例,"享有法律权利"作为一种终局性理由具有如下二层含义,一是在实践推理过程中,法律权利本身就是能够在位阶上凌驾于其他诸如道德理由、功利理由、政策性理由等诸如此类的一阶理由或背景性理由之上的一种强有力的二阶理由,提供了法律权利理由就等于是豁免了对于权利人所要求的义务人为某种行为再进行关于实质理由的辩论义务;二是在存在相反的道德理由的情况下,法律权利能够为行动正当性提供一种优先于此道德理由的根据。较之于第一层面的含义而言,第二个层面的含义作为一种对法律权利规范力的准确理解尤为凸显,不仅能排除相反的道德理由,而且为权利人的主张构筑了极强的正当化基础,此基础超越了即便也许是极为强劲的对抗意义上的道德理由。因此,法律权利提供了一种额外的保护力量,保护权利理由在说明上和辩护上的规范力。①

道德权利在传统伦理学中是受忽视、冷落的。经过学术史的变迁,经过密尔、格兰特、彼彻姆、诺齐克、德沃金、麦凯等伦理学家们对道德权利的合理性论证,如今已成为"现代西方伦理学和经济伦理学术语"②。道德权利在不同的道德语境中体现出不同的道德意味,古今中外思想家从不同角度对其予以界定,典型的如庞德的"期望说",将权利看作一种"合理的期望",若这种"合理的期望"为一般道德感所认可并为道德舆论所支持时,就称为道德权利。③ 还有麦克洛斯基的"权威说",把道德权利视为权利主体做某些事情的"道德权威","有资格"不受干涉或获得帮助等等。④

在我国学术界,程立显先生较早对道德权利概念加以界定,他认为道德权利是人们在道德生活——社会生活的最为广泛的方面——中应当享有的社会权利,具体而言就是由一定的道德体系赋予并借助道德评价以及社

---

① 陈景辉:《权利的规范力:一个对利益论的批判》,《中外法学》2019年第3期,第590页。
② 朱贻庭:《伦理学大辞典》,上海辞书出版社2002年版,第130页。
③ [美]庞德:《通过法律的社会控制——法律的任务》,沈宗灵、董世忠译,商务印书馆1984年版,第45页。
④ 转引自余涌:《道德权利研究》,中央编译出版社2001年版,第29页。

会舆论力量等主要的道德手段予以保障实施某些道德行为的权利;① 唐能赋先生认为，道德权利就是道德主体在履行道德义务、责任或使命等活动中所应享有的权利。② 余涌先生认为道德权利是道德权利者基于一定的道德原则、道德理想而享有的能使其利益得到维护的地位、自由和要求等等。余涌先生在界定中将道德权利定性为自由、要求和利益三个要素，"自由和要求是利益得以维护的两种基本方式，利益是自由和要求的内在目标"③。从道德权利的内涵可以生发出层出不穷的道德权利，但概括起来，其表现形态主要有道德行为选择自由权、道德主体人格平等权、公正评价权、请求报答权。④

一般说来，正如法律规则通常表示道德规则那样，法定权利通常可以看作道德权利在法律上的体现。例如，一个人对自己的生命、身体、贞操应该享有不被专横侵犯的权利首先是一种道德原则，然后才由法律规定，以便借助国家的强制力来支持和保护。法律规则、法定权利通过国家意志来表现，但其背后的主要是道德原则、道德权利，而不能看作主要是统治者的任意安排。在不同的历史阶段，道德观念不同，法律规则和权利配置也不同。

不过，道德权利与法定权利之间的许多差别也值得注意。一个人可能享有做某事的法定权利，但做某事是不道德的；反之，一个人可能享有某种道德权利，但该权利却得不到法律的支持。因此，有些权利是道德的，而非法定的；有些权利是法定的，而非道德的；有些权利则既是道德的，又是法定的。法定权利由于是由国家法律规定的，因而也可以通过立法来改变或取消，道德权利则不仅不可能为国家权力和立法所取消，而且还是确证或批判国家权力和法定权利的根据。尽管一个处于不利境况中的人或

---

① 程立显：《试论道德权利》，载《哲学研究》1984 年第 8 期，第 31 页。
② 唐能赋：《道德范畴论》，重庆出版社 1994 年版，第 156 页。
③ 余涌：《道德权利研究》，中央编译出版社 2001 年版，第 30 页。
④ 徐钝：《论司法能动的道德风险——道德权利语境下的比较性诠释》，载《法律科学》（西北政法大学学报）2011 年第 2 期，第 25 页。

者诉讼中的人所关心的、所需要的是法定权利，而不是宽泛的道德权利，但法定权利并不像某些现代法律理论甚至道德理论所希望的那样能够自证其身，它必须得到道德原理的支持。尤其明显的是，法官在遇到疑难案件时常常要求助于道德原理或道德权利概念。

道德权利与法定权利的区别还体现在效力上。"甲对乙享有一项法定权利"，这意味着乙对甲负有一项可以依靠法庭来履行的义务，甲对乙享有一项由实在法所确认的要求权。所以，某人享有法定权利就是享有对特定的法律个人（legal person）提出要求并由法律保障实施的权利。"甲对乙享有一项道德权利"，虽然也意味着乙对甲负有某种义务，但这种义务不是必然具有法律效力的义务。如，在道德上甲有权要求乙讲真话，乙对甲负有讲真话的义务，但除了法律规定的特殊场合（如订立契约）之外，甲无权借助国家强制力迫使乙讲真话。

如果对道德权利与法律权利的差异进行一个更为系统的概括，那就是，权利时间先在性与逻辑先在性上的差异、权利范围上的差异、权利义务对应性上的差异以及权利内容与效力上的差异。

（1）权利时间先在性与逻辑先在性上的差异。只要有人的社会，就有道德的存在，道德与人类社会共始终，而法律则是社会发展到一定阶段的产物，且以道德为基础，米尔恩把道德与法律的这种关系表述为"道德在逻辑上先于法律。没有法律可以有道德，但没有道德就不会有法律"。"一种实在法体系要成为实在，就只有在道德已然是人们实际关注的东西的地方。"道德对法律在时间和逻辑上的居先性，也就决定了道德权利对法律权利在逻辑上的居先性，也在一定程度上决定了法律权利的内在有效性往往要回到道德权利上去求证。

（2）范围上的差异。人的具有社会效用的行为无不为道德所规范，涉及权利与义务的行为当然具有一定的社会效用，也就无不为道德所规范；法律则仅仅规范人的一部分具有社会效用的行为，唯有较大的基本道德利益才能被确定为法律权利，也正如法律只惩处严重的道德过错。因此，道德权利的范围明显大于法律权利的范围。

但这是就总体而言的，并非意味着道德权利包含法律权利，因为两者之间也有相抵触的地方，有的权利只属于道德，如：成年子女对父母的求学费用请求权没有法律依据，但现实中受道德、习俗支持；有的权利只属于法律，如：返还拾得物的相关费用请求权、无因管理产生的债权有明确的法律依据但未必为道德支持，尤其不为较高层次的道德所支持。

（3）权利义务对应性上的差异。在法律领域，无论是权利义务主体还是内容，都具有严格的对应性虽然多数道德权利、道德义务也是如此，但在道德领域，权利与义务未必就具有对应性或者对应性弱化如履行行善之道德义务的一方不以获得相应的权利为必要，接受行善的一方不以履行义务为前提，也未必有相应的要求权，正如弗兰克纳在《伦理学》一书中所写的："一般说来，权利和义务是相关的，如果对 Y 有一种权利，那么 Y 对 X 就有一种义务。但我们已经看到，反过来却不一定正确，Y 应对 X 仁慈而很难讲 X 有要求这一点的权利。"①

（4）权利内容与效力上的差异。在一个既定的社会中，法定权利有相对明确的法律条文作为根据以国家法律机构为其后盾，有关该权利的内容、权利的边界、权利的保护都是明确而具体的。而道德权利的调整标准或准则是模糊的，它存在于人们的意识和生活经验之中，具有多样性和可争议性。道德意识的变化、新的道德规范的形成不可能借助法律规范形成所凭借的权威与程序，也难以为人们所知悉。对道德权利的维护也缺乏明确的机制，而主要借助于道德意识、道德良心、社会舆论这样弱确定性的软力量。

人权就是一种普遍的道德权利。依据最低限度和最普遍意义上的道德要求，人可以提出不容否认的权利主张。对人权的否定也就成为对人类最基本的存在条件的否定，人也就不成其为人。人权概念的广泛研究承认了道德是法律权利的基础和合理性来源。在一定意义上，权利也可以是一种道德符号，代表着一种个人主义方法论和自由主义倾向。当权利——特别

---

① ［美］弗兰克纳：《伦理学》，关键译，上海三联书店 1987 年版，第 123 页。

是经过正当论证的基本权利与道德上的"善"联系起来之时，法治才真正地建立起来，此时的法治才是所谓"有信仰的法治"。承认道德权利的存在，为权利推定提供了一条重要的途径，为从这些道德权利中演绎出新的权利形态提供了前提基础。国家以根本法的形式承认尊重和保护人权这种普遍的道德权利则更是为立法和司法活动中进行恰当的权利推定提供了重要的制度保障，要求立法根据现实社会发展的需要不断地将人权转化为公民基本权利，并在一般法和特别法中将根本法中的基本权利进一步细化，在法律体系中从各个部门法的角度，从各个法律效力层级的角度不断扩大、丰富法律权利的体系。当然，从应有状态向法律权利转化，只是一部分基本、普遍的道德权利的命运，而不是所有的道德权利都有必要上升为法定权利。①

道德权利与法定权利的划分与法的应然与实然的区分是相适应的。深入研究两者的关系，对于理解权利推定问题，尤其是应有权利到法定权利的权利推定有着重要意义，它揭示了这种不同权利层面上的通过推定而论证或实现的权利转化和法律权利发展。

3. 习惯权利与法律权利

"存在长久和固定的惯行，即重复性的人类行为"是习惯的一个核心的事实性要素。习惯权利是以种群、族群中的人们以群体性重复性的自由行动为表现形态的在长期共同的社会生活中逐渐形成并不断承传下来的具有历史传承性、更多地体现一个民族、一个国家在某些方面所具有的独特性的一种权利。因习惯规范作用范围的不同，习惯权利相应地具有不同的空间范围，因此，以地域分布为划分标准，既有普遍的习惯权利，也有只适用于特定区域、特定地方的习惯权利。② 在习惯权利未被侵犯的时候，习惯权利可能并不容易引起法律视角的关注或思索，而仅仅是作为一种社会现象被视为理所应当或习以为常，如大街上行乞、清明时节祭拜逝去的

---

① 夏勇：《权利哲学的基本问题》，载《中国法学》2004年第3期，第7—8页。
② 谢晖：《流浪权再探——一份学理上的检讨》，载《苏州大学学报》（社会科学版）2015年第3期，第62页。

亲人等等。但这种权利一旦受到了侵犯，则往往可能会重新引起人们对习惯权利与法律权利之间关系的种种思考，在司法活动中或进而在立法活动中可能会有从习惯权利向法定权利过渡的法律推定方面的诉求、讨论与论证。

聚焦于"活法"的社会法学关注于对习惯及其意义的挖掘。苏力在《当代中国法律中的习惯——一个制定法的透视》《中国当代法律中的习惯——从司法个案透视》等系列文章中曾指出习惯在法律中的重要性，同样，习惯所包含的习惯权利在法律实践中有其重要的意义，法律实践中对习惯权利的认定及其法律地位的推定也有助于促进权利的发展。

习惯和惯例一般都是在比较长期的社会生活中、在各种现有的制约条件下通过人们的行为互动逐步形成的规范。因此，习惯和惯例一般说来融汇了更多的地方的、行业的比较长期有影响的具体情况，并且最重要的是，它是以规则表现出来的，它是一种内生于社会的制度，可以说它们凝结了有关特定社会的环境特征、人的自然禀赋和人与人冲突及解决的信息，是人们在反复博弈后形成的在日常生活中（当社会生活主要条件没有重大变化时）必须遵循的"定式"。也正因此，许多国家的制定法中都会强调对习惯的尊重。

但许多当代中国的立法者和法学家却大都趋向于认为，中国社会中的传统习惯往往可能是陋习，因此是需要改造的；或者是认为习惯是固定不变的，因此传统的习惯不可能自动发生变化，适应当代社会生活的要求。但事实是，民间的习惯并不都总是陋习，也并不都是固定不变的。按照历史唯物主义的观点，作为上层建筑之一部分的习惯一定会并总是会随着社会生产、生活方式的变化、随着社会制约条件的变化而不断流变的。任何习惯都必须适应特定时空下民众生活的需要，必须让人们"习惯"，如果不习惯，那么人们不会遵守，就会放弃。因此，只要社会条件发生了变化，任何习惯都会发生变化。因此，习惯和惯例并不都是落后的，固定不变的。习惯总是在流变的。在当代社会经济巨大转型的历史条件下，往日的许多习惯已经被人们自觉废除了，而一些新的、适应现代市场经济和现代国家的习惯或行业习惯已经或正在形成。① 由于这种习惯流变往往是约定俗成，无须国家的强制就会发生，保证了人们在社会生活中的预期，因此，在立法和司法的法律实践活动中注意研究并及时采纳习惯，在权利推定问题上注重由习惯权利到法定权利的权利推定可以弥补严格的国家制定法下的权利保护中必定会存在的种种不足和疏忽，以及由于社会变化而带来的过于严密细致的法律权利的僵化，保持法律和法律权利更富有生命力。

当然，并不是所有的习惯都是合理的，也并不是所有的习惯权利都是恰当的，虽然即便是在当代产生的一些习惯和习惯权利也有一些是不恰当的、消极的,② 但并不能因此而在法律活动中对习惯权利采取一种鸵鸟政策，而应在立法中和司法活动中，进行必要的权利推定，赋予一些积极的习惯权利以法律地位和法律保护，从而促进权利的稳定发展。

上述权利存在形态因为是依据不同的划分标准进行的，所以，各划分标准下的权利之间又是相互交叉的。习惯权利在法律认定之前，往往是以一种现实权利形态存在的，法律将习惯权利认定为法律权利的时候，既考虑到习惯权利存在的事实性，也考虑到习惯权利存在的应然性，继而从此出发在认定权利的法定性前进行了必要的外部权利推定。道德权利在转化成法律权利之前，其往往是以一种应然权利形态存在着的，转化成法律权利之后，则在应然权利形态之外，还以一种实然的法定权利形态存在，并可能通过现实的法律关系具化为一个个具体的现实权利形态，这样，道德权利就可能同时具备应有权利、法定权利、现实权利三种权利存在形态。

（二）法律权利的存在方式

外部的法律权利推定显然有其重要的价值，尤其是在法制不健全的情况下，甚至是在进行大的法制变革的时候，这种形式的权利推定往往发挥着重要的作用。关于这种外部权利推定的功能我随后将在"权利推定的意

---

① 苏力：《当代中国法律中的习惯——一个制定法的透视》，载《法学评论》2001（3）。

② 参见苏力：《法院的审判职能与行政管理》，载《中外法学》1999 年第 5 期。

义"一章中进行详细的分析。在一个法制不断完备，法制变革相对平稳的时代，强调法律权利的内部推定则有更大的市场，有助于法治原则的型塑，而且权利推定的方式主要是强调法律权利推定的实际操作规范。因此，这里对法律权利的存在方式的研究，为下文将要展开的把权利推定限定在法律权利推定上所进行的权利推定方式的研究及随后的权利推定与权利创造、权利推定与法律实践等相关问题的研究奠定了一个基础。

1. 以规则形式存在的法律权利与以原则形式存在的法律权利

这种法律权利存在形态的划分是以阿列克西关于强的权利概念和弱的权利概念的基本区分为基础的。阿列克西将权利概念分为强的权利概念和弱的权利概念。权利的强概念表明，与权利有关的所有根本特征都是权利概念的基本要素。耶林（Jhering）的权利理论就是强概念的著名例子，他认为权利是"法律保护的利益"。① 另外，温德赛（Winscheid）认为权利是"由法律秩序所授予的意志力或者意志的至上性"② 也是强的权利概念。所有这些预设了权利的强概念的理论实质上都是权利的怀疑论，它们首先将一项权利的实存作为权利概念的一个要素，然后通过否认一项权利的实存，很容易地宣称权利概念是一个空洞的概念。所有权利的强概念都具有严重的缺陷，它们将权利理论中具有高度争议的实质性问题转化为一种纯粹的概念之争。

阿列克西认为权利的弱概念则尽量避免上述缺陷，它仅将权利看作是法律关系的内容。也许最重要的权利关系是请求权，它是三个要素之间的一种规范联系：权利主体（a），义务主体（b），权利的内容（G）。通过

① 参见 ［德］鲁道夫·冯·耶林：《法律的斗争》，萨武孟译，载王泽鉴：《民法总则》，中国政法大学出版社2003年版，第1—10页。［德］鲁道夫·冯·耶林：《为权利而斗争》，胡宝海译，载梁慧星主编：《民商法论丛》第2卷，法律出版社1994年版，第12—59页。

② 温德赛提出了意思力或意思支配力说，认为权利为个人意思自由活动或个人意思所能支配的范围。权利的功能乃在于保障个人的自由范围，使其得自主决定、组织或形成其社会生活，尤其是实现私法自治原则。参见孙兆晖：《关于承租人对租赁物之权利的思考》，http://www.chinalawedu.com/news/2004_6/10/1553333536.htm.2008年3月15日。

实施权利的适用条件"R"，我们能够用下列公式来表达请求权：(1) R a b G. 说 a 有关 G 对 b 拥有一项权利与说 b 有关 G 对 a 负有一项义务是一样的，后者可以表达为另一公式：(2) R b a G. 这一公式表达了请求权的相对义务，请求权与其相对义务是同一件事的两种不同表述方式。用逻辑术语来说，它们属于相反关系。

阿列克西认为弱概念在权利与形成权利的理由之间作了清晰的划分。自由意志或者基本利益的保护并不是一个权利概念的要素，但它们可以作为形成权利的可能理由，也可以作为形成规范的理由。通过对权利的弱概念的分析，进而祛除了权利的神秘主义色彩，将权利看作是规范的特殊类型。虽然认为每一个规范都表现为一种权利，这并不真实。但如果存在一种权利，那么就一定存在相对的义务；同样，如果存在一种相对的义务，就一定有权利存在。因此，表达了一种相对义务的陈述是一个表达了一种规范的陈述，进而也可以推定为是表达了一种权利的陈述。阿列克西认为当我们在谈论权利时，实际上就是在简单地谈论一种特殊规范。当一个规定有一项权利的规范有效时，这项权利就是存在的。这就意味着，当存在着一个规定有一项权利的有效法律规范时，一项法律权利就是存在的。正是弱的权利概念的引入及对其的合理分析使我们认为法律权利不仅可以规则的形式存在，而且也可以原则的形式存在。

在现代法理学研究中，规则和原则都是法律规范的构成要素，也是法律体系的构成要素。原则的概念至少有两种理解方式，它们经常被混淆在一起。

第一种界定、识别或理解原则的方式是根据规范在法律体系中的根本地位及重要性，突出法律原则在法律体系中的法律价值表达功能，认为那些构成法律秩序内在统一性与评价一贯性的基础的规范就是法律体系中的法律原则。在此种识别或界定法律原则的视域里，一方面，基于作为界定标准的重要性本身原本就是程度上的判断，法律原则与法律规则的差别只是也只有程度上的差别。人们也往往在这个意义上，认为规则表达的多是一种明确的、具体的权利，原则表达的多是一种相对宽泛、抽象的基本权利。因为规则要求满足特定条件，明确规定了命令、禁止、允许与授权的规范，因此它们可以被称为"确定的要求"。建立在规则基础上的权利是确定的权利。以哈特、拉兹、麦考密克为代表的分析实证主义法学大多是在此层面上理解原则，进而理解原则与规则的程度性的而非实质性的差异的。另一方面，基于把原则与规则的区分落实在"根本地位及重要性"这些极具争议的概念上，也被认为更多地类似于价值的分析，缺少操作性，对日常法律实践中的法律推理来说也意义有限。① 第二种界定、识别或理解原则的方式是根据规范的特征与适用方式，可以称之为"规范理论的原则概念"。在这个意义上，规则与原则具有质的差别，可以概括为作为规则与原则区分基础的语义学差别以及分别从不同侧面反映了这种语义学差别的性质论差别及结构论差别。就原则与规则的语义学差别而言，原则是完全不同于作为"确定性命令"的规则的另一个类型的规范，原则作为"最佳化命令"要求最大化或最大程度上实现其所追求的价值，实现程度的最大化取决于法律和事实上的双重可能性，因此，"分量"而非"有无"成为原则以及原则的适用所具有的一个显著的特征。在法律原则的适用中，平衡相互冲突的原则既是可以实现的也是必需的。原则在法律体系中从来就不是孤立地被适用的，在决定考虑实现某个原则时，不可避免地要考虑到其他相对立之原则的存在和影响。就反映原则与规则语义学差别的性质论差别而言，原则是一种区别于规则"现实应然"的"理想应然"，其与"最佳化命令"之间，存在着一种相互蕴含关系。作为"理想应然"的原则准确地说是"目标规范"而非"行为规范"，其要转化为行为规范，既要考虑实现目标之经验手段的问题，也要考虑与之可能冲突的其他目标问题，也就是原则的实现程度取决于事实上与法律上的可能性。就反映原则与规则语义学差别的结构论差别而言，原则通过自身的内容正确性就可证立，规则则不仅需要通过自身的内容正确性，还要通过来源上的权威

---

① 徐继强：《宪法权利规范的结构及其推理方式》，载《法学研究》2010 年第 4 期，第 6 页。

性，才能证立。①

　　建立在原则基础上的权利是抽象的权利。那么，在什么条件下法律体系会包含建立在原则基础上的权利呢？阿列克西认为无论是在完善的还是在不完善的权利体系中，基本权利是建立在原则基础上的权利的最根本表现形式，并对此进行了阐述。在像联邦德国一样的法律体系中，回答上述问题是简单的。联邦德国宪法规定有一个基本权利表，而且第一条第三款规定了这一权利表是可以直接适用的法律，它们拘束议会、政府和法院。这种基本权利的拘束力是由联邦宪法法院来控制的，为了达到这一目的，它拥有广泛的权力。这样的一个权利体系可以被称为是一个完善的制度化了的权利体系。在这种权利体系中，每一项规则的适用，无论是实际地还是潜在地，都是对基本权利的实现。比如，在规则存在模糊性的情况下，法官必须关注他的判决可能对基本权利造成的影响。即使只是简单地适用规则的法官也必须保证规则的严格适用是不会违反任何基本权利的。

　　在一个诸如因为缺乏宪法意义上的基本权利，或者因为缺乏宪法法院或类似宪法法院的制度化还没有完善了的基本权利体系中情况无疑是不同的。但是阿列克西认为，只要它是属于民主宪政类型的权利体系，那么基本权利一定在该权利体系中具有重要作用，至少从实质的观点上看是如此。在这种权利体系中，基本权利的作用是通过法律实践来体现的，具体表现为法律实践中的法律推理及法律推理中的权利推定。尽管从批判的观点看，基本权利要依赖法律实践来推进或者通过政治决策来制度化可能会引起争议。但是，我们依然从中可以看出，无论是完善的还是不完善的权利体系，基本权利是建立在原则基础上的权利的最根本表现形式。②

　　2. 明示的法律权利与默示的法律权利

　　法律权利也可以划分为明示的法律权利与默示的法律权利。明示的法律权利是指"规定在法律规范中、实现于法律关系中的主体以相对自由的

---

① 雷磊：《适于法治的法律体系模式》，载《法学研究》2015 年第 5 期，第 15—16 页。
② 参见阿列克西：《权利、法律推理和理性言说》，季涛译，http：//www. tzbszn. com/
　 show. aspx？id＝10689&cid＝286. 2007 年 6 月 20 日。

作为或不作为的方式获得利益的一种手段"。默示的法律权利是指"隐含在法律规范中、实现于法律关系中的主体以相对自由的作为或不作为的方式获得利益的一种手段"①。

宪法和法律中的那种虽然在立法中未明确授权，而在法律上可视为具有授权意图的权利，可称为默示的法律权利，通过一定的法律程序（如法律解释和新的立法）对默示权利予以确认，就使其具有了明确的法律地位，并可与明示权利一样得到法律保护。这种揭示默示权利的法律解释和新的立法过程中的一个核心问题恰恰就是权利推定。这种"默示权利"的概念，是由法律上的"默示权力"② 引申出来的。

上述基于不同的标准进行的法律权利存在方式之间是一种交叉关系，一种明示的法律权利，同时可能又是以规则形态或原则形态存在的法律权利。一种默示的法律权利，同时可能又是以规则形态或原则形态存在的法律权利。一种明示或默示的法律权利，同时可能又是以原则形态和规则形态同时存在着的。

三、权利推定的概念

（一）推定的词义分析

"推定"是一个古老的概念，是一种重要的法技术方法。早在古罗马时代，人们就开始使用这一概念了。但至今这一概念依然混乱。《法国民法典》第 1349 条对推定作出如下界定，"推定系指法律或司法官依已知之事实推断未知之事实所得的结果"，《意大利民法典》第 2727 条作了与《法国民法典》几乎完全相同的规定。《布莱克法律辞典》对推定的定义是："推定是一个立法或司法上的法律规则，是一种根据既定事实得出推定事实的法律规则，推定是在缺乏其他证明方法时所使用的一种根据已知

---

① 张文显：《法哲学范畴研究》（修订版），中国政法大学出版社 2001 年版，第 309页。

② 参见［英］戴维 M. 沃克编：《牛津法律大辞典》，北京社会科技发展研究所组织翻译，光明日报出版社 1988 年版，第 435 页，"默示授权"词条。

证据作出确定性推断的一种法律设计。推定是依法从已知事实或诉讼中确定的事实出发所作出的假定。"① 《牛津法律大辞典》对推定的定义为："推定，在证据法中，指从其他已经确定的事实必然或可以推断出的事实推论或结论。"②

即便是上述所援引的具有法律效力的法典以及具有智识上的权威性的法律辞典在"推定"一词的认识上也有很大的差异。这里至少呈现了二种不同的认知路径。一、推定即为推理（reasoning），强调从已知到未知，从前提到结论。上述《法国民法典》《意大利民法典》以及《牛津法律大辞典》，无论是否将其限定在证据法范畴，均采用了这样一种认知模式。尤其按照制度法学的理解，将法律理解为一种制度性事实，那么《牛津法律大辞典》的解释尽管作了一种证据法范畴内的理解，"必然"与"可以"措辞事实上指出了演绎性的法律推理与归纳性的法律推理涵括推定之中，推定即推理。二、推定即假定（presumption），强调其预先的法律设计维度，是一种根据既定事实得出推定事实的法律规则，是对证明不能的一种制度性的补充。《布莱克法律辞典》对推定的理解更多是对这样一种认知模式的概括。推定在英文中有两种表述，一个是"infer"（［根据已知事实］推断；推定）和"inference"（1. 推论；推理；推断 2. 推断的结果；结论）。③ 另一个是"presumption"，主要是证据法上使用的特定词汇。这从另一个侧面也印证了在大的类型上，人们大致是在推理（reasoning/inference）与推测、可能性、假定（presumption）两个不同的意义上使用"推定"一词。

即便是作为证据法上的特定词汇，长期以来，学界对"推测、可能性、假定（presumption）"这一层面的"推定"的概念及其内涵的理解和认识也往往是处于一种难以确定和混乱不堪的状态。罗森贝克在其经典著

---

① Henry Campbell Black. *Black's Law Dictionary*. 6th Edition. St. Paul Minn. West Publishing Co. 1990.

② ［英］戴维·M·沃克：《牛津法律大辞典》，邓正来等译，光明日报出版社 1988 年版，第 715 页。

③ 参见薛波主编：《元照英美法词典》，法律出版社 2003 年版，第 691 页。

作《证明责任论》中曾指出:"没有哪个学说像推定学说这样,用语不规范,概念混乱。可以肯定地说,迄今为止还不能成功地阐明推定的概念。人们将《民法典》中所有的或者至少几乎所有的证明责任规则、《民法典》的解释规则和民事诉讼法的证明规则,均视为推定。"① 有学者认为,在法律学术家族中,除了证明责任之外,推定是最难对付的棘手问题。更有学者甚至主张,应当将"推定"这一术语从法律术语和功能中剔除出去,其作业由证明责任的直接分配和准确解释某些事实法律含义的司法评论所替代。②

在证据法上,推定是指从其他经司法认知或经证明或承认为真实的事实(一般称为基础事实〔basic facts〕)中推断出某一事实成立或为真实。推定从性质上可以分为法律上的推定(简称法律推定)和事实上的推定(简称事实推定),这是对推定进行的根本上的常态性的分类,也是学界认为最为复杂和最容易引起争议的推定分类概念。美国《现代法律习语辞典》对法律推定和事实推定作了如下解释:推定(presumption)是指一种具有事实上或法律上可能性的法律推测。……在美国法中,法律上的推定和事实上的推定是一个最基本的区分。法律上的推定是指根据基础事实导出可反驳的假定事实的一种法律规划。③ 事实上的推定仅仅是一个意见,

---

① 〔德〕莱奥·罗森贝克:《证明责任论》(第五版),庄敬华译,中国法制出版社2018年版,第240页。

② 〔美〕约翰·W·斯特龙:《麦考密克论证据》,汤维建等译,中国政法大学出版社2003年版,第660、671-672、663、665页。

③ 不过对于法律上的推定问题,大多资料认为它又分为两种。一种是决定性的或不可反驳的法律推定(conclusive or irrebuttable presumption of law),它是由法律确立的绝对性的推论,不允许以证据加以反驳。如英国1933年的《儿童和青少年法》(Children and Young Person Act)规定"10岁以下的儿童不能犯任何罪",即是一条决定性的推定,且即使有最清楚的证据可以证明行为人有犯罪意图,也不能用来推翻该推定。对不可反驳的法律推定更恰当地应该称为法律规则或法律拟制(fiction of law)。另一种是非决定性的或可反驳的法律推定(inconclusive or rebuttable presumption of law),它是指按法律要从已知事实中得出的结论,允许以相反的证据加以反驳,在被反证推翻之前,该推论成立,如无罪推定。参见薛波主编:《元照英美法词典》,法律出版社2003年版,第1084—1085页。

是一个来自基础事实的推论，不必成为一个单独法律问题。① 事实推定（presumption of fact）是指法官或者陪审团可以（而不是必须）从其他已经证实的事实中得出的推论。事实推定亦非决定性的，允许以反证加以反驳。某一事实推定效力的强弱要取决于具体情况以及有无不同解释。如根据在一段时间内持续占有的事实可以推定占有人对其占有的财产享有所有权，即是一项效力强的推定（strong presumption）；而根据某人与被谋杀的死者有金钱上的利益关系推定该人犯有谋杀罪，即是一项效力弱的推定（slight presumption）。②

其中，事实推定与法律推定的一个重要的区分就在于是直接依据经验法则还是直接依据法律规则。因此，所谓事实推定应当是指，以已知某一或某些事实为前提，通过经验法则推论未知事实的存在与否。事实推定的一个特点是以已知事实推定未知事实的中介或桥梁是经验法则。与此不同，法律推定是指，法律明确规定当存在事实 A（根据事实）时，即推定待证事实 B（推定事实）也当然存在，而无须加以证明。③ 也就是说法律推定无须直接以经验法则为推定的中介或桥梁，而是在法律明确规定的条件下直接确定未知事实的存在与否。④ 例如法律推定中关于死亡的法律推定，我国民法通则第 23 条规定，公民下落不明满 4 年的，利害关系人可以向人民法院申请宣告死亡。也就是说，当公民下落不明满 4 年，并经合法程序，法院就可以宣告死亡，这实际上就是推定死亡。除此之外，关于过

① Bryan A. Garner: *A Dictionary of Modern Legal Usage*. 2d Edition, Oxford University Press (1995).

② 薛波主编：《元照英美法词典》，法律出版社 2003 年版，第 1084—1085 页。

③ 参见［日］林屋礼二、小野寺规夫：《民事诉讼法辞典》，信山社 2000 年版，第 349 页。

④ 当然，法律在作如此规定时也会考虑经验法则，但却是立法者的事情，与法官没有关系。可以说，法律推定与经验法则之间有一种间接关联。法律推定源于以经验法则为中介的事实推定但又高于事实推定，是在事实推定的基础上渗入了法律价值和政策需要，从而将事实推定的单纯经验逻辑上升为法律逻辑。在这个意义上，法律推定和事实推定具有泾渭分明的区别，也有千丝万缕的联系。具体论述参见王雄飞：《论事实推定和法律推定》，载《河北法学》2008 年第 6 期。

错的推定、关于婚生子女的推定、关于时效的推定等因其依存于法律规范都涉及法律推定或法律拟制。法律上的推定可分为可反驳的推定与不可反驳的推定。二者的区别在于，一般而言，不可反驳的推定没有证明或证明责任后果，它事实上就是直接导致实体法律后果的规范。在此方面，它的作用与法律上的拟制是一样的。① 罗森贝克认为："拟制是法律规范，该法律规范以构成要件 b 被视为构成要件 a 的方式，将构成要件 b 等同于构成要件 a，于是，它将构成要件 a 所规定的法律后果转移至构成要件 b。也就是说，拟制是简单化的立法技术的一个方法。"② 虽然，拟制的形式（如果具备构成要件 b，则 a 被拟制）与推定的形式（如果具备 b，则可推定 a）极为相似，但二者的目的和内容完全不同。因此，不可通过反面证明来反驳拟制。但法律推定（真正的法律推定，可反驳的法律推定）是可以通过反面证明来予以反驳的，且这种通过反面证明来对法律推定予以反驳不是反证，而是本证。在这一点上，法律推定也区别于经验法则或基于经验法则的事实推定本身。因为事实推定的结果预留给另一方当事人的是反证的机会而非本证的机会。

不可反驳的法律推定与拟制并无二样，它具有推定的形式，但具有拟制的实质，因为反面证明是不会被允许的。对于不可反驳的法律推定或更准确地说其实就是法律拟制，无论其在立法形式上是使用了通常被看作具有拟制特征的词汇"被视为"还是使用了"推定"一词，这些立法者的考虑是，不可反驳的推定（拟制）的基础和不可反驳的推定（拟制）的事实与现实生活在原则上是一致的。③ 我国《合同法》第 74 条的规定——"当事人对合同变更的内容约定不明确的，推定为未变更"，即为不可反驳的推定。

可反驳的推定，按照罗森贝克的观点，法律推定都是可反驳的推定，

---

① ［德］伯恩·魏德士：《法理学》，丁小春、吴越译，法律出版社 2003 年版，第 67 页。

② ［德］莱奥·罗森贝克：《证明责任论》（第五版），庄敬华译，中国法制出版社 2018 年版，第 256—257 页。

③ ［德］普维庭：《现代证明责任问题》，吴越译，法律出版社 2006 年版，第 73 页。

不同于法律拟制，尽管有二者都有法律规范作为基础，但法律推定（或按照罗森贝克的观点，也叫法律上的事实推定，以区别于基于经验发展的事实推定，也叫事实推定）是有证明或证明责任后果的，是可以依一定的要件事实予以推翻的推定，对于受推定之不利影响者而言，如果要想反驳可反驳的推定，就要承担证明的风险。在法律上的事实推定（法律推定）情况下，立法者开辟了一个与"从原则规范中剔除某些要素，并以相反的形式使之成为例外规范的前提条件"这一"通过规则——例外的方式来表达的表见推定"完全不同的途径。在表达了"法律推定"的法律规范中，法律效果取决于"理想的"构成要件的存在，但是，如果有对法律效果不是必需的另一个情况存在，且该情况一般来说或者至少经常能推断出那一个"理想的"构成要件特征的存在，那么，法律推定存在这一个或者另一个要素。① 以《德国民法典》第 1253 条为例分析可获得一个较为直观的认识。根据该条第 1 款的规定，质权的消灭是质权人（A）将质物返还（B）给出质人或者所有人（C）的结果，也就是 A+B+C。但是，如果存在一个非构成要件的情况（X），即所有人或出质人占有质物，该条第 2 款则推定全部理想的构成要件 A+B+C 已存在。但是，如果 X 未能被主张或者证明，且质权消灭又应当被认定的话，则必须"理想的"构成要件（A+B+C）的所有组成部分证明为已经存在。

这种证据法上关于推定的理解基本上是目前民法领域或诉讼法领域学者们在研究推定问题上的主流观点。他们大多是在这个推定的框架下进行相对细致的推定中的某一问题的研究的。法律上的推定，是立法者将其认为最为重要的事实上的推定予以法定化的结果，立法者通过对诉讼实践中推定经验的总结，综合考察两个事实间常态并存的盖然性程度以及社会政策、价值取向等因素，将其中一部分推定通过立法确定下来，要求司法者在规定情形下必须据此作出相应的结论。这一部分推定仅仅构成全部推定

---

① ［德］莱奥·罗森贝克：《证明责任论》（第五版），庄敬华译，中国法制出版社 2018 年版，第 251—252 页。

中相对较小的一个组成部分。①

从法的分类角度看，推定主要是证据法中的一个专业术语，而证据法解决的又是一个法律事实问题，而实体法律规范的运作离不开证据，在这个意义上，推定理论与问题又是各个部门法需要面对的问题。各个部门法学者，如民法学者在研究民法中的权利推定问题上，往往就是在证据法的意义上理解并使用"推定"一词的。从法的运行角度看，在立法和司法中都不同程度地存与着与证明责任相关的法律推定及常被与之混同的法律拟制的立法技术及其运用，更普遍存在着对作出抽象的或具体的法律决定的"前提与结论"或"理由与结论"的逻辑关系及其正当性的探究。

在学理上，有人将推定理解为基础事实与被推定事实之间的关系，有人将推定等同于假定，有人将推定视为推论或推理，并认为更为谨慎适当的说法应为推论（inference）而非"推定"。② 有人则认为，推定是基础事实与未知事实通常并存的关系，"事实推定产生于下面这种思维过程，即根据已知的基础事实的证明来推断出一个未知的事实，因为常识和经验表明该已知的基础事实通常会与该未知事实并存"③。显然，上述关于推定的讨论都是关于从事实到事实的推论的讨论，强调的是一种诉讼中证据问题的处理技术。

对于上述关于推定的认识，应该作出如下评价与澄清。其一，推定和假定是截然不同的。假定只是一种逻辑上的假设，作为认识的开始，必须通过证明去证实，假定本身不具有法律意义，不会引起法律效力，推定，作为认识的结果，是推定者立基于基础事实与推定事实之间逻辑联结与意义关联基础的对某一推定事实的肯定，是重要的法律行为，必然会引起法律效力。此外，假定与推定在正假证明诉求上也有不同，假定因"证不实

---

① 赵钢、刘海峰：《试论证据法上的推定》，载《法律科学》1998 年第 1 期。

② ［美］Edmund M. Morgan：《证据法之基本问题》，李学灯译，台湾世界书局 1982 年版，第 57 页。

③ ［美］乔恩·R·华尔兹：《刑事证据大全》，何家弘等译，中国人民公安大学出版社 1993 年版，第 314 页。

就是假"从而无须证明其假，推定因"不被反证推翻即为真"从而无须证明其真。由此可见，将推定等同于假定是概念的混淆。其二，将推定视为推论或推理的观点也不正确。作为一种的正常的证明方法，推理或推论的核心内容包括推理和整体上的逻辑证明，这样的证明，尤其是从演绎逻辑的角度来讲，要求把盖然性排除在外，而作为一种特殊的证明方法，推定不可能把盖然性排除在外，因此，在将推论或推理等同于演绎推理的意义上，推理不同于推定。其三，将推定理解为基础事实与被推定事实之间的关系的观点，虽然在理，但不具体。其四，认为推定是基础事实与未知事实通常并存的关系。此观点明确指出，基础事实与未知事实通常是会并存的，所谓通常并存就是在通常情况下二者之间是有联系的，即根据基础事实的存在，就可以合理地推论或推理出未知事实的存在。① 这是我比较认同一种观点，这种观点吸收了上述各种论断中的合理成分，从而为我们正确界定推定提供了基础。

法理学中关注的权利推定与上述证据法或证据法学中的法律推定有一定的关联性，尤其是在通过法律适用从法定权利到现实权利的转化过程中，如何理解法律规范，如何理解法律规范中的法律推定或法律拟制，对于经由司法程序的权利实现而言，至关重要。但法理学中所关注的权利推定又远非是证据法学中的推定理论所能完全涵盖的，它在理论上更倾向于与一个政治共同体的法治实践密切相关的"法律推理"或"权利推理"。这种"推理"意义上的"推定"强调对已知事实（法律规范、案件事实）与未知事实（具体法律结论）之间的逻辑关系的探究，更强调对作为已知前提的"一般性法律规范"的整体性的解释。因此，对法律推定问题的思考从而在更深的追问中则必然与"法律是什么""权利是什么"这些法理学经典问题的不同学理回答密切相关。因此，从学理上重新梳理并分析一下"推定"一词的含义，在此基础上，指出法理学所关注的"权利推定"所采纳的"推定"的含义是有必要的。本文在研究权利推定时，更多是在

---

① 裴苍龄：《再论推定》，载《法学研究》2006 年第 3 期，第 119—120 页。

"推理、推论"的意义上理解"推定"一词,侧重在法律规范的"应当"的层面上,探究"已知法律资料"或已知法律资料中所明示的"权利""义务"等法律的因子与"隐含法律权利"之间的逻辑上的并存关系,揭示或推定隐含权利,谈论如何基于一个规范的权利或义务的类型、主体、范围乃至目的或精神这一作为制度事实的基础事实,结合现实社会发展又一基础事实,在一般或更为具体的层面上推论出其他权利类型、主体范围等关涉权利构成要素的存在。推定的权利类型、权利范围、权利主体等权利因素"通常"是而且"应当"是与明示出来的法定的权利类型、权利范围、权利主体或义务类型、义务范围、义务主体等权利因素或权利相关因素并存的。

(二)权利推定的概念

1. 既有释义的分析与检讨

尽管正如后文将要谈到的那样,我们容易基于权利与义务的非同质性、权利与利益的非等同性以及权利对负担的更为深刻的论证性在强调"权利"推定的必要性方面达成一致,尽管我们也容易基于人类理性的限度、法律语言的模糊性、规则的空缺结构角度在权利"推定"的必要性方面达成一致,进而最终在"权利推定"的必要性方面达成一致。但关于什么是权利推定,并没有一个准确的界定。国内一些学者都曾讨论过权利推定的问题,但他们在很大程度上往往并不是在同一概念层面上,而是在不同的概念层面上,甚至是在同一概念层面的截然不同的意义上使用这个语词,这在某种意义上也反映了权利推定问题的复杂性。

释义(1):权利推定就是指从既有权利出发,对应有权利所进行的确认或认可,是从权利角度对推定规则加以运用的结果。以是否与事实推定有关,权利推定大致可分为两类:一类是立法上确认法定权利归属与效力的推定,另一类是法律解释上确认应有权利的法律地位的推定。前者作为法律上对某种事实的推定,其后果将导致与此相关的法定权利的产生或消灭,这时,权利推定只是事实推定的延续和发展。后者则是既有法律权利、法律原则或法律基本精神自身的推论，与事实推定无关。①

释义（2）：权利推定是指根据某种经验的或超验的判断、确然的或或然的情形，推断出某个个人、群体或一切人享有或应该享有的权利。②

释义（3）：权利推定是通过简单或复杂的推理过程发现隐形权利的一种方式，权利推定大体有两种基本方式，一种是比较简单的方式，即依据法律规则作出权利推定，另一种是比较复杂的推定方式，即依据法律原则和法律理想来作出权利推定。③

释义（4）：权利推定应限定在法律权利推定方面，法律权利推定主要是在认定或识别法律权利的特定形式时所涉及的问题，是我们识别法律权利形式必不可少的。法律权利的推定是指立法机关或者司法机关从已知的法律规定和事实中推断法律权利形式而得出的结论。法律权利推定分为实有法律权利的推定和应有法律权利的推定。④

释义（5）：虽然既不能把"推定"的权利归结为应有权利或现实权利，也不能单纯地把它归结为法定权利。然而，"推定"的权利确实是存在的，并与应有权利、法定权利、现实权利之间有着内在的联系。并认为权利推定可分为形式的权利推定和实体的权利推定。前者是指在形式上由一种权利推定出其他权利的形式，这种推定强调逻辑上的合理。后者是针对现实的权利行为事实在司法实践中以何种准则和标准认可该行为的合法与否的推定，其推定的程序是以"明示权利"为依据，然后再依据具体的推定标准作出某种行为正当与否的结论。其特点是，在"明示权利"与推定的结果之间并不一定具有合乎逻辑的联系。因此，根据实体权利推定，在处理一种具体的权利要求事实时，即使存在着形式推定出的大前提，也

---

①　郭道晖：《论权利推定》，载《中国社会科学》1991年第4期，第180页。

②　夏勇：《人权概念起源——权利的历史哲学》（修订版），中国政法大学出版社2001年版，第151—166页。

③　郑成良主编：《现代法理学》，吉林大学出版社1999年版，第95—102页。

④　林志敏：《论法律权利的形式与推定》，载《吉林大学社会科学学报》1991年第5期，第43—48页。

必须确定更具体的推定标准。①

释义（6）：权利推定是一个关于未经明示的权利如何被认定的问题。它包括权利的法律推定和事实推定两种形式。权利的法律推定是指根据法律的规定推导出权利，主要是指对义务性规范中的隐含权利的推导和法律原则中隐示的广泛权利的揭示。权利的事实推定主要是指从一定的事实状态出发，推定应有权利的法律地位。这种权利推定既可以发生在立法之前，作为权利立法保护的依据，又可以发生在立法之后，作为权利司法保护的凭借。权利推定被用以确定和解决三个相互联系的问题。第一，应该受到法律保护的权利是否仅限于法律规范所明确规定的权利？换言之，法律未明确规定的权利是否可能受到法律保护？第二，法律没有明文规定的权利，在何种意义上应该受到法律保护？第三，也是最重要的问题是，应该受到法律保护的法律规范之外的权利是通过何种方式被推定的？②

释义（7）：所谓权利推定，即法无明文禁止即可为。这种观点认为，如果抽象地看，则所谓权利推定，即法无明文禁止即可为，也就是说，凡法律没有明确规定不得为、不可为的行为，即主体的权利范围。承认权利推定实际上就等于承认义务推定，因为法律没有禁止你当然也意味着没有禁止他人，换言之，法律没有禁止的领域不仅仅是你的，同样也是他人权利的"势力范围"，正如你的权利往往也意味着他人的义务。这意味着，承认"权利推定"也即承认"义务推定"，而这实际上是说权利是不可推定的。或者至少可以说"权利推定"是一个自相矛盾的说法。③

释义（8）：权利推定是法律推定的一个下位概念，继而是推定的一个下下位概念。这种观点在证据法领域的文献中或在部门法学者的著作中颇为常见。法律推定是指，法律明确规定当存在事实 A（根据事实）时，即

---

① 程燎原、王人博：《权利及其救济》，山东人民出版社 1998 年第 2 版，第 343—346 页。

② 葛洪义：《探索与对话：法理学导论》，山东人民出版社 2000 年版，第 225—229 页。

③ 周赟：《新兴权利的逻辑基础》，载《江汉论坛》2017 年第 5 期，第 119 页。

推定待证事实 B（推定事实）也当然存在，而无须加以证明。法律推定又分为法律上的事实推定和法律上的权利推定。① 也被简称为事实推定与权利推定或权利状态推定。罗森贝克在《证明责任论》法律推定一章中设置了两节内容，其中一节是事实推定（此处的事实推定不是经验法则意义上的事实推定，而是强调有规范依据的法律上的事实推定，准确地说其实就是可反驳的法律推定，正如前文在"推定"一词的使用问题上的分析所述，在罗森贝克看来，不可反驳的法律推定实质上是法律拟制），另一节就是权利推定或权利状态推定。例如《德国民法典》中就有很多权利推定条款。它们都是针对权利或法律关系的现实存在或不存在。权利推定更确切地将是对现时权利状态的推定，因此，将其称为权利状态推定会更好些。此种法律上的权利推定区别于法律上的事实推定，对此罗森贝克在《证明责任论》一书中进行了较为详细的阐述。②

　　法律上的权利推定大多依据立法或司法中确定的权利推定规范而进行。③ 这类依据确定的权利推定规范进行的法律上的权利推定在我国民法学研究中多有使用。例如朱广新在《论物权法上的权利推定》一文中认为，权利推定是近现代物权法上颇具特色的一类规范，大陆法国家（地区）的民法典大多对此有所规定。它包括两种形态，即占有权利（所有权）之推定与不动产登记簿之权利推定，其义大致为：不动产依其登记

---

① 参见［日］林屋礼二、小野寺规夫：《民事诉讼法辞典》，信山社 2000 年版，第 349 页；张卫平主编：《民事证据制度研究》，清华大学出版社 2002 年版，第 83 页。

② ［德］莱奥·罗森贝克：《证明责任论》（第五版），庄敬华译，中国法制出版社 2018 年版，第 271—291 页。

③ 例如我国物权法草案第五次审议稿第 4 条就有权利推定方面的规定，"动产占有人是动产的权利人，但有相反证据证明的除外"。尽管正式通过的物权法并未采纳此条规定，但在司法实践中，最高人民法院早在 1990 年 3 月 10 日向云南省高级人民法院所作《关于周维华诉周维鸿房屋申诉一案的复函》（民他字第 51 号）中就明确采用了权利推定规则。关于此复函的分析，参见常鹏翱：《物权法的展开与反思》，法律出版社 2007 年版，第 203 页以下。另外，从最高人民法院有关人员对《物权法》的注释意见看，占有权利之推定仍为审判实践中深受重视的问题，参见黄松有：《〈中华人民共和国物权法〉条文理解与适用》，人民法院出版社 2007 年版。

簿、动产依其占有而有权利之推定力。①

显然,释义(1)这种权利推定是相对较广义的权利推定,它把与权利规定有关的法律拟制或法律推定纳入了权利推定的范畴。尽管如此,但它更强调或侧重的是通过法律解释对应有法律权利的确认过程。而法律解释的出发点是既有的法律,它包括既有的法律权利、法律义务、法律规范、法律原则、法律基本精神等不同表现形式的既有法律。相应地,这些也都是权利推定的出发点。这里我们对"既有权利"最好做一种广义的理解,即包括直接以权利形式表达的权利、以义务形态表现的间接权利、以法律规则形态存在的权利、以法律原则和法律精神形态存在的权利。上述这些法律所容扩的序列之中有一个权利表达逐渐由明确到隐蔽或由具体到宽泛的程度差异,当然它的推定结果也是一种法定权利,是由或模糊或宽泛或间接或隐蔽的法定权利到或清晰或具体或直接或明确的法定权利。

释义(2)这种权利推定是外部的权利推定,即基于法律之外经验生活中的某种既成的制度性事实而进行的权利推定。如英国《大宪章》中所载的权利和自由,固然是僧侣贵族与国王斗争的果实,但是,它在法律上、理论上的推论,主要是根据某种关于权利义务的"既成事实",即权利主体所处的社会地位和所享有的财产、利益、权力等已属于客观的存在以及确认这类社会地位和利益的法律、习惯亦属客观存在。这是一种从"已然"的现实权利到"实然的"的法定权利的权利推定。正如前面所提到的有些学者所认为的那样,这是一种基于现实权利的事实的外部权利推定,这说明了权利推定与现实权利之间的联系。② 但这不是全部权利推定的唯一路径,甚至也不是外部权利推定的唯一路径。事实上,权利发展的历史上还存在着另一种外部权利推定的路径,那就是先验式的权利推定,即基于法律之外的先验的关于社会正义的理念或一种古典的自然法原理进行的权利推定。如法国人在14世纪之初就开始并逐渐习惯运用这种先验性

---

① 朱广新:《论物权法上的权利推定》,载《法律科学》2009年第3期,99页。

② 程燎原、王人博:《权利及其救济》,山东人民出版社1998年第2版,第344页。

的东西来推定权利，如路易·胡廷国王（King Louis Hutin）所颁布的解放王家领地内农奴的著名命令中的前言，就是这种权利推定的典型运用。"既然按照自然法，每个人应该生而自由；由于自上古以来就已采用并一直到现在还在我国土上被保持着的某种惯例和习惯，并且可能由于人们前辈的罪行，在我们普通人民中就有许多人陷入了被奴役的地位，因此，我们等等。"① 同样，1789 年法国《人权与公民权利宣言》所展现的权利推定也是这种先验式权利推定的典范。这是一种从对人之为人的"应有权利"的诉求到应有的"法定权利"确立的权利推定。这个事实在某种意义上也说明了如果考察一下权利历史或权利实践的话，我们完全可以认为"正是先有了权利的推定，才有了某种法定权利"，而放弃那种"不是先有了权利的推定，才有了某种法定权利"② 的看法。正是以"应有权利"为基点的权利推定为某种法定权利的产生奠定了基础，提供了某种程度的道德正当性的论证与支持。事实上，上述种种外部的权利推定更侧重于强调法定权利设定的理由和权利正当性的提供，这种外部的权利推定作为一种立法的前置程序同样在完善现代立法程序、提升立法质量上尤为重要。尽管当代关于法律权利外部推定可能较之于历史上的同类推定在推定的依据和主体参与性等方面有了更合理的长进，但这种推定路径却是一致的。

释义（3）这种权利推定强调的是一种法律权利推定，是分别以法律规则和法律原则为基点在法定权利内部进行推定，因此，推定的出发点和推定的结果当然都是法定权利，但这绝不是一种从法定权利到法定权利的文字游戏，它敏锐地观察到了法定权利中隐形权利与显性权利的区分以及法律中权利义务基本结构形态的内在逻辑关联和价值关联。

释义（4）也是一种将权利推定限定在法律权利推定方面的权利推定认识方式，它更关注的是法律权利的形式表达，在法律权利推定的主体上也作了严格的限定。但尽管如此，事实上，一旦将法律权利推定分为实有法律权利的推定和应有法律权利的推定，还是无法摆脱外部权利推定对法

---

① 转引自［英］梅因：《古代法》，沈景一译，商务印书馆 1959 年版，第 62-63 页。
② 程燎原、王人博：《权利及其救济》，山东人民出版社 1998 年第 2 版，第 344 页。

律内部权利推定的影响，而应有法律权利的推定恰恰是一个两种权利推定内在关联的一种表现。

释义（5）显然看到了权利推定的动态过程及其在连接不同的权利存在形态之间的作用，但我认为推定的权利也是最终可以通过或不通过一定的程序归结为这三种权利形态中的一种的。但这并不意味着权利推定的结束，事实上，总是存在一些需要通过权利推定来明确或完善的边缘权利。一方面边缘权利不断中心化，模糊权利不断清晰化，但另一方面，随着社会的发展，又总会有新的边缘权利和法律边缘问题不断涌现或者清晰的权利规定逐渐变得模糊。法律和权利的演进事实上正是在这种动态的权利推定过程中展开的。

释义（6）比较全面地反映了权利推定的两个基本向度，即应有法定权利的确定与实有法定权利的明晰，进而肯定了权利推定之拓展权利保护的功能，并提及了权利推定的限度和方式问题。

释义（7）虽然看到了自由推定是权利推定进而也是更大概念范畴的权利推理的重要组成部分，但其把"法不禁止即自由"原则看作是权利推定的全部含义，进而从权利义务的一致性中得出权利推定是义务推定的悖论却有失偏颇。其一方面缩减了权利推定的范围，另一方面，降低了权利推定的价值。

第一，"法不禁止即自由"原则是权利推定的组成部分，但不是权利推定的全部。权利推定或权利推理作为一种以保护公民权利为目的导向的创造性的法律实践活动，以"法不禁止即自由"原则为依据的自由推定，尽管是权利本位理论的重要组成部分，是权利推定的典型，但不是权利推定的全部内容。权利推定还包括其他重要的内容。作为权利发现和权利体系扩充重要途径的权利推定，是根据社会经济、政治和文化发展水平，依照法律的精神、法律逻辑和法律经验来发现、拾取和确认权利。这样一种以权利发现、权利拓展与权利保护为内容的权利推定包括隐含于包容于法律精神与法律原则中的法律隐含权利或默示权利的揭示、包括立论于"不公平分配的调适"或"可掌控资源的拓展"之逻辑基础之上的新兴权利的推定。随着法治和人权理念的发展，在现代社会，一个政治共同体的宪法往往为这个意义上的权利推定提供了基本的法律框架。美国宪法第九修正案明确规定："不得因本宪法的某些权利，而认为凡由人民所保留的其他权利可以被取消或抹煞"，我国宪法 2004 年修正案也明确规定"国家尊重和保障人权"，这都充分说明，法律上明示的权利只是权利的一个不完全的清单，权利是发展的，没有确定的量，不能因为法律没有明确宣告而否定某些应有权利的存在。除此之外，主流观点也一致认为，保护社会弱者的立法司法原则以及无罪推定都可以纳入作为权利本位论的必然的逻辑延伸和组成部分的权利推定和权利推理的范畴之内。①

第二，权利与义务之间有着结构上的相关关系，但不能由此得出权利推定等于义务推定。根据霍菲尔德的"请求权"意义上的法律权利的"义务理论"，即由于法律权利或者存在于法律的权利陈述中或者存在于法律的义务陈述中，并且由于相关性条件，所有的权利陈述其实也是义务的陈述，因此法律权利其实全部存在于义务陈述中。或者说，法律权利的存在，就基于相关义务的存在。

从作为最准确意义上的权利，即主张（请求权）与义务的相关性角度可以说，基于请求权这一权利意义上的权利和义务的相关性，推定权利也必然有与之相对应的义务，这个意义不必须是推定义务，可以是法定义务，这种法定义务可以是以原则形态来表达，也可以是以规则形态来表达，通过原则或规则中的法定义务的表述从中推出其实质性的权利规定，这固然是一种权利推定，但其与法定义务相对应，而非与推定义务相对应。

法不禁止即自由原则推导出的自由权，是"请求权"意义上的权利类型吗？如果不是"请求权"意义上的权利，那么也谈不到与此相关的义务人的义务问题，更谈不到把义务推定的问题。

霍菲尔德的权利的概念体系里，权利分为四种类型。第一种是 A 对 B

① 张文显主编：《法理学》（第五版），高等教育出版社 2018 年版，第 300—301 页。

享有的请求权。这种请求权可以是消极的（即请求不得干预）或者积极的（即请求有所促成）。这种权利是有指向性的，也就是说，指向某个人（或许很难多人），而且要求后者对权利人承担相应的定向义务。① 霍菲尔德式的"请求（主张）"通常被认为是最准确意义上的权利的理由，因为拥有权利最典型的意义就在于，权利人能够提出相关的"请求（主张）"，在这个典型的权利类型上，权利现象至少涉及权利人与义务人，并且，保护权利人之权利的必要方式，就是让特定或不特定的其他人以义务人的身份负担相应的义务。这蕴含着一个关于权利的重要推论：在概念上，权利是义务人负担特定义务的根据。

第二种权利类型是特权。如果 A 就 x 而言对 B 没有义务，那么 A 就 x 而言就对 B 享有特权。因此，就 x 而言，A 在与 B 的关系上是自由的，这通常被理解为一种双边选择，也就是说，就 x 而言，选择做某事或者不做某事。但是，A 的自由并不意味着他人负有不得干涉其就 x 从事行动的义务。哈特指出，那些经常伴随着做某事的自由的请求，并不必然要求与此项自由的对象严格相应的义务。这里依据"法不禁止即自由"原则进行的权利推定得出的推定权利是一种特权（自由权），与其处于相关关系的概念术语是无权利（无请求权），与其处于相对关系的概念术语是义务。即与"法不禁止即自由"相关的是无请求权，即源于该原则的权利本身并不设置针对义务人的请求权，因此，从中得不出权利推定等于义务推定的悖论。与"法不禁止即自由"的自由权推定相对的是义务，即法不禁止亦无自由，推定无自由权，如果一个政治共同体奉行这样的原则，则与法治背道而驰，是欲加之罪何患无辞，如是，非但法律权利没有存续的空间，法律亦无法为人们提供稳定的预期，法律亦无立锥之地。

除了这两种权利类型，霍菲尔德还对另外两种权利类型进行了分析，即权力与豁免。权力、无能力、豁免和有责构成了权利概念的第二个层次。

---

① ［美］朱尔斯·科尔曼、斯科特·夏皮罗主编：《牛津法理学与法哲学手册》（上册），杜宴林、朱振、韦洪发等译，上海三联书店 2018 年版，第 527 页。

　　在法律没有规定的情况下，是进行权利推定还是进行义务推定，对什么样的行为进行权利推定，对什么样的行为进行义务推定，则往往反映了一个国家的法治进程和法治状态。既然在"法不禁止"的情况下，进行义务推定是不可想象的。那么，在法治国家中，对于国民行为应适用权利推定优先原则，并不是说义务推定是不存在的，只是说其不能以"法不禁止"为条件而适用于私人权利领域。在对政府行为的规制中，我们往往能够看到"法不授权即禁止"这种表现形态的义务推定。即，对于公权力行为，适用义务推定优先原则。因为根据民主和法治的理念，国家的一切权力属于国民全体，政府的权力乃国民授予并应依法行使，因此，对于国民而言，政府不得强迫其做法律不强迫他做的事情，不得禁止其做法律不禁止他做的事情，在法无明文规定的场合，实行权利推定优先原则。正是因为这一原则的存在，法治国家才能够在维持秩序的前提下保障自由，达成秩序与自由的统一。而对于政府行为应实行义务推定优先原则，即法无明确授权即禁止。这反映了一种依法行政的思想。在这个意义上，它主要是针对行政机关来说的，在某种意义上是对行政权的制约，而也正是在对权力制约中，权利才能得到彰显。它强调政府主体对公民的支配和约束必须有法律上的明确依据，目的在于防止因政府权力的滥用而使公民的权利受到专横对待，此乃现代法治国家的通例。

　　释义（8）是从证据法学角度和诸如民法等实体法法律规定角度强调了与权利规定有关的法律拟制或法律推定。将权利推定看作是法律推定的一个下位概念，与法律上的事实推定并列。权利推定（更准确地说，权利状态推定）同样也属于可反驳的法律推定。这种权利推定的立法上的规范或通过司法活动确立的司法中的惯常做法实际更多是一种举证负担规范，只能于诉讼上发挥减轻证明负担的作用。这种权利推定是关于主张责任和证明责任的规则，因为主张被推定的权利存在或不存在的当事人只需主张推定规范的前提条件，在有争议的情况下才须加以证明，而对方当事人则必须对引起权利产生或不产生的情况承担主张责任或证明责任。① 为了与此种权利推定区别开来，国内有学者在对作为一种人权司法保护的重要手段的权利推定进行研究的时候，往往会特别指出，其所研究的权利推定不是在某种权利归属不明之情形下，按照一定的基础对该权利之归属所进行的立法推定或司法推定，简言之，不是关于权利归属的推定而是关于权利有无的推定。②

我认为，上述关于权利推定的释义大致可以概括为如下几类。其中，释义（1）（3）（4）（7）可以归为一类，强调内部法律权利推定，释义（2）强调外部法律权利推定，释义（5）（6）同时强调内部法律权利推定和外部法律权利推定。释义（8）意义上的权利推定与本文所强调的外部法律权利推定相差甚远，与本文基于对法律的整体性认识为基础的内部法律权利推定也有一定的差异，而与法律推定关联更为紧密。

上述对于权利推定概念的把握或所涉及的核心问题的理解反映出人们对权利推定还至少存在如下需要解决的争议或需要明晰的地方，而正是这些有争议的或含糊的地方为我开放出一定的理论探讨空间。而这也正是我在权利推定的概念中试图去回答的问题。

首先，权利推定的立足点是什么？上述释义都没有明确地指出我们为什么要进行权利推定，它又是在怎样的法律语境中产生的。而我认为这正是不可以用简单的法律解释或权利解释取代权利推定的原因之所在，是确定权利推定的概念时必须要明确的问题。

其次，权利推定的出发点是什么？是事实还是权利？从事实到权利和从权利到权利有什么不同吗？如果是权利的话，是怎样的权利存在方式呢？法定权利，应有权利，还是现实权利？上述释义在这个问题上的态度是不一样的。

---

① ［德］莱奥·罗森贝克：《证明责任论》（第五版），庄敬华译，中国法制出版社2018年版，第277页。

② 季金华：《权利推定的三个维度：价值、理性和经验》，载《江苏社会科学》2017年第1期，第133页。

再次，权利推定的结果是什么？到底是法定权利，应有权利，还是现实权利？如果是应有权利的话，那么假设其出发点也是应有权利的话，那么存不存在对应有权利的一致认识呢，这种从应有权利到应有权利的权利推定的意义何在，这种推定是否可能，其推定的理性成分何在？

最后，"权利推定"中的"推定"是否与"事实推定"中的"推定"完全一致呢？它是侧重一种法律上的假定或拟制，还是更强调一种通过一定的"推理"对与特定法律资料并存的或应当并存的隐含权利之揭示或认定呢？上述既有的权利推定释义都没有细致地分析"推定"这一权利推定概念的核心概念。一个恰当的权利推定概念不仅应该考虑到"权利"概念的复杂性，同样，也要考虑到"推定"概念以及"推定"与不同词汇结合所可能出现的理解上的差异，诸如"法律推定""权利推定"等概念是否仅仅是一种语词的复合或概念的叠加？权利推定究竟是一种权利的假定，一种权利的推理，还是力图通过找到一种共同的东西来包纳这两种不尽相同的理解呢？我们可以理解对法律事实的假定，但我们如何去理解对权利的假定呢？因为法律权利本身是一种规范性事实，这种规范性事实的存在本身就是一种规定之物，是一种制度性事实，那么能否用这种基于经验成分的对自然事实的具有很大假设成分在内的法律事实推定来类比一种对作为制度性事实的权利的权利推定呢？如果不能，那么为什么还要用推定这一术语呢？它想通过推定来包纳些什么呢？推定是否真的包括了太多假定的成分，还是我们可以在"推定"概念中最后确定的那样把它理解为是对基础事实与未知事实通常并存的关系的揭示这样一种理性的推理过程与理性的结果确定过程呢？而其中所谓的"通常并存"就是在通常情况下二者之间是有联系的，即根据基础事实的存在，就可以合理地推论或推定出未知事实的存在。

2. 一个综合性的界定与分析

在对权利推定既有释义的上述分析与检讨基础上，我试图接纳既有释义中的合理成分并结合所开放出来的部分问题给出一个权利推定的综合性界定并对这种界定予以简要的分析。

我认为，权利推定是从一定的已知的法律资料这一基础的制度性事实出发，结合社会、经济、文化、法律的发展之又一基础性事实而单独或综合运用形式推理和辩证推理的方法进行的对上述已知之双重基础事实与隐含权利或应有之法定权利这一某种程度上的未知事实之间的并存或应该并存之关系的揭示和认定的过程与结果。

对于这个界定，必须指出或明确如下几个方面：其一，这样一个权利推定的过程或结果必须是以对人的权利关怀为其价值立足点，以权利本位为其理论立足点，以对法律的整体性认识为其规范立足点。只有在这些立足点上，引导法制变革、认识基本权利，填补权利漏洞、确认新兴权利，强化权利保障、推动权利发展等，权利推定的基本意义才能得以彰显。

其二，权利推定不只孤立地发生在某个特定的法律实践环节上。我认为权利推定事实上是发生在立法、行政、司法、守法的整个权利生成或法律生成的法律实践过程中的。权利推定就其本质而言，是一种独特的法律思考或权利思考。所以，权利运作或法律运作的每一个时间片段上都会有权利推定的足迹，不同的只不过是权利推定的最终法律效果以及权利推定的理性程度和推定技艺。

其三，由于权利推定过程的连续性，所以，权利推定的主体也就不是或至少不应该是简单的单一主体了，而是或至少应该是包括了法律实践各个层面上的参与者和法律理论的思索者。在这个意义上，立法者、执法者、司法者、普通民众都可以成为权利推定的主体，参与到法律权利的实践中。而且，由于法律实践的连续性，所以，在权利推定中各个主体之间会有一种权利推定意见的沟通与互动。

其四，权利推定的出发点是一定的法律资料或法律渊源（法律、习惯、判例、学说、普遍原则）。我们可以把这些法律材料统称为基础事实，其中法律是一种基础的制度性事实。当然，权利推定出发点中的各种法律资料之间有选择上的优次位序，在可以通过法律进行权利推定时，当然没有必要单独借助于习惯、判例、学说和普遍原则，它们至多是一种权利推定过程中强化论证的辅助要素。同样，以法律资料中的法律为出发点进行权利推定时，法律诸要素内部之间也有一种优次位序，在可以通过具体的法律规则进行权利推定时，没有必要借助抽象的法律规则，它们至多也是一种权利推定过程中强化论证的辅助要素。当然，上述论断只是在诸法律资料之间、法律内部诸要素之间是一致的情况下适用。所以，权利推定的出发点应该是一种已知的基础事实。当然，作为"制度性事实"的"正式法源"意义上的法律应该是权利推定的主要出发点，但并不排除在学理上被冠名为"非正式法源"的其他法律资料可以作为权利推定的出发点，尤其在既有"正式法源"意义上的法律难以满足现有的社会需要或是既有法律存在严重漏洞的时候，往往需要结合"特定的社会、经济、文化、法律发展"另一法律之外的基础事实进行一种更广泛的权利推定。所以，认为权利推定的出发点是单一的法律或单一的法律权利的观点是不妥当的。

其五，法律权利推定的最终结果主要是一种法定权利。无论是在权利推定的初始，权利推定表现为普通民众的一种积极的隐含权利的诉求，还是在权利推定的过程之中，权利推定表现为权利推定主体之间的推定权利之论证和法律意见的交涉。无论权利推定是采取法律解释的方式还是通过具体的司法判决的方式对实有之隐含法律权利的揭示或明晰，还是基于双重基础事实而对应有法律权利的确定或确认。事实上，权利推定的最终结果都是指向一种有效的法定权利。

其六，"权利推定"中的"推定"，不等同于一种"假定"或"拟制"意义上的法律推定。"权利推定"中的"推定"更侧重或强调的或是对"不明确的"但却是同样"确定"的因而也只能说是"某种比拟意义上的未知（更准确地说，应该是未明确）"的"隐含权利"的法律揭示与法律确认，或是基于双重基础事实而对应有法律权利的确认。上述不同学者的权利推定释义都强调了"推定"中的"推理"成分，无论强调的是形式推理还是辩证推理。即便是以法律之拟制性或推定性规定为基础的法律基础上的权利推定，其强调的也是对事实推定的逻辑延续和发展，因此，在法律推定或法律拟制与这种权利推定之间也有一个逻辑上的层次性，即，权利推定是在法律推定的基础上进行的，没有以法律的拟制性规定或是经过确认的法律事实推定为基础，是不可能进行权利推定的。"法律推定"的事实构成了权利推定之"推定"的理性成分。

（三）法律推定与权利推定

法律推定包括事实推定和权利推定。但归属于法律推定范畴之内的权利推定不同于作为本文研究对象的作为权利本位理论重要组成部分和作为权利发展之重要途径的权利推定。

"法律推定"较之于上述"推定"的诸多词义，更强调的是一种对虚拟或假定的法律事实或权利关系在法律上的并存关系的法律确认，法律推定是实体法和程序法中的一项重要内容。在这个意义上，它对其核心词汇"推定"的理解显然是更侧重对"并存关系之假定"中的"推定即假定"的观点。正如有的学者指出的那样，"推定作为法律语言使用时，有法律推定、无罪推定、义务推定、推定失踪、推定事实、推定占有等用法。借助这些概念可以加深对'推定'一词的理解"[1]。无罪推定，是指在刑事诉讼中，任何被怀疑或者受到刑事控告的人，在未经司法程序最终确认为有罪之前，在法律上应假定其无罪。无罪推定并不是有关事实推理的规则，而是有关被告人和犯罪嫌疑人法律地位的规则，是一种假定和拟制。一般讲的法律推定主要是对事实的推定，如《牛津法律大辞典》中将推定定义为"从其他已经确定的事实必然或可以推断出的事实推论或结论"[2]。这种推断亦带有假定的意思，推定的事实只是在理论上成立，至于客观真实中是否存在则无确切证明，所以推定的事实如果没有其他形式的证据辅助作证，其证明力比较低。推定往往体现一种类比逻辑和归纳逻辑的中和，有拉丁法谚："推定应从普遍发生的情况中产生。"（Praesumptio, ex eoqud plerumque fit. Presumption arise from what generally happens.）基于用语本身所具有的使用习惯，"推定"带有假定、拟制的成分。推定结果往往

---

① 李晓辉：《信息权利推理研究》，吉林大学 2004 年博士学位论文，第 37 页，注释［43］。

② ［英］戴维 M. 沃克编：《牛津法律大辞典》，北京社会科技发展研究所组织翻译，光明日报出版社 1988 年版，第 714 页，"推定"词条。

在逻辑上并不充分，但可以在特定原则下对不确定的情况得出权宜的结论。推定具有推理的逻辑思维特征。但是，并不要求逻辑上十分充分，尤其是在形式逻辑上往往并不完满。①

作为一种虚拟事实的技术，法律推定是现代法律实践中的一种重要司法技术，法律推定就是不问客观事实是否存在，在法律上直接规定客观事实已经存在的一种硬性规定。这种法律推定又分为两类，一类叫做可以证伪的法律推定，也叫允许反驳的法律推定，允许抗辩的法律推定，即根据法律，结论要求从没有相反的证据中推出。例如，被指控的人头脑健全，他就要对自己的行为负责任。② 再如说刑事审判中的无罪推定就是典型的允许证伪的法律推定。民事审判也一样，例如过错推定，有过错才承担责任，没过错就不承担责任，但现在法律先不管行为人客观上有无过错，先虚拟行为人有过错，然后行为人有权用客观事实来证伪。如果行为人能够证伪，那么根据客观事实，按行为人没过错来判其不承担责任；如果行为人不能证伪，尽管在客观上行为很可能是冤枉的，没过错，但仍然按虚拟的行为人有过错来判其承担责任。还有一种法律推定是法官审理每一个案件都要使用的，这就是举证责任。举证责任的实质就是一个法律推定。任何人一旦在法庭上负有证明责任来证明他所主张的事项的时候，如果他不能证明他主张的事项，那么该事项在法律上就被推定为不存在。为什么可以判那些有理无据的人败诉，而且还很公平，符合司法公正呢？就是因为法律上有举证虚拟的事实，所以它实质上是一个法律推定。③ 另一类叫做结论性的或不可反驳的或不许证伪的法律推定，即不容反证的法律推定，这种推定是指根据法律，从确定的事实中必然得出的结论和不能被任何反

---

① 李晓辉：《信息权利推理研究》，吉林大学 2004 年博士学位论文，第 37 页，注释〔43〕。
② 〔英〕戴维 M. 沃克编：《牛津法律大辞典》，北京社会科技发展研究所组织翻译，光明日报出版社 1988 年版，第 714 页，"推定"词条。
③ 参见郑成良：《论法律思维的基本规则》，http://www.lawfz.com/lunwen/other/20070501/265261_2.html. 2007 年 8 月 25 日。

证反驳的结论，因此，它们并不是真正的证据问题，而是法律原则问题。①例如，我国合同法里买卖合同中有质量合格推定，就是原则上不许证伪的推定。标的物一旦交付，买受人应该在合同约定的质量异议期内就质量问题提出异议，怠于提出异议的，期满之后视为质量合格。这就是一个推定，虚拟的事实。当然这个推定只是原则上不许证伪，在买受人能证明供货方故意欺诈的情况下，可以证伪。

当然，不能因为推定在形式逻辑上的不完满而认为这种法律假定或虚拟就是通常所想象的胡乱猜测。相反，辩证逻辑也是逻辑的一种，是推理的重要组成部分，它通过一种价值或政策的导向规范着法律推定，弥补法律推定中形式逻辑的不完整。事实上，法律推定不仅仅是一种假定，在这种假定的背后潜藏着特定的价值和政策倾向，尤其是对于不可证伪的法律推定而言，更是如此。法律推定作为实体法的重要内容，必然和其他的法律规范一样体现国家的政策并努力实现国家的政策。例如民事实体法中的过错责任推定原则的确立，不仅反映了国家政治、经济、文化条件的变化，同时反映了国家立法政策的变化。民事实体法中的过错推定原则引入之前，民法中采用的归责原则是过错原则。过错责任原则和无限制私有原则、契约自由原则一样，是19世纪政治经济发展的必然产物，同时具有适应自由竞争时期的资产阶级的利益要求并维护这种利益的鲜明的时代特征。

进入19世纪末期以后，自由竞争的资本主义经济受到了挑战。国家不能仅仅依靠看不见的手来调整市场，开始由市民社会的守夜人的角色，转而对市场进行强有力的干预和大规模的宏观调控。在这样的背景下，许多国家开始对传统的过错责任原则进行检讨，并试图以过错推定原则和严格责任原则弥补过错原则的不足。英美法则采取了"事实本身证明"的原则以避免原告举证的困难。依据该原则，在特定的案件中原告只要证明损害

---

① ［英］戴维 M. 沃克编：《牛津法律大辞典》，北京社会科技发展研究所组织翻译，光明日报出版社1988年版，第714页，"推定"词条。

是基于被告的行为产生，事实裁判者就应当认定被告有过失的可能。总之，"应用过错推定，是现代工业社会各种事故与日俱增的形势下出现的法律对策"①。在某些特定的情况下，法律为什么采用推定的方式来体现国家政策的变化，而不是直接将政策规定为法律。对此，美国加利福尼亚大学伯克利（Berkeley）分校的 Linda Hamilton Krieger 教授在研究印度近代法律进化时所得出的结论对我们也许有一定的借鉴意义。Linda Hamilton Krieger 教授把法律分为"改革法"（transformative law）、"传统法"（normal law）和"被同化的法"（captured law），他认为改革法或现代法在取代传统法律的过程中，往往会受到来自作为传统法基础的传统文化的抵制，并通过传统文化被同化为被同化的法。但这种被同化的法，同时在一定程度上体现了现代法的精神和价值目标。Krieger 教授的研究成果仅仅揭示了国家以推定的方式表现国家政策的一个原因，即不同力量之间的妥协。② 除此以外，国家力图保证法律的稳定性和法律体系统一性，也是以国家政策为基础的推定得以存在的原因之一。例如在法国法中，法院之所以以判例的形式发展过失推定理论，其基本的原因是维护过失责任的一元化归责体系。在其他国家推定得以存在的一个重要原因是推定能够帮助国家的法律处理一般与个别的关系。③ 例如社会政治经济的发展变化，对法律提出了许多新的挑战，传统的过错责任原则受到了广泛的质疑，但过错责任原则并没有因此而失去其得以存在的基础，民事法律关系的许多领域适用的仍然是过错责任原则。法律正是为解决这种一般与特殊的关系，所以在某些特定的情况下适用推定来解决一般原则的局限性，并体现社会政治经济的新发展，解决新的社会环境下提出的新问题。

---

① 王卫国：《过错责任原则：第三次勃兴》，浙江人民出版社 1987 年版，第 44 页。

② 参见 Linda Hamilton Krieger, The Burdens of Equality: Burdens of Proof and Presumptions in Indian and American Civil Rights Law, *The American Journal of Comparative Law*, Vol. 47, p89—94. 转引自赵信会：《民事诉讼推定之理论基础及功能研究》，载《西南民族大学学报》（人文社科版）2004 年第 3 期，第 198 页。

③ 赵信会：《民事诉讼推定之理论基础及功能研究》，载《西南民族大学学报》（人文社科版）2004 年第 3 期，第 198 页。

　　在法律规定的推定（法律拟制）中，有许多推定表面上看是基于经验，实际上反应的是国家的立法政策和价值取向。例如民事实体法中的死亡推定。按照我国《民法通则》的规定，公民下落不明满 4 年者，利害关系人可以申请人民法院宣告其为死亡人。从表面来看，是依据经验。在我们这样一个重人情和家庭关系的社会中，如果一个人在较长时间内，无人知道其基本信息，则其死亡的可能性比较大。但实质上，法律之所以规定对失踪公民的宣告死亡制度，主要是为了防止失踪人的财产长期处于不确定状态，对失踪公民的死亡宣告主要也是为了促进民事法律关系的流转，防止利害关系人与失踪人的法律关系长期处于不确定状态。

　　"权利推定"虽然与推定或法律推定共享一个"推定"的语词或概念，但不能因此而简单地套用推定或法律推定的内涵或意义系统。也许有人认为权利推定是法律推定的一种具体类型，把权利推定看作法律推定的下位概念，认为权利推定就是一种确然性不高的、形式逻辑不完满的部分权利推理，这在前文谈到"推定"的含义的时候，我们就发现民法领域研究权利推定都是在既有的实体法中的推定规则的基础上进行的法定权利在具体的案件中存在或不存在的一种可反驳的法律推定，把权利推定看作是推定中的法律上的推定的一个类型，看作是属于法律上的推定中的可反驳的法律推定的一个具体类型，在这个具体类型中更具体地研究所有权的推定、占有的推定等问题，而忽略了我在上文所提到的法律推定的原则导向（事实上这种原则导向在某种意义上是紧紧围绕权利保护这一现代法的中心的），将法律推定主要理解为一种诉讼中的技术手段，进而也将权利推定理解为一种诉讼中的技术手段。我认为上述这种观点是不恰当的，至少在法理学的语境中是不恰当的。

　　如果将权利推定简单地归结或狭隘地理解为一种诉讼中的技术手段的话，一方面，它显然隐含了将权利仅仅理解为法律权利，将权利降格为法律的派生物的早期法律实证主义的观点，甚至是将权利仅仅理解为法律上的明示权利，仅仅理解为以规则形式存在的法律权利而否定了权利所可能有的复杂形态，否定或忽略法律与道德、法律与权利、法律与正当之间更为深刻的内在联系以及权利推定这一权利研究的更为广阔的背景，否定了权利推定所可能蕴涵的拓展人的自由、维护人的尊严、实现人的价值这一现代法理念。事实上，在近几年的法学理论、权利理论中，关于权利的思想与康德的道德哲学有着深刻的关联。人们认为法或法律本身应当尊重人的能动性和自主性。与之相对应，权利就不仅仅可以是我们道德体系和法律体系的主要原则，而且是道德思维和法律思维的必要前提。

另一方面，尽管有学者将基于法律推定的规定进行的权利确定包纳在权利推定的范围中，但在权利推定的研究中他们更着重于对从隐含的法定权利到明确的法定权利的多种推理方法共存的权利推定的研究，更着重于各种权利存在样态之间的转化，尤其是从应有权利到法定权利，从法定权利到现实权利以及隐形的法定权利向明确的法定权利的转化。在这个意义上，权利推定显然是被理解为通过法律推理来揭示隐形的法律权利，确定应有权利的法律地位以及将法定权利经由司法程序推论为现实权利的过程。为了与国内现有的对权利推定问题的理论研究中使用的概念基本保持一致，同时也为了澄清这种认识一致性基础上的局部层次上的差异性，我们不妨从宽理解权利推定，把它从特定的诉讼技术的藩篱下解放出来，在某种程度上，认同其在很大程度上可以等同或包纳权利推理，是对已知的、明确的作为"制度性事实"的法律资料与作为"制度性事实"的法律权利之间的并存或应当并存之关系的揭示或解释，进而通过分析权利本身的复杂性以及推理过程和推理方式的多样性来恢复或来认识作为概念系统的权利推定的复杂性和多样性。我认为，只有在"通过理性的推理达成的结果确定"的意义上理解"作为对已知事实与未知事实之间并存或应当并存关系的揭示"的"推定"，才能更好地理解权利推定这个具有丰富内涵的概念。

无论是在规范的世界中，还是在现实的世界中，权利的存在和实现又总是与一定的事实材料密切相关的，只有当权利存在的假设条件具备时，我们才在抽象的法律规范中或具体的法律关系中谈论权利问题。尤其是在现实的权利世界中，当得以证成权利存在进而保证权利实现的事实处于相对难以探知的情况下，经由事实推定的最后之事实确认将决定着权利的存在与否与权利的实现问题。在这个意义上，如果我们把借此进行的事实推定基础上的权利确认也纳入权利推定的范畴的话，① 可以说，事实推定是这个层面上的权利推定的一个前提，这个层面上的权利推定是事实推定的延续和发展。

四、权利推定概念的解析

权利推定是一个具有多层次含义的概念，它是由两个层面，四个层级组成的权利创造性系数递增的权利实践活动；权利推定是一个具有价值取向的概念，它是以对人的权利关怀为价值立足点的，是以反映着这一价值立足点，进而反映着现代法精神的权利本位论为前提的；权利推定是一个关联性的概念，包括推定权利与法律这一基础事实之间的法律自创生系统内部的关联，也包括推定权利与"社会、经济、文化发展"之又一基础性事实之间的法律自创生系统外部的关联。

（一）权利推定是一个具有多层次含义的概念

权利推定，首先是指人们从一个或几个已知的法律中的法律推定规则（法律上对某种事实的推定性规定）出发，推论出与此相关的法定权利的产生或消灭。这时，权利推定只是事实推定的延续和发展。这个层面的权利推定更多地被纳入法律推定或事实推定的研究中。其次是指人们从一个或几个已知的法律中的作为规则组成部分的权利、义务（包括责任）规定出发或者从法律原则、法律精神、立法目的等法律的其他存在样式或组成部分出发，甚至是从作为立法更高价值基础的应有权利这一超越实在法的应然法范畴出发，运用法律推理方法，通过简单或复杂的推理过程发现隐形权利或者是具化抽象权利，甚至是确认或认可应有权利的一种过程和结果。

---

① 在权利推定的既有释义中，本文已对这种将只是事实推定的延续和发展的权利推定进行了分析。

后一种层面上的权利推定是一种其中创造性系数依次越来越大的权利实践活动。它不是孤立地存在于权利生成的某一个片面的环节中，而是贯穿立法、执法、司法甚至守法和法律监督的整个权利生成的过程之中。这个层面上的权利推定也是一种结果。按照不同权利层面之间或同一权利层面内部不同层次之间的转化，我认为这个层面上的权利推定的结果又包括如下两个不同的层次。

在第一个层次上，权利推定是在实有权利（法定权利）层面上对隐含权利的揭示，对抽象权利的具化，是对已被法律承认的权利的更为清晰的辨别或更为具体的陈述。这个层次上的权利推定是指在形式上由一种或一定的以法律权利、法律义务（包括法律责任）为主要成分的法律规则、法律原则、法律概念推定出其他法律权利的形式。这种推定首先是逻辑上的合理。其特点是，通常由法定的"明示"权利可合乎逻辑地推定出"默示"的权利。如，从宪法中的选举权可合乎逻辑地推定出与它相关的提名权、投票权、委托投票权、监督权、罢免权等。又如，从宪法中的言论自由权也可以合乎逻辑地推定出著作自由权、讲学自由权、意见自由权、思想自由权等等。因为上述"明示"的宪法权利必然合乎逻辑地包含着推定出的那些权利，否则"明示"的权利就是不完整的，没有价值的。其实这种层次上的权利推定可以理解为是对一个"权利束"中所包含的更为具体的"子权利"的解释和阐发。这个层次上的权利推定可以在完全不需要进行重新立法的情况下来充实权利的内容。

这个层次的权利推定蕴含着如下的规范之间的逻辑：不仅由法定国家机关颁布的法律条款所确认的规范是普遍公认为有法律效力的规范，而且根据这些规范以某种方式推论出来的规范也是普遍公认的有法律效力的规范。

这一点需要加以精确解释。我们通常使用的推定这个概念，包含着某命题被接受为真，即事先接受了作为前提的命题为真。由于规范本身既不是真的，也不是假的，因而在规范这一术语的意义上谈不上根据某些规范推论出另一些规范。如果我们说根据规范进行推理，那么严格地说，我们的意思是根据在该体系中的有约束力的某一规范命题 N_1，推出该系统中有约束力的另一规范命题 N_2。这些推理是以一系列命题在内容上有某种联系的假定为根据的。特别是这样的假定：如果某一规范 N_2 为规范 N_1 所"推导"，那么，倘若"规范 N_1 在某系统中是有约束力的"这个命题被视为真命题，就可以由此推论出 N_2 在该系统中也有约束力。

由一个规范到另一个规范的"推导"，至此并没有说明什么。我们把推导定义为存在于某些命题之间的关系。这种关系是：在第一个命题为真时，另一个命题就不仅不是假的，而且不可能是假的。这是因为前一个命题所陈述的内容和后一个命题所陈述的内容之间有某种联系。"推导"一词的这一意义，对于规范是不适用的，因为正如我们前面所说，规范不是可以视为"真"或"假"的命题。然而，如果把与"由规范推导规范"这个表达式相联系的流行直觉加以重新解释，那么可以认为，当人们这样推导时，他们说的是 N_1 和 N_2 之间的某种联系。这种联系在于：履行规范 N_1 是履行规范 N_2 的充分条件，履行规范 N_2 是履行规范 N_1 的必要条件。如果以这样的方式来理解，那么，"由规范推导规范"的概念是基于对命题间的这种联系所作出的断定，这些命题分别地描述履行前一规范和后一规范的命题。

就法律规范而言，如果这些规范"根据立法者的意志"是有效的规范，法律工作者又假定他们是"理智的立法者"，那就假定了如果立法者要求履行规范 N_1，他也同样要求履行规范 N_2，如果它对规范 N_1 是必要的话。如果不先履行规范 N_2 就不可能履行规范 N_1，其中具有逻辑的性质，就是说如果它的根据只是描述应如何履行规范的那些命题之间的逻辑关系，那就可以说某一规范 N_2 是规范 N_1 的逻辑推导。另一方面，如果不先履行规范 N_2 就不可能履行规范 N_1 是根据这些规范所提到的第一个行为和第二个行为之间的因果联系，那就可以说，从有关的因果关系命题来看，规范 N_2 是规范 N_1 的工具推导。然而，务必清楚的是，每当我们说由一个规范推导另一个规范时，此处"推导"一词的意义与命题推导中所采用的意义是截然不同的。①

在第二个层次上，权利推定是在应有权利与实有权利两个不同层面上的转化，即从应有权利层面到实有权利层面的权利推定，是基于"社会、经济、文化之变化发展的"又一基础性社会事实而对应被法律承认而尚未被法律所承认的应有权利的论说。我认为这个层面上的权利推定的结果是作为立法过程的权利确认或权利创造的一个前置程序而存在的。它为作为权利确认或权利创造的立法提供了一个说理充分、论述详细的权利规定之正当化的建议或方案。如果不是在被吸纳为立法过程的一个前置程序中，而是在司法适用过程中进行这种应有权利的推定，则往往容易引发较大的争议，在缺乏普通法传统的法律体制中尤其如此。而在司法实践中更多地涉及的权利推定则是介于第一个层次和第二个层次之间的区分于形式权利推定的实体权利推定。这就是我这里要谈到的第三个层次的权利推定问题。实体权利推定是针对现实的权利行为事实在司法实践中以何种准则和标准认可该行为的合法与否的推定。其推定的程序是以"明示权利"为依据，然后再依据具体的推定标准作出某种行为正当与否的结论。其特点是在"明示权利"与推定的结果之间并不一定具有合乎逻辑的联系。如，根据我国《宪法》第2条、第3条、第34条、第41条就可以合乎逻辑地推定出公民的知情权这一默示权利，这是形式的权利推定。即使在形式上推定出了知情权概念，是否意味着可推定一种基于宪法规定的上述"明示"的权利而要求政府活动情报公开的现实权利要求呢？更为具体的追问可以不断持续下去，诸如具体的义务主体、精确的权利范围等等。在何种意义上"知情权"是"明示"权利合乎逻辑地必然包含的"默示"权利？因此，在处理一种具体的权利要求事实时，即使存在着形式推定出的大前提，也必须确定更具体的推定标准。这就是实体推定的特点。毫无疑问，即使在形式上推定出了作为法律推理大前提的"知情权"，但在实际判断一种具体行为时，还要参照其他标准，如立法意图、宪法、法律精神、政

---

① [波] 齐姆宾斯基：《法律应用逻辑》，刘圣恩等译，群众出版社1988年版，第320—322页。

治传统、价值观等一系列因素。其结论是形式推定是实体推定依据的大前提，实体推定是形式推定的最终目的。①

综上所述，两种层面的权利推定中实际上所暗含的四个层次的权利推定按照其中法外因素的涉入或介入程度的由小到大和权利推定主体在权利推定中的自由裁量空间的由小到大可以依次重新调整为以下四个层次。第一个层次，作为事实推定的延续与发展的权利推定，实际上这个层面的权利推定可以等同于我们一般观念中的法律推定或事实推定。第二个层次，形式权利推定，即我上文详细谈论的第二种层面的权利推定的第一个层次，这个层次的权利推定是在实有权利（法定权利）层面上对隐含权利的揭示，对抽象权利的具化，是对已被法律承认的权利的更为清晰的辨别或更为具体的陈述。这个层次的权利推定的推定主体的"创造性"程度比之于这里提及的第一个层次的权利推定来说，稍微有些拓展，因为第一个层次的权利推定完全是在法律明文规定下的事实推定行为，而这个第二个层次的权利推定则是运用逻辑思维能力"发现"了法律的应有的"隐性的权利规定"，但也仅仅是一种形式逻辑上的推导。第三个层次，实体权利推定，即我上文中谈到的第三个层次的权利推定，是针对现实的权利行为事实在司法实践中以何种准则和标准认可该行为的合法与否的推定。这个层面的权利推定，除了要在大前提上关注形式权利推定外，还需要参照其他标准，如立法意图、宪法、法律精神、政治传统、价值观等一系列因素。这里，就涉及在司法实践中，法官作为权利推定的主体在具体案件中所涉及的权利问题的处理上，具有了较之前两个层次上的更大的"创造性"或自由裁量空间。第四个层次，实际就是我上文详细谈论的第二种层面的权利推定的第二个层次，权利推定是在应有权利与实有权利两个不同层面上的转化，即从应有权利层面到实有权利层面的权利推定。这个层次的权利推定往往发生在立法阶段，所以，权利推定主体考虑的因素更为开放，在推定中所受的既有的法律规定的束缚相对更少，权利推定的"创造性"空

---

①　参见程燎原、王人博：《权利及其救济》，山东人民出版社 1998 年第 2 版，第 345—346 页。

间就显得更大。

（二）权利推定是一个具有价值定向的概念

权利推定不是一个简单的法律权利的逻辑学问题，权利推定更是一个复杂的权利理念问题。它用来表达权利的发展和扩展，表达如何全面地看待法律权利，如何认真对待应有权利的现实转化，如何认真对待法律权利向现实权利的由书面到行动中的推论与确定。在这个意义上，我们可以将权利推定分为法技术层面的权利推定和法理念层面的权利推定。作为法理念的权利推定是一个有价值定向的概念。它是以对人的权利关怀为价值立足点的，是以反映着这一价值立足点，进而反映着现代法精神的权利本位论为前提的。权利推定应该以权利本位为原则，离开权利本位的现代法理念，权利推定将不能实现其平等权利的扩展与权利的平等保护功能。权利本位原则并不是要否定作为权利推定技术结构之一的权利义务的相关性和一致性。恰恰相反，权利本位原则不但丝毫没有否定权利义务的一致性，而是有机地与权利义务一致性原则结合在一起的。权利本位原则明确了权利的主导地位和主导作用以及义务对权利的从属性地位和保障作用。权利和义务一致性原则排除了一部分人享有权利而另一部分人只尽义务的不公平现象，是对权利本位原则的必不可少的补充和救济。由于这两个原则的有机结合，权利本位成为所有公民的权利本位。权利本位论强调权利在现代法律理念与法律概念中的核心地位，认为义务的设置必须有对应的权利为依托。正是这种以对人之平等尊重与关怀为核心的强调人的自主地位的权利本位的价值定向又要求权利推定必须以法律的整体性认识为规范基点，进而也就是加强了而不是削弱了权利义务的一致性和整体性的法律关联。

（三）权利推定是一个关联性的概念

权利推定不是一个孤立的概念，而是一个关联性概念。这种关联性，首先是指推定权利与"法律资料"这一基础的"制度性事实"之间的关联。权利推定必须在权利概念与其他法律概念的关联中展开。离开了权利与权利的关联，离开了权利与义务的关联，离开了权利与责任的关联，离开了具体权利与抽象权利、法律原则、法律精神的关联，权利推定就是不可能的、不现实。当然，我认为上述种种法律系统内不同要素的关联性之间并不是杂乱无章的，而是以权利义务的关联为核心的。权利与权利的关联，尤其是抽象权利与具体权利之间的关联，法定权利与现实权利之间的关联往往需要具体的义务性规范的确定和落实来予以保障和实现。权利与责任的关联则一方面肯定了义务构成了权利的边界，另一方面反映了责任实际上是违反义务的后果或义务的逻辑衍生物。正是权利与义务的关系勾连起了权利与责任之间推导的可能性。所以总的来说，离开法定义务的支撑，推定的权利就是一个绝对的、单纯的"异己"，也就不会发生权利推定的问题。必须以法定义务为参照，才能明晰推定权利的界限和内容。这在衡量具体的权利推定时尤为重要。权利推定是以权利义务的相互联系、相互作用、相互参照为前提的。这种权利推定的关联性主要是在将法律看作一个自创生的系统，即暂时地割断了法律系统与社会以及与政治、经济、文化等其他社会子系统之间的关系上而言的。事实上，很多复杂的权利推定往往必须考虑上述系统间的耦合，在法律运行闭合的同时，必须对周围的环境采取一种认知开放的态度。这对当下面对许多"历时性问题共时性"解决压力的转型中的中国而言尤为重要。

这种权利推定的关联性，其次是指推定权利与社会、经济、文化、法律的发展之又一基础性事实之间的关联。权利推定必须考虑推定权利与其所处的政治、经济、文化、法律、社会相适应的问题。权利推定的结果是产生一种推定性权利，这种推定性权利不仅要与法律体系结构中的表现为法定权利、法律原则、法律精神等的既有权利相协调，与作为推定性权利的相关物的法定义务、法定责任等既有法律相协调，还必须作为法律的一部分与作为法律外部环境的政治、经济、社会、文化情势相适应。这种权利推定与法律外部环境的关联性是法律系统与其社会环境相联系的理论在权利推定问题上的表现。当然，这绝不意味着对法律自治系统的破坏，而是认知开放基础上的法律运行闭合。正如托依布纳所指出的那样："通过法律的社会调整是由两种多样化的机制的结合来完成的：信息与干涉。它们把法律的运行闭合与对环境的认知开放结合起来。"① 这种调整的特点就是"通过自我调整来调整他者"，也就是通过反自身法的调整。在托依布纳的法律自创生理论中，负责法律的自治化机制与负责法律的他治化机制之间有一个清晰区分，但法律的自治性并不与因果的、信息的或环境的封闭直接相关，法律自创生理论也承认法律不能与政治或经济相隔离。② 在诺内特和塞尔兹尼克那里，这种权利推定中所应考虑到的外部关联则是通过倡导一种"回应型法"来使法更好地回应社会需求、解决现实问题来体现的。他们从多维视角力图"重新整合法律的、政治的和社会的理论"，以解决传统法律理论中的"权威危机"。他们把法律分为三种类型，即压制型法、自治型法、回应型法。在扬弃和综合"压制型法"与"自治型法"的基础上，"回应型法"为提升国家制度的自我修正能力，通过一种法学方法论上的整合进路经由目的的指导来缓解"压制型法"与"自治型法"之间的紧张关系，使完整性与开放性、规则与自由裁量权相结合，以此来试图尝试着革新自然法与法实证主义对立格局。③ 另外，"回应型法"也是一种强调目的和结果以及规则与原理之间相互作用的法模式，在此种法模式下，实质正义和形式正义得以制度性的统合。所以"回应型法"的提出在我看来是对法律与社会关联性的又一种解读，它对于我们认识如何在社会变革与法律发展的内在关系中进行恰当的权利推定，以及对于我们通过运用这种外部关联性中的权利推定来解决现实的权利需求问题都有重要的启示意义。

　　当然，上述对权利推定的概念系统的解读侧重于权利存在方式之间的

① ［德］贡塔·托依布纳：《法律：一个自创生系统》，张骐译，北京大学出版社2004年版，导论，第27页。

② ［德］贡塔·托依布纳：《法律：一个自创生系统》，张骐译，北京大学出版社2004年版，序言，第9页。

③ 季卫东：《社会变革中的法律模式》（代译序），载［美］诺内特、塞尔兹尼克：《转变中的法律与社会：迈向回应型法》，张志铭译，中国政法大学出版社1994年版，序言第7页。

推定。这里值得注意的或必须予以说明的是权利推定不仅与权利的存在样式有关联，而且，对权利要素的不同成分的理解也可能影响对权利推定的认识。比如，侧重主张说，那么在权利推定问题上，就会倡导一种权利推定主体的多元化，认可普通民众在权利主张意义上的权利推定；比如，侧重自由说，那么在权利推定问题上，就会看重"法不禁止即自由"的权利推定原则。

第二章

权利推定的意义

为什么进行权利推定？这一问题包括两个方面的考虑。第一个方面是为什么要进行"权利""推定"，即，权利推定何以必要。第二个方面是"权利推定"具有何种功能。

对"为什么要进行'权利''推定'"，即"权利推定何以必要"这个问题的回答在最简单的逻辑意义上，我认为又可以分为如下两个步骤。第一，为什么是"权利"的推定，而不可以简单地根据权利义务概念结构上的对称性而用"义务的推定"或"责任的推定"来代替权利的推定？这里我将主要从权利本身之于义务、责任等相关概念的不可替代性的角度来进行分析。第二，为什么要在某种程度上借助权利"推定"而不是完全求助于权利"法定"？当然，更准确的表述应该是为什么不能完全或一劳永逸地依赖"明确规定"的权利，而在必要的时候必须依靠对法律的整体性解读与建构而"推定"出的隐含权利。这里我将主要从人类理性的限度、法律语言的模糊性、规则的空缺结构等与法律解释、法律适用诸问题所面临的情形相关的甚至在很大程度上是同一的角度进行分析。但即便如此，并不能因此就简单地说可以用法律解释、法律适用来代替权利"推定"。因为在某种意义上，权利推定是现代法所特有的理念，而法律解释、法律适用本身却不一定必然与这种现代法的理念有勾连，而是必须借助权利推定来规整并调控法律解释与法律适用的方向。因此，可以说法律解释与法律适用为权利推定提供了一个操作的实践空间，而权利推定为法律解释与法律适用指明了一种价值方向。

正是这种看似与主题无关的作为权利推定的意义之组成部分的"权利推定之必要性"这一前导性研究为更直接意义上的促成权利体系的完善和推进法律的发展等权利推定之意义的研究奠定了基础或在某种意义上为这种外显的功能或价值提供了更深刻的内在支撑。权利推定通过加强权利体系内部的关联、填补权利体系空缺、扩展权利体系等微观功能而在更宏观的意义上发挥着强化法治建设、完善宪政民主、促成法制变革等价值与功能。这种直接的权利推定的意义或价值的研究也是对我们所认识到的"权利推定是一种现代法理念"这一基本判断的进一步深化。这个意义上的权利推定是依据权利本位法理念针对处理具体法律问题时所遇到的权利规范性空隙而进行的一种合理性的概念延伸。

一、权利推定之必要性

对"权利推定何以必要"这个问题的回答在最简单的逻辑意义上,可以分为如下两个步骤。第一,从权利本身之于义务、责任等相关概念的不可替代性的角度来分析为什么是"权利"的推定,而不可以简单地根据权利义务概念结构上的对称性而用"义务的推定"或"责任的推定"来代替权利的推定。第二,从人类理性的限度、法律语言的模糊性、规则的空缺结构角度来分析为什么要在某种程度上借助权利"推定"而不是完全求助于权利"法定"。

(一)推定的"权利"之需求

二战以来,权利概念得到广泛使用,随之引发了一种或许是不可避免的反应。作为对边沁、伯克、马克思等人对权利批评的一种响应,当代哲学家、法律理论家和政论家一直以来否认诉诸权利所具有的价值乃至权利的重要性。这种对权利所持的否定性观点主要表现为从如下两个核心方面来反对权利的不可替代性。一是从权利概念结构中反对权利的必不可少性,一是从权利的道德基础中反对权利的必不可少性。前者主张权利概念在逻辑上是多余的，或者认为权利概念在认识论上是无根据的，或者认为权利概念既在逻辑上是多余的又在认识论上是没有根据的，所以认为可以或应当消除权利概念。后者主张即使权利的概念有其独特的意义，权利概念在其广泛的使用中不仅不能解释一些更为根本的道德价值，而且也是道德贬值的一个来源。这后一种讨论涉及更广泛的政治哲学和道德哲学问题①，本文将不予以展开。这里我将更为集中地分析一下前一种讨论。前者通过对权利结构的分析，认为权利在概念上是可以或缺的，他们认为权利结构中的义务人和权利客体中的一个或两个因素就能完成权利所指涉的所有工作。

我们最为熟悉的认为权利概念是不必要的主张来自一种被称为是"权利义务对应性的反对意见"。该意见认为，根据权利义务的对应性，如果 A 针对 B 有权利 X，那么，作为一个逻辑问题，B 有义务把 X 交给 A 或帮助 A 拥有 X 或为行为 X，或至少不干涉 A 拥有 X 或为行为 X。尽管在这个公式里，其含义远远超出"从权利到义务"的单一向度，也暗含了从义务到权利的向度。每一个都能从另一个推导出来，因此，"权利和义务是同一规范关系的不同名称"。但是，如果"权利""义务"意味着相同的规范关系，那么这难道不是意味着至少它们中的一个是多余的吗？因而"权利语言代替义务语言并没有传达额外的内容"，所以"通过取消赞同义务的权利语言，我们能解释任何法律保护的关系"。因为至少在法律中，义务术语是必不可少的，因此，权利的概念是多余的、无用的。②

另一种认为权利概念不是必不可少的观点则是基于利益角度的考虑。这种观点将分析的焦点集中在权利结构中的另一个因素——利益上。利益是权利的内容，是权利指涉的客体。这些客体是权利拥有者的一定的好处或利益，诸如生活和自由。这种观点主张，如果这些利益被满足了或受到

① 详见 Alan Gewirth, Why Rights are Indispensable, *Mind*, Vol. 95, No. 379 (Jul., 1986), pp. 329—344.

② Alan Gewirth, Why Rights are Indispensable, *Mind*, Vol. 95, No. 379 (Jul., 1986), pp. 329—344.

了保护的话，那么所有被认为是权利的重要性的东西就已经实现了，对于权利则没有任何进行进一步独立考虑的需要了。

针对上述这两种反对"权利"推定的意见，我们一再强调"权利"推定，而不能简单地以"义务"或"利益"代替"权利"进而以"义务"推定或"利益"推定来代替"权利"推定主要是基于以下的考虑。

其一，权利义务逻辑对应性面临许多挑战。首先，许多义务，诸如刑法所施加的义务不是指向任何确定的第二方的义务，而是指向任何主张者，与上述哈特观点类似的还有范伯格和威尔曼等人。范伯格认为随附义务、服从义务和适当性义务并不必然与其他人的权利相对。威尔曼指出我们的慈善义务并不指向任何特定的人。① 其次，并非所有的权利都是指向义务承担者的主张。在请求权之外，权利还有自由、权力、豁免的类型。再次，若将权利与义务逻辑对应性教条化显然是忽略了权利的动态层面。拉兹认为并不存在与权利相一致的封闭的义务名单。② 最后，教条主义的权利和义务的逻辑对应性显然是对权利性质做了过于简化以至失真的处理。威尔曼坚持认为只有复杂的霍菲尔德结构才能构成真正的权利。权利具有义务所缺少的复杂性，任何对应的义务绝非与整个权利相对应，充其量最多是与权利的核心在逻辑上相对应。而且，在一种权利中的霍菲尔德要素不仅仅与义务具有逻辑对应性，其他要素，诸如自由、权力和豁免则分别与无权利、责任和无权力存在法律上的关联关系，丰富多变的权利之实践重要性源于权利自身语义和结构的复杂性。③ 事实上，对应性权利（correspondent rights）尤其是狭义的对应性权利仅仅是权利概念的一种，在此权利之外，还有消极性权利（permissive rights）、被保护性权利（pro-

---

① ［美］卡尔·威尔曼：《真正的权利》，刘振宇等译，商务印书馆 2015 年，第 283 页。
② ［美］卡尔·威尔曼：《真正的权利》，刘振宇等译，商务印书馆 2015 年，第 295 页。
③ ［美］卡尔·威尔曼：《真正的权利》，刘振宇等译，商务印书馆 2015 年，第 284 页。

tected rights）以及特许权利（facultative rights）①，它们在某种程度上反映了权利的可扩展性和权利类型的多样性，甚至在某种意义上标识了权利的发展进程。因此，也不能简单地用"义务"推定取代"权利"推定。

其二，以义务代替权利，进而以义务推定代替权利推定会屏蔽权利义务关系的多面性，会屏蔽权利本位论的其他核心命题，进而会抹煞权利在现代法律中的独特功能与其优先价值。

第一，退一步讲，即使承认对应性权利是权利的全部类型，我们说，一般情况下，权利义务在结构上存在相关关系，在数量上存在等值关系，权利义务之间存在着一定的对应性。但这并不意味着它们是同质的，更不意味着其概括了权利本位理论中权利与义务关系的全部。相反，权利和义务有不同的规范内容，进而有着不同的互补的功能和不同的价值地位。权利对于义务正如利益对于负担。因为权利是对特定利益的正当主张，是对主体或权利所有者的特定利益的支持。义务，则是权利的应答者或义务承受者的正当的负担：这种负担通过要求他以不直接利于自己而利于权利所有者的方式去行为来限制义务人的自由。但是，负担并不是基于利益的缘故，反之亦然。所以，义务，作为一种负担，是基于权利的缘由，而权利的目的是利益。

我们在关注权利本位论所承认的权利义务对应性的同时，也不可忽略"权利先于义务"这一权利本位论在权利义务关系上的更为核心的命题及对其作出的代表性的解释。其一，"权利在逻辑上先于义务"②，这种"先于"关系可概括为两个方面。第一，权利是目的，义务是手段，法律设定义务的目的在于保障权利的实现；第二，权利是第一性的因素，义务是第二性的因素，权利是义务存在的依据和意义。③ 其二，权利在价值上先于

---

① Henry T. Terry，Legal duties and rights，*The Yale Law Journal*，Vol. 12，No. 4（Feb.，1903），pp. 185—212.

② 张文显：《法哲学范畴研究》，中国政法大学出版社 2001 年版，第 356 页。

③ 张文显：《"权利本位"之语义和意义分析：兼论社会主义法是新型的权利本位法》，载《中国法学》1990 年第 4 期，第 24—33 页。

义务，这种"先于"关系可概括义务来源于、服务于并从属于权利，即权利优先原则。① 权利基于对负担的更深刻的论证而优先于义务，因为义务的承担者之所以有对应的义务和负担是因为权利主体有相应的权利。权利之于义务的这种正当论证上的优先性并不与权利义务结构上的对应性相互矛盾或相互反对。不考虑权利问题将导致忽略义务的正当性基础，所以权利话语不是多余的。②

第二，将权利推定简单地替换为义务推定，不仅屏蔽了权利义务关系的多面性，而且也屏蔽了权利本位论的其他同样重要的理论主张。权利本位论的基本思想体现在其所讨论的权利与功利、权利与义务、权利与权力、权利与立法的基本关系上。除了"权利先于义务"命题外，权利先于功利、权利先于权力、权利先于立法同样是其重要的理论主张。③ 我们强调"权利"推定，恰恰是要通过这些方面来更好地推动人权司法保护。

关于用"利益"取代"权利"的主张，我们认为是不恰当的，则主要基于如下的考虑。

尽管就权利的本质而言，利益论是一种有重要影响力的权利理论，尤其是在现代权利程序主义的规训之下获得进一步更新与发展的利益理论，为权利推定的规范运作提供了诸多启示。但是，权利并不总是对权利的拥有者有利益可言的。实际生活中，有些权利指向的其实并非权利者的利益，而是其他人的利益，而有些权利则很难说是一项利益，毋宁说是一种反抗或抗辩。所以，简单地将法律权利一维地界定为法律所保护的利益，从而将权利推定全称地等同于利益推定同样是不正确的。一方面，一个人可以随意利用或不利用自己的权利，但不利用权利不等于权利不存在。一

---

① 郑成良：《权利本位论》载《中国法学》1991 年第 1 期，第 30—37 页。

② Alan Gewirth, Why Rights are Indispensable, *Mind*, New Series, Vol. 95, No. 379（Jul., 1986），pp. 329—344. 关于权利概念相对于义务概念的根本性以及权利之于义务的价值上的先在性也可参见张文显：《法哲学范畴研究》（修订版），中国政法大学出版社 2001 年版，第 341—345 页。

③ 详见黄文义：《权利本位论新解——以中西比较为视角》，载《法律科学》2014 年第 5 期，第 14—24 页。

个人有法律权利但其并不知情，此种情形下，就不能存在任何利益。另一方面，一个人可能并没有对另一个人的法律权利但却对那个人履行他的法律义务强烈地感到有利益。因而，一个人可能对另一个人的一定行为具有权利但却对这一行为并无利益，一个人也可以虽然有利益但却并无权利，还可能你的利益足以产生我对你的义务，但是你却对此并没有权利，或者一个人并没有利益足以产生义务但是他却对此享有权利。① 在一些情况下，由于产生权利或者决定权利严格性的利益并不必然就是权利所具体保护的人的利益。权利的严格性可能超过它所最直接保护的利益的重要性。权利重要性与其对权利人福利的贡献之间的不一致性的主要理由在于，权利正当化的理由部分在于它对于公共善的促进。在许多法律权利的情形中，某人权利享有的产生可能完全是因为这促进了其他人的利益而非他自己的利益。② "一个权利，即使在——与立法者的推定相反——不存在实际利益的那些情况下，也还是存在着。"③

利益为权利提供了基础，新的利益的出现可以为权利推定提供一定的基础性材料，但权利推定不等于利益推定。当权利的对象要比它所产生的具体义务更加具有一般性时，权利可以是动态的，即，权利具有动态品格，权利在范围上广于权利人利益基础上的指向性义务，权利能够产生尚不存在的新的义务和与之严格相关的从属性权利。

我们一再强调的这种权利的居先性以及相应的权利推定的居先性，尤其是强调在私权领域要用"法不禁止即自由"的权利推定原则或理念去代替或反对在公权领域奉行的"法不授权即禁止"的义务推定原则或理念不当渗入私人领地。这在政治上是极为重要的。因为，正是这种权利的居先性，更具体地说，正是权利本位论所强调的这种权利相对于义务、相对于

---

① ［美］朱尔斯·科尔曼，斯科特·夏皮罗主编：《牛津法理学与法哲学手册》（上册），杜宴林、朱振、韦洪发等译，上海三联书店 2018 年版，第 534 页。

② ［美］朱尔斯·科尔曼，斯科特·夏皮罗主编：《牛津法理学与法哲学手册》（上册），杜宴林、朱振、韦洪发等译，上海三联书店 2018 年版，第 535 页。

③ ［奥］凯尔森：《法与国家的一般理论》，沈宗灵译，中国大百科全书出版社 1996 年版，第 90 页。

权力、相对于立法的优先性影响着法律的形成，推动着法律权利的发展，引导着法律权利的良善。这在随后我要分析的权利推定，尤其是人权推定在历史上的巨大功能与价值中将会清楚地显现出来。

（二）权利的"推定"之必要

之所以要借助于权利"推定"而不是权利"法定"或更准确地说是"明确的权利规定"，则主要基于如下与"为什么要进行法律解释"基本一致的考虑。推定、推理和解释具有很大的意义相似性，在英语中，表示推定的词中有一个就是 constructive，即推定和解释的意思。这在某种意义上说明了解释、推定或推理都强调对作为被解释对象、作为推理或推定前提的法律或法律权利这一制度性事实，以蕴含在法律或法律权利中的价值为依归，以这一制度性事实得以产生发展的立法或司法经验乃至更广泛的社会交往经验为经验基础，进行理性的阐释与理解，进而得出新的认知结论。可能基于具体方法的差异，解释、推定或推理这些法律实践问题内部或彼此之间会存在一定的理性类型和理性程度、价值含量或社会事实考量方面的增减方面的差异。

权利推定在很大意义上更像是一种关于权利的解释性推理。在法律推理和法律解释的关系问题上，进而在权利推理（权利推定）和权利解释的关系问题上，德沃金从广义法律解释的立场出发，认为"法律推理是建设性阐释的一种运用"。[1] 尽管，这种观点遭到一些学者的反对，例如，麦考密克就反对德沃金关于作为解释概念的法律理论，认为不应将解释难题夸大为法律推理的全部。[2] 在此我们先忽略这种解释与推理（推定）范围认同上的分歧，而只是想指出何种原因导致了权利解释或权利推定之"解释"或"推定"空间的共存性，指出权利的"推定"何以是必要的。在后文中则进一步围绕如何进行权利推定的理论与实践争议，指出应该如何

---

① ［美］德沃金：《法律帝国》，李常青译，中国大百科全书出版社 1996 年版，第 1 页。

② 详细论述请参见 Neil MacCormick, *Legal Reasoning and Legal Theory*, Oxford University Press, 1978.

进行权利推定。

第一，有限时空下人类理性的限度。人的理性是有限度的，人类立法者根本不可能拥有关于未来可能产生的各种情况的所有组合方式的知识。[1]规则系统及其进化的进程是一种理性不及的过程，而不是一个完全理性规划的过程，就有限时段内的理性规划而言尤其如此。以制定法为例，立法者立法时的预见能力具有局限性。立法者立法通常是以社会现象的典型情况为依据的。同时，立法者虽然要考虑各种可能性，但总是无法穷尽所有可能性。换言之，对所有情况有所注意是极为困难的。此外，随着立法的多样化，各类型明确的法律规则之间的相互联系越来越复杂，这也会使立法者难以在法律制定的有限时段内完全认识或辨清其间的相互矛盾。正是这种"理性不及"的东西，构成了关于自由之价值论证的一种深刻的认识基础和主张法律与立法之二分的知识基础。[2] 甚至同样也构成了主张以一种合理的方式推进法律的稳定性与发展性的知识基础。而在我看来，在某种意义上，权利推定，作为立法前置程序的权利推定，以此为从宪法基本权利中发展出来的更为具体的权利立法提供法律体系融贯性论证的权利推定，以及司法中的权利推定，尤其是增进法律体系融贯性的必要性权利推理都一定程度地构成了维持法律稳定与推进法律发展的合理方式中的一个重要组成部分。上述特定的具体时段内的人之理性限度使得在法律制定和法律适用过程中以及作为法律制定之逻辑延续的立法解释与法律适用中的法律解释过程中逐步通过权利推定方式去填充和完备权利规范成为必要的和可能的。

第二，现代法制中更为突出的法律语言之模糊性。法律规则语言具有模糊性。尽管有些法律规则语言与日常语言有所不同，例如"知识产权"

---

① ［英］哈特：《法律的概念》，张文显等译，中国大百科全书出版社1996年版，第128页。
② 关于"理性不及"以及"立法与法律的二分"的观点可以参见［英］弗里德利希·冯·哈耶克：《自由秩序原理》（上、下），邓正来译，生活·读书·新知三联书店1997年版；［英］弗里德利希·冯·哈耶克：《法律、立法与自由》，邓正来、张守东、李静冰译，中国大百科全书出版社2000年版。

"公民""代理""诉讼保全"等就是具有独特法律意义的语言。但是，因为法律规则运用的语言大多数并未经过界定与解释，并不为法律所独有，而且在必要时需要用日常语言进行新的解释，所以，法律规则语言与日常语言又有着密切的联系。而这种法律经常利用的日常语言却与数理逻辑及科学性语言不同，"它并不是外延明确的概念，毋宁是多少具有弹性的表达方式，后者的可能意义在一定的波段宽度之间摇摆不定"①。因而日常语言的概念及表述的这一特点导致许多法律规则语言也有意思明确与意思不清两个方面。

严格地说，在法律适用中，绝大多数法律规则使用的自然语言均会发生解释的难题。值得注意的是，有些法律规则使用的语言，如"合理""公正""严格""多次"等形容词量词，要比"抢劫""收养""财物"等动词名词更具有模糊性，其在未适用时就需要解释。同时，在现代法制中，立法者常常使用一些概括性过于广泛的规定和一些意义不明确的语词，这在某种程度上加剧了法律语言固有的模糊性问题，但这似乎又是不可避免的。正如卡拉布雷西所敏锐地指出的那样，在大多数情况下，立法者之间想要得到的结果并非一致，而是互有差异，甚至也不乏有些不肯说出意欲之结果的立法者。即便如此，法律之所以还能得以通过，恰恰只是因为这种潜在的模糊性没有得到解决。② 这种被孙斯坦称为法律中的"未完全理论化协议"③ 的现象越是在宪法和一些基本的法律中则表现得越为明显。这种法律的"未完成性"是先天的和必然的。④ 法律可能和允许不被明确地表达，因为一个自身封闭的、完结的、无懈可击的、清楚明了的法律（如果可能的话），也许会导致法律的停滞不前。这对法律语言同样

---

① ［德］卡尔·拉伦茨：《法学方法论》，陈爱娥译，商务印书馆 2003 年版，第 193 页。

② ［美］盖多·卡拉布雷西：《制定法时代的普通法》，周林刚等译，北京大学出版社 2006 年版，第 119—120 页。

③ 参见［美］凯斯·R·孙斯坦：《法律推理与政治冲突》，金朝武、胡爱平、高建勋译，法律出版社 2004 年版，第 39—72 页。

④ 戚渊等：《法律论证与法学方法》，山东人民出版社 2005 年版，第 84、205 页。

重要。除了少许数量概念外，各种法律概念是不清晰的，它们不是抽象的、普遍的概念，而是类型概念、次序概念，在那里，它们不是非此即彼，而是或多或少。① 这就使揭示隐含权利和明晰模糊权利的权利推定在法律解释和法律适用中变得非常必要。

第三，确定性与不确定性之间的规则空缺结构。构成规则的日常语言既有"意思中心"，又有"开放结构"。"意思中心"是指语言的外延涵盖具有明确的中心区域。在此中心区域，人们不会就某物是否为一词所指之物产生争论。"开放结构"是指语言的外延涵盖具有不确定的边缘区域。与此相对应，由语言构成的规则也既有确定性又有模糊性。哈特指出，必须看到规则意思的两重性，认为规则只具有确定性是错误的，而偏执于规则的模糊性同样是错误的。法律的空缺结构意味着的确存在着这样有待法院或官员根据具体实际情况以个案累积推进的方式在利益的把握与平衡中去不断发展行为规则的领域。然而，很大程度上法律的生命更依赖于规则之确定性所施加于对官员和私人的裁判或行为指导，不同于种种可变标准的适用方式，这些确定的规则不要求官员个案累进性地作出事实上全新的判断。② 正是规则的这种介于确定性与不确定性之间的开放结构为权利推定提供了可能性。如果规则所表达的权利是完全确定无疑的，以至于完全可以据此进行一种机械的适用的话，那么根本就没有权利推定的必要。同样，如果规则所表达的权利是完全不确定的，规则就不成其为规则，权利本身的法律规则性表达也就失去了其意义，那么也就没有权利推定的可能了，有的只是一种任意的调控和擅断的利益操纵。

上述这些理由构成了法律适用中法律解释必要性的理由，也构成了权利救济的司法实践中权利"推定"、权利推理意义上的权利推定，尤其是作为弥补权利基于法律规则的形式推理之局限的权利基于法律原则的实质推理之必要性理由。

---

① 转引自戚渊等：《法律论证与法学方法》，山东人民出版社 2005 年版，第 84 页。
② ［英］哈特：《法律的概念》，张文显等译，中国大百科全书出版社 1996 年版，第 134 页。

此外，基于作为法律核心要素的权利与义务的相关性，法律权利的数量并不等于法律中权利陈述的数量，除了明确的权利陈述之外，还存在着其他非表现为权利陈述的权利，即法律权利存在于法律的义务陈述中，这样一种建立在法律权利的"义务理论"基础上的权利立法表述的技术手段也使权利"推定"成为必要。

第四，作为法律核心要素之权利与义务的相关性。权利和义务作为法律的核心要素在某种规范类型中是相互依存的，相关性概念最简明地表达了权利和义务的关系：A 有权利获得某种东西恰恰意味着 B 有义务给 A 提供这种东西。例如，澳大利亚著名法哲学家佩顿指出，权利和义务是相关物，人们不可能有没有相应义务的权利，也不可能有没有相应权利的义务，当人们说到权利时，实际是在说两个人之间的权利和义务关系。假定权利可以没有义务而存在，如同假定没有父亲和儿子就有父子关系一样荒唐。①

澳大利亚法学家斯托尔雅论证说，作为权利的相关物而发挥作用是义务的核心意义，法律告知义务的承担者必须而且理应做某事，理应做某事，法律约束义务承担者的理由在于义务之规避不仅违背义务承担者的善良动机，更是因为其构成了对拥有权利的人的挑战。当然，权利与义务相互联系的程度在不同的法律关系中是不同的，或极为紧密，或略微松散。②斯托尔雅还从权利与义务的互补性上论证了权利与义务的相关性，认为二者是作为互补的因素运行的。二者是相互照应的，因承担不同的任务而不相互反射。权利关涉利益，义务则是利益保障所必需的作为或不作为。权利规定了自由的范围，义务则规定了一个人应当应答或负责的行为。③

当然，值得注意的是，权利义务的相关性并不是说只有当法律条文不仅具体地规定了一个义务或权利，而且具体地规定了一个权利或义务，才可以说权利和义务是相关物。这种要求显然不符合立法技术。从立法实践

---

① G. W. Paton, *Jurisprudence* (4th edition), Oxford University Press, 1972, p. 285.
② S. J. Stoljar, *An Analysis of Law*, The Macmillan Press Ltd., 1984, p. 37.
③ S. J. Stoljar, *An Analysis of Law*, The Macmillan Press Ltd., 1984, p. 46.

看，法律条文只规定权利或只规定义务的情况是普遍的。这种不规定或者是不言而喻的，或者是其他法律已经作出了规定。① 因此，基于这种权利义务的相关性，我们可以进行权利推定，从法律条文的义务性规定中推定出与义务相对应的权利。例如，从我国《物权法》第 112 条第 1 款关于"权利人领取遗失物时，应当向拾得人或者有关部门支付保管遗失物等支出的必要费用"的义务陈述中可以必然推定出遗失物拾得人要求遗失物的权利人支付必要费用的法律权利。

但基于义务本身的指向性与非指向性的区分，且权利只与指向性义务相连，所以，义务人的义务也并不必然蕴含着他人所拥有的权利，这种情况在道德义务中尤为常见。同样，在法律的义务性规定中也有类似情况。例如，我国《环境保护法》第 6 条规定"一切个人都有保护环境的义务"，能够从中推定出要求他人保护环境的法律权利吗？环境本身，抑或每一个从环境保护中获益的个体，抑或是通常被假定为环境代言人的政府，抑或什么其他社会组织，其中谁是抑或都是此项权利的适格主体吗？将破坏环境单纯视为对一项义务的违反，而不是视为对某种权利的侵害可能更为合理，除非必须将其视为对权利的侵害，否则会遗漏某些重要的事情。因此，虽然权利推定是必要的，但如何进行权利推定，如何从义务中推定权利，需要审慎分辨义务的性质。因为，通过设定义务的方式，来限制其他人的行动，进而实现对权利人的某种保护并非法律权利意义的全部呈现，法律权利必然蕴含着权利人的自由和选择，意味着权利人对相关事务的控制，以此说明对其他人的限制，此时，法律权利就不在仅仅受制于实在法体系的规定，而是必然指向道德权利。②

---

① 张文显：《法哲学范畴研究》（修订版），中国政法大学出版社 2001 年版，第 338 页。
② 陈景辉：《法律权利的性质：它与道德权利必然相关吗？》，载《浙江社会科学》2018 年第 10 期，第 9 页。

二、权利推定的意义

（一）引导法制变革，认识基本权利

从历史的维度来看，权利推定在引导近代西方法制变革中发挥着重要的作用；从现实的维度来看，权利推定的法理念与法技术也有助于我们全面正确地认识基本权利，为新时代人民美好生活权的权利立论和制度建构提供宪法理据。

从应有权利到实有权利的权利推定，就是"根据某种经验的或超验的判断、确然的或或然的情形，推断出某个个人、群体或一切人享有或应该享有的权利的意义上的权利推定"①，这种权利推定，主要是人权推定，在近代西方权利观念的演进中，进而在推动近代西方的法制变革中起了很重要的作用。这个意义上的权利推定，主要是关于在法制变革中，人们究竟是以什么为根据、采取何种方式来表达自己的权利主张、维护自己的利益，并把权利主张和利益需要转变为法律的、制度的要求的。

通过对近代人权史的考察，比较英国、法国和美国的权利立法文件，我们不难可以将权利推定（人权推定）分为"经验式的人权推定"与"先验式的人权推定"。前者以英国法为代表，推定的根据是某种制度事实，包括权利主体的社会地位、财产、利益、权力以及有关的习俗和法律，经验式的人权推定主要是英国历史上的一些权利制度的形成。以1215年《自由大宪章》为例，其中涉及英国旧有习惯与传统的有：第1条、第2条、第13条、第39条、第41条等，依此臣民的地位和利益既是已然的，又是应然。臣民所要求的，只不过是君主尊重他们已经享有的东西，尊重那些确认此种享有的法律与习惯。君主所要做的，只不过是不要篡古逾制，侵夺臣民的既得利益。② 对英国人来说，把传统的权利和自由转化

---

① 夏勇：《人权概念起源——权利的历史哲学》（修订版），中国政法大学出版社2001年版，第151页。

② 夏勇：《人权概念起源——权利的历史哲学》（修订版），中国政法大学出版社2001年版，第152—153页。

为现在我们所熟知的人权在很大程度上只是一个修辞的问题。此后的《权利请愿书》《人身保护令》《权利法案》也承袭了这种人权推定方式。后者以法国法为代表，体现了自然权利的思想逻辑，即利用古代自然法原理来推论权利。这两种不同的权利推定方式都反映了不同国度人们独特的权利意识和关于社会进步的观念，尽管法国人的权利是从先天的、超验的、脱离"公共利用"和"社会差别"而独立存在的人权理念中推定的，而英国人则恰好是从这种"公共利用"和"社会差别"里推衍出权利的。下面，我主要以"先验式的权利推定"方式来详细阐述权利推定的法制变革功能及意义。

17—18 世纪西方自由主义思想家在改造原有的权利观念时所采取的方式就暗含了以"保护和发展人的自由个性"这一价值判断为核心的权利推定。这种方式就是原有法律权利的政治化。所谓政治化就是把权利从具体的法律制度中解放出来，使之服务于人们的政治解放，也就是围绕限制权力而设定权利。① 这个过程又包括两个步骤。第一，将法律权利普遍化；第二，使已经普遍化的权利服务于政治目的。

就将法律权利普遍化这一步骤而言，又包括如下两个方面。首先，权利的普遍化是权利主体的普遍化。近代自由主义者正是根据自然法理论，从应有权利的角度认为，法律权利不应该是少数人或某种身份的人才能享有的东西，它属于一切人。自由主义的先驱斯宾诺莎认为，若依据理性而生活，每一个人都可以获得他的自然权利。② 霍布斯主张，在自然状态中，人人都有自我保护的权利。③ 洛克认为，由于人们生来就享有自然的、一切同样的有利条件，在自然法的支配下，人人都享有自己的自然权利，而且所有的人都不能侵犯这种自然权利。④ 卢梭认为，在原始状态中，人人

---

① 参见吴玉章：《法治的层次》，清华大学出版社 2002 年版，第 301—316 页。

② 参见［荷兰］斯宾诺莎：《伦理学》，贺麟译，商务印书馆 1958 年版，第 180 页。

③ 参见［英］霍布斯：《利维坦》，黎思复、黎廷弼译，商务印书馆 1985 年版，第 97页。

④ 参见［英］洛克：《政府论》（下），叶启芳、瞿菊农译，商务印书馆 1964 年版，第 77—80 页。

都有自己的权利。只是为了组成社会，人们才放弃自己的权利。这种放弃
权利的行为不是一次性的。一旦组成社会的社会契约遭到破坏，人们立刻
就恢复了他们原来的权利。① 潘恩也认为，人人都享有天赋权利，即在生
存方面的一切权利，而且，天赋权利还是公民权利的基础。② 康德坚持，
由于自由是基于人性而产生的，因此，每个人都享有这种唯一的、原生性
的、与生俱来的权利。③ 正是从人类的平等性出发，从尊重人的尊严出发
法律权利应该不断通过恰当的权利推定来扩大权利主体的范围。其次，权
利的普遍化是权利客体的普遍化。无论是罗马法上的权利还是封建法律中
的权利，它们的客体都是实物，尽管实物可以表现为物和人的具体行为。
近代的自由主义者把权利的客体扩大了，使之不仅包括了实物，而且还包
括了一些超脱于实物之上的价值观念。例如，霍布斯把人的自保看作是权
利的客体。而洛克则认为，权利的对象是人的生命、健康、自由或财产。
美国的建国之父则主张生命、自由和追求幸福的权利。④ 从应然权利到实
然权利的权利推定所要求的权利的普遍化有其重要的意义。它冲破并改造
了体现了法律中的原有权利观念的狭隘结构，使原来的为具体法律制度所
包裹起来的权利观念得到了空前的发展，并促成了从传统法到现代法的
变革。

就使已经普遍化的权利服务于政治目的而言，集中表现在是权利与权
力的关系上。它可以分为两个命题：权利先于或外于权力以及权利可以制
约权力。1. 权利先于权力。近代自由主义思想家们普遍认为，人民的权利
先于政治社会的权力。在自然状态中，人们享有自然权利，但是由于自然
状态的种种缺陷，人们约定放弃自己的全部或部分自然权利而进入政治社
会，并建立国家。当然，对于自然权利的全部放弃与部分保留问题上，不
同学者持不同的理论主张。霍布斯认为，人们一旦订立契约进入政治社

① 参见［法］卢梭：《社会契约论》，何兆武译，商务印书馆1982年版。
② 转引自吴玉章：《法治的层次》，清华大学出版社2002年版，第302页。
③ 转引自吴玉章：《法治的层次》，清华大学出版社2002年版，第302页。
④ 转引自吴玉章：《法治的层次》，清华大学出版社2002年版，第302页。

会，他们便从此永远地放弃了自己的全部自然权利。而卢梭则认为，先是全部交出权利，而一旦统治者违反社会契约，则人们又同时重新获得自然权利。洛克则更为充分地阐述了权利先于权力的道理，并就上述权利保留与否的分歧给出了自己的答案。他认为，第一，在没有公认政治权力的自然状态中，人们已经享有自然权利。第二，人们为了舒适地生活和稳定地享受权利才决定建立权力。然而，人们进入政治社会时并没有完全放弃自己的所有权利，只是放弃了人们的一部分权利，也就是说，人们在进入政治社会后依然携带着自己的某些根本权利。第三，权利产生权力。由于自然状态的种种不便，具有自然权利的人们于是通过社会契约而进入政治社会，建立政治权力。2. 权利可以制约权力。一方面，权利具有威慑性。根据卢梭的解释，在订立社会契约的过程中，公民放弃自己的权利是有条件的，那就是统治者本人也遵守社会契约，履行自己的义务。而一旦统治者违约，则公民就立即恢复了他们原有的权利。另一方面，权利具有决定性。根据洛克的解释，人们虽然通过社会契约建立了政治权力，但是，人们自己的权利仍然具有绝对性，它是任何权力，即使是政治社会的最高权力也不能侵犯的。权力必须尊重权利在先的事实。政治社会的最高权力，即立法权也不是绝对的，也不能统率一切，它必须尊重人们的权利，其中包括自由权和财产权。

上述这两个命题直接与以洛克为代表的自由主义者的"市民社会先于或外于国家"的架构相关。① 洛克认为，人类最初生活的社会，即指自然状态乃是一种完美无缺的自由状态，其间的人都是理性人，他们与生俱有生命、自由和财产三大权利，而其中财产权最为根本。为了约束所有的人不受他人侵犯的权利，不互相伤害，每个人就都有权惩罚违反自然法的人，有权充当自然法的执行人。洛克虽然认为这种前国家或非国家的状态以及其间的做法存有种种弊端，但未必就比君主专制更糟。洛克式"市民

---

① 邓正来：《市民社会与国家——学理上的分野与两种架构》，载邓正来、［美］杰弗里·亚历山大主编：《国家与市民社会——一种社会理论的研究路径》，上海人民出版社 2006 年版，第 99 页。

社会先于或外于国家"的架构，从其自由主义的根源看，本质上不是对国家或政治权力本身的思考，毋宁是对限制国家权力的关注，其原因是国家权力的内在规定性必然使其与市民社会中的个人权利相冲突。从另一方面看，洛克式"市民社会先于或外于国家"的架构则表现为对国家或政治权力的极度怀疑和高度不信任，正如约翰·杰温斯波所言的那样，"对政治的质疑是现代自由主义的根本精神"①。在这种根本精神的引导下，诱发出两种思想导向。一种是透过市民社会前国家的身份而表现出来的所谓捍卫个人权利或反权威的导向，用杰里米·瓦尔德伦的话说，这种理论"首先是一个反抗的理论"②。在这里，国家的存在是为了维护个人的天赋权利，而个人权利的不可取消性则构成了国家权威及其权力的限度。这种思想导向的内在逻辑展开便是，既然市民社会的个人权利享有绝对的优先地位，那么为了避免国家权力本身的逻辑或政治活动可能具有的特定目的会渗透市民社会，进而侵犯个人权利，洛克式架构在规定市民社会与国家的关系时，就设想市民社会或这类个人权利先于国家而在，或是强调国家的功用只是在于维系或具体完善市民社会。倘若国家违反契约并进而侵吞市民社会，那就将导致革命。另一种则是透过市民社会前国家的规范框架而显示出来的社会完全不需要国家权威干预而自己管理自己的导向。③

当然，上述这种权利推定的法制变革功能也是受到社会政治经济文化发展制约的。因此，有的推定权利在统治阶级看来是非法的，比如说人生来是自由的，由此推定出的人身自由权在奴隶社会的法律中就是不合法的，甚至是严重违法要受到法律严厉制裁的；有的推定权利本身是脱离社会历史条件而没有实际意义的；有的推定权利只能以习惯权利的形式存

① ［英］戴维·米勒、［英］韦农·波格丹诺（英文版）主编，邓正来（中译版）主编：《布莱克维尔政治学百科全书》（修订版），中国政法大学出版社2002年版，第447页，"自由主义"词条。
② ［英］戴维·米勒、［英］韦农·波格丹诺（英文版）主编，邓正来（中译版）主编：《布莱克维尔政治学百科全书》（修订版），中国政法大学出版社2002年版，第460页，"洛克"词条。
③ 参见［美］杰弗里·亚历山大、邓正来主编：《国家与市民社会——一种社会理论的研究路径》（增订版），上海人民出版社2006年版，第98—100页。

在，法律对其采取"默然"的态度，既不否定也不肯定；有的推定权利本身是法律所认可的，比如说现代社会中的知情权等。

权利推定除了在历史上发挥着重大的推动法制变革的功能之外，也有助于我们全面正确地认识基本权利。在宪法权利领域，任何立宪者都不能将人们应当享有的基本权利全部列举进宪法，因此公民基本权利不限于宪法的文本明确规定，还有为宪法暗示或隐藏的权利可以归入"未列举权利"或"默示权利"，经过法律推理和解释推定出公民的基本权利。① 因此，权利推定可以使我们更全面地、正确地认识公民的基本权利。推定基本权利和明示基本权利共同构成了公民基本权利，即宣告的文本权利和为宪法暗示或隐藏的权利共同构成了公民的基本权利。

权利推定"大多表现为法律解释上的推论或推拟，从而将那些由法律予以确认的明示权利所隐含（或暗示）的权利揭示出来"②。这种在立法中虽未明确授权，而在法律上可视为具有授权意图的权利③被郭道晖先生称为"默示权利"。"通过一定法律程序（如法律解释和新的立法）对默示权利予以确认，就使其具有了明确的法律地位，并可与明示权利一样得到法律的保护。"④ 宪法权利推定首先表现为宪法权利的发现或宪法权利体系的扩充。任何立宪者均不可能将人们应当享有的基本权利一一列举，因此，依据宪法精神发现、拾掇公民基本权利乃现代民主法治国家的基本义务。在违宪审查机制比较完善的国家，推定的基本权利大多通过宪法判例得以实证化。如在 1973 年美国"多伊诉韦德案"中，Blackman 法官就认为，个人具有宪法所保护的隐私权，"隐私权的广泛性足以涵盖妇女自行决定是否终止妊娠的权利"，尽管宪法没有明文提到"隐私权"，但无论是权利法案提供的特定保障，还是第 9 条、第 14 条修正案所确认的"人民保

---

① 侯学宾、郑智航：《新兴权利研究的理论提升与未来关注》，载《求是学刊》2018 年第 3 期，第 94 页。
② 郭道晖：《论权利推定》，载《中国社会科学》1991 年第 4 期，第 181 页。
③ 参见［英］戴维 M. 沃克编：《牛津法律大辞典》，北京社会科技发展研究所组织翻译，光明日报出版社 1988 年版，第 435 页，"默示授权"词条。
④ 郭道晖：《论权利推定》，载《中国社会科学》1991 年第 4 期，第 181 页。

留的权利"和未经正当法律程序不可剥夺的个人"自由"都隐含着隐私权的宪法保护①，个人隐私属于基本权利或法定自由范畴。②

　　与这种对基本权利的认知理路相一致，我国 2004 年宪法修正案，明确规定"国家尊重和保障人权"，我国 2012 年刑事诉讼法修改中，也将"尊重和保障人权"写入总则。2013 年，中国共产党第十八届中央委员会第三次全体会议上首次提出了"完善人权司法保障制度"的重要改革目标，2014 年党的十八届四中全会又提出加强对人权的司法保障，都对人权的司法救济提出了更高的标准和要求。借助权利推定的法律理念和法律方法，对基本权利和人权有更深入全面的认识，才能更好地尊重基本权利，在观念引领和方法供给上对基本权利提供有效的司法救济。2017 年党的十九大报告明确提出中国社会主要矛盾已转化为人民日益增长的美好生活需要和不平衡不充分的发展之间的矛盾。新时代美好生活成为一种较之于物质生活更具包容性、超越性和动态性的新的生活样态。由这种新的生活样态生发的美好生活权，同样可以经由权利推定被纳入宪法基本权利范畴之内，成为一种融洽于宪法明示的基本权利的概括性基本权利。基于作为宪法基本权利的美好生活权的整体性、概括性、背景性等特点，美好生活权的立体化铺展，从宏观的整体性权利立论到中观乃至微观的制度建构和规范供给，需要经由立法的普遍建构式性确认以及司法的个案推进式确认。

　　（二）填补权利漏洞，确认新兴权利

　　现代社会中，有关公民权利的立法和立法中的权利条款，是立法中的一个主导和核心的问题。尽管当下我国立法较之于改革开放之初，无论是

---

①　参见美国宪法第 9 条修正案："本宪法对某些权利的列举，不得被解释为否定或轻视由人民保留的其他权利。"第 14 条修正案第 1 款："……任何一州……不经正当法律程序，不得剥夺任何人的生命、自由或财产。在州管辖范围内，也不得拒绝给予任何人以平等的法律保护。"

②　在 1972 年美国的 Eisenstat V. Barid 案中，联邦最高法院裁定：法律限制未婚者获得避孕药具为侵犯个人隐私。"生育与否，乃实质性影响个人自身的决定，此类事务免受政府强行干预。如果隐私权有什么特定含义的话，它就是指个人的此类权利。"转引自胡肖华、徐靖：《论公民基本权利限制的正当性与限制原则》，载《法学评论》2005 年第 6 期，第 4 页。

在立法体系的完善上还是在立法经验的积累上都有了长足的进展，但成文法并不能够涵盖一切权利形态，社会的发展不断提出新的问题，各种新的权利主张与要求也还在不断被提出。成文法之中对应规定之权利未加规定的地方往往形成权利漏洞。因此，即便再完善的立法，也难免有权利空缺，不能及时适应社会的需要。权利漏洞的存在不仅在于立法的有限、社会生活的复杂多变和立法者认识水平的局限，还在于是制度变迁和社会变迁的双重作用。这些权利漏洞的存在不仅包括导致法律权利不配套的"规范权利漏洞"，而且包括影响整个规范体系目标实现的"规整权利漏洞"，比如我国 1979 年《刑事诉讼法》中被害人权利的空白。而权利是通过规范而被人们认识的，当规范本身不圆满时，应当进行必要的权利推定，即通过对规范的合理填补而使规范所表达出的权利或权利的对应物清晰化，从而使潜在的权利得以明晰。

权利漏洞的填补，一般发生在司法对法律规则漏洞的填补过程中，通过法官的"权利推定"发展新的权利形态。为了实现法律制度的圆满，法官需要运用权利类推、法律目的的整体考量以及利益衡量"推定"出"权利"来"填补"这些影响法律合理性的权利漏洞。从另一个角度观之，正是那些用以填补漏洞的"新的权利"被构造或"推定"出来，权利制度和权利理论才因此而得以发展。因此，在一定限度内，通过立法解释与司法解释，作出权利推定，确定某些应有法律权利，有助于填补立法空缺，增强权利的确定性和可预测性，从而在修改旧法或另立新法时，增补新生权利，从而使法定权利在设置上更加周密完备。正是在法律漏洞或权利漏洞填补的意义上，权利推定是法官在司法过程中应对诸如亲吻权、悼念权、祭奠权、阳光权、眺望权等很难在直接法律中找到相关依据和概念的形形色色的"新权利诉求"的常用方法。

一般认为，一项权利在结构上可以分为权利主体、权利内容和权利客体三个部分。而权利与社会经济、科技、文化的联系决定了权利的发展性特征。随着社会条件的变化和发展，会不断涌现新生的权利，这些新生的权利受到社会力量的支持而成为一种权益要求的事实。因此，所谓的填补权利漏洞分别具体体现为填补权利主体漏洞、权利内容漏洞或权利客体漏洞。

从权利发展的经验看，一种新兴权利的诞生可能由权利主体的拓展起步，亦可能从权利客体的扩充开始。权利主体是权利的所有者，权利主体是发展变化的，如民事权利主体从一开始的部分人扩展到所有公民再到法人，近年来未成年人、胎儿、死者甚至动物和植物也开始成为某些权利的主体。由于主体的不同属性，在新的权利主体基础上形成的权利因而也就在内容和制度指向上有所区别，从而形成以主体为表征的新的权利类型。

而权利的客体作为权利主体可以支配的、对象性利益的载体，是权利发展的重要生长点。权利客体从有体物到无体物、从生命健康到人格尊严的扩展过程也就是有体物财产权到无体物财产权再到人身权的发展过程。权利客体是权利主体之间发生权利和义务关系的中介，也是法律权利关系主体的权利和义务所指向、影响及作用的对象。权利客体在整个权利结构构建和制度发展中担当了重要的角色。权利客体是形成权利结构的阿基米德支点。"权利是权利主体与权利客体之间的关系。"[1] 权利客体作为权利上利益的承载者，在整个权利结构中起到一种中介和联结作用。没有特定的中介就没有特定的法律关系发生；没有影响、作用的对象，行为就失去了意义；没有权利上利益的承载者，就不会有权利主体的权利诉求和权利内容的制度化安排。因此，在某些时候，权利客体承担了组织整个权利结构的任务，是权利结构的基础和衍生点。在权利关系的发生史中，客体具有始发性。权利发生史沿着权利客体—权利关系—权利制度的逻辑展开。权利客体的范围在社会发展中有不断扩大的趋势，这一趋势意味着权利视野的开阔。形成这种趋势的根本原因在于人类在发展中越来越认识到权利的作用，通过权利诉求表达利益主张，希望运用权利制度调整日益复杂的社会关系。另外界定产权，激励创造，实现平等、正义、秩序和效率的需要也内在地趋向这个结果。围绕独立的法律关系客体，形成了不断发展

---

[1] ［英］约瑟夫·拉兹：《法律体系的概念》，吴玉章译，中国法制出版社2003年版，第210页。

的、丰富多样的法律关系，才有了诸多法律制度和规范。可以说，权利是为不同的权利客体量身定做的制度外衣。"客体是权利这一概念工具的生活事实基础。这不仅因为客体是利益的源泉从而产生创设权利的必要，更因为客体是利益的载体从而决定了权利的内容。"① 确定新的法律权利关系客体，往往是发展新的权利关系和制定新的权利规范的前奏。法律史的发展展示了权利关系客体不断扩充的过程，但这种扩展并不是随意的，作为法律权利关系客体的一切东西都需要满足三个最低限度的条件：第一，它对主体必须是"有用之物"，围绕它可能发生利益纷争，因此需要对之做出权利义务界定；第二，它必须是能够被主体控制的"为我之物"；第三，它必须是在认识上可以与主体分离的"自在之物"。②

通过权利推定及时填补权利漏洞，督促新的权利立法的产生，不断缩小社会的需要和社会的意见与法律之间的缺口，促进人的全面自由发展。

权利推定既是弥补权利漏洞，确认新兴权利的重要方式，同时，也是防止新兴权利泛化，捍卫权利观念本身重要性的重要方式。"新兴权利主张的层出不穷固然代表了我们这个时代权利意识的张扬"③，但与之相关的作为现代社会公共论辩领域的一种突出现象的权利泛化也给权利观念本身带来了潜在的危险。权利要求一旦出现在所有公共问题的所有方面，就可能不再会受到认真的对待，不再被当作解决问题的手段。④ 因此，面对权利主张，尤其是面对形形色色的新兴权利主张，区别于新兴权利主张的建立在权利识别标准基础之上的新兴权利的司法确认尤为重要。在"关于什么是权利，或者一项利益值得作为权利来保护的"理论标准所强调的"正当利益"以及与个人的道德地位和自治相关的"对个人选择保护的重要

---

① 朱谢群、郑成思：《也论知识产权》，载《科技与法律》2003年第2期，第24页。
② 参见张文显：《法哲学范畴研究》（修订版），中国政法大学出版社2001年版，第107页。
③ 参见魏治勋：《新兴权利研究述评——以2012—2013年CSSCI期刊相关论文为分析对象》，载《理论探索》2014年第5期。
④ 参见［加］萨姆纳：《权利的道德基础》，李茂森译，中国人民大学出版社2011年版，第8页。

性"维度之外,"法律体系的可容纳性"和"有被实现的可能性"是司法新兴权利确认的两个重要的实证标准。而新兴权利应当为既有的法律体系所容纳,即通过权利推定的方法证明,它可以从法律明文规定的基础权利中推衍出来。① 在这个意义上,权利推定也是防止新兴权利泛化,确认新兴权利的过滤机制。

(三)强化权利保障,促进权利发展

在执法、司法活动中,依法进行必要的权利推定,可以更全面地掌握法律的精神和立法宗旨,维护人民的利益,同时也可以提高办案的质量和效率。在执法和司法活动中,权利保护和权利救济中的"权利"不应局限在或至少不应仅仅局限在法律中明确规定的以"权利"字眼表达出来的权利,而且也包括或至少应该包括从法律规则的义务性规定、责任性规定以及既有的明确的多种权利、类型性权利、基础权利中推定出来的同样是法定权利的隐含权利,从法律目的、法律精神、一般法律原则中或"法不禁止即自由"的特定的权利推定原则中推定出来的同样是或应该是法定权利的隐含权利,以及从法律概念中推定出来的同样是或应该是法定权利的隐含权利,或综合运用上述法律诸要素共同推定出的同样是或应该是法定权利的隐含权利。在法律没有明确规定的情况下,最初对隐私权的保护就是通过这种积极的有作为的司法中的权利推定的方式而达到的。这种法律实践活动中的广泛的权利推定通过对法律进行整体性的把握,加强了原则性法律规定和抽象权利的可操作性,从而更好地强化了权利保障。尤其是"人权入宪"之后,我国从制度上承认了权利体系的开放性,这就要求执法、司法中要通过权利推定来强化权利保障,权利推定不是一种可有可无的司法自由裁量,在某种意义上,可以说运用权利推定强化权利保障是执法者和司法者的一项重要的执法和司法义务。

在一定程度上,隐含在诸多法律中的法律原则和法律精神,能够为权利推定建立基础,从而促进权利的发展。这在刑事法律中表现得尤为明

---

① 参见雷磊:《新兴(新型)权利的证成标准》,载《法学论坛》2019年第3期。

显，即通过刑事法律所强调的"罪刑法定"和"无罪推定"等现代刑事法律基本原则，可以推定出犯罪嫌疑人和刑事被告人享有的广泛的权利，从而促进人权事业的发展。在一定程度上，隐含在诸多法律中的法律原则和法律精神，也能够为基于类比关系而进行的权利推定建立基础，从而促进权利的发展。这在民事法律领域中表现得比较突出。但需要注意的是，任何现代法治原则下的权利推定都必须坚持一个原则：权利推定不能通过认可某种法律（特别是宪法）并未确认的权利来否定或从根本上限制宪法和法律已经确认的其他权利。权利推定旨在通过发展权利和拓展人类自由的疆界来丰富利益的质和量。而通过否认既有权利来确认新权利在本质上不符合这种要求，因此这种权利推定在目的上不能够成立。

基于现有权利进行的权利推定，特别是从一定法域内的最高效力法宪法出发的权利推定过程，可以在保持法律体系稳定性的同时，促进权利发展。所以说，要使法律体系在保持基本稳定的情况下，促进权利的发展，可行之路是不断开拓既有法律权利的可能空间，通过对法定权利的发展和扩大解释，将新的权利类型纳入既有体系中。充分发展基于现有权利的权利推定技术对于当代中国的法治建设尤为重要。目前，凡涉及新的权利关系，人们就会高喊立法空白、疾呼立法，试图将权利事无巨细一条条清楚地规定出来，似乎只有这样才能体现权利的神圣。这种"忽视新兴权利的司法面向、忽视既有权利的推定"倾向，虽然和我国既缺少司法造法的普通法传统，又未明确确立大陆法系禁止拒绝裁判原则的司法现状有密切关系，但与被遗忘权、冷冻胚胎的监管处置权、代孕权、祭奠权、隔代探望权、卷宗阅览权等新兴权利类型都在司法实践中通过个案的方式逐步呈现的新兴权利发展的现实相悖，亦与"除了法定的新兴权利外，还有'未曾法律实证化但具有社会实践真实性的社会性权利或者事实性权利'"这一权利生成的规律相悖。① 这种倾向忽视了通过展开现有权利从现有权利和法律中推定和发展出新权利的可能路径，忽视了权利创设和权利推定在权

---

① 侯学宾、郑智航：《新兴权利研究的理论提升与未来关注》，载《求是学刊》2018年第 3 期，第 92—93 页。

利生成中的相辅相成关系，这种忽视，尤其是在《民法典》制定发布的后法典时代，尤其是在以宪法和民法、刑法、行政法等为标表的社会基本法律关系领域，忽视权利推定所具有的权利发展功能，频繁通过立法来满足社会新兴权利需求，不仅容易造成权利体系的混乱，而且容易干扰法制稳定、影响真正权利精神的形成，在这个意义上，我们可以理所当然地认为，权利推定的一项重要的功能就是在维持法律权利的基础结构稳定性的基础上，促进法律权利的发展。

第三章

权利推定的理论资源与规范支撑

一、未完全协议化理论为权利推定提供了理论解释

法律，就是不断地规划生活，又不断地为生活留下适当的理性思考的空间。在这种双重的"不断"化进程中，法律塑造着新的范例，稳定着既有的范例，遗弃着旧的范例。其间有一个很关键的东西在发挥着作用，那就是未完全理论化协议。而法律中未完全理论化协议的存在也从另一个角度为权利推定之必要性与可行性提供了某种理论解释。按照传统知识论的传统，陈述的正确与否取决于对客观真理的把握，也就是依赖于人的认识能力。那么，表现为一系列独特形态的"法律陈述"，即司法中的法律决定、法律陈述，甚至立法中的法律表述、法律规则，乃至整个作为立法与司法构建产物的法律制度的正确与否，也应该取决于对客观真理的把握。但是，法律制度作为现代人日常生活的必须，我们不能因为暂时没有把握真理，就不制定法律，不发表法律意见或不做出司法决定；我们也不能等待法律经过实践检验证明是正确之后才适用法律，何况对法律的实践检验恰恰也是通过广泛的法律适用环节的，何况真理是绝对与相对的统一，何况法律不仅仅是一个事实判断的问题，也是一个价值判断的问题。因此，实践中，验证广义的"法律陈述"的正确性往往依赖的是一定范围的"共识"。

如何达成"共识"？在某种意义上，和哈贝马斯的法律商谈理论中的

"理想的言谈情景"以及在此基础上展开的阿列克西的法律论证的程序理论一样，未完全理论化协议也为我们提供了一定的解决途径。未完全理论化协议是对如何以法律的统一性来面对社会多元化和合理分歧的问题以及对法律的这种一致性和统一性是在何种意义上以及何种层面上达成的问题的一种可能的答复路径。尽管未完全理论化协议与程序性的法律论证理论所关注取得"共识"的角度有所不同。

（一）未完全理论化协议——含义与意义

"未完全理论化的协议"由约翰·罗尔斯提出的"重叠共识"概念派生而来，罗尔斯在《正义论》中论述了未完全理论化协议这种新的思考问题的模式，在需要讨论中不能就理论的问题完全说服对方，但是在解决问题时却可以得到同样的解决方案。孙斯坦在《法律推理和政治冲突》一书中对"未完全理论化的协议"作了一个更为简明的描述：接受这一原则的人们无须赞同它在特定情形中的要求，[1] 此后，在《设计民主：论宪法的作用》一书中，孙斯坦选择了一个更为达意的阐述：接受该原则不需要对该原则在具体案件中的外延也表示认同。[2] 在联邦司法系统，未完全理论化的协议可能以两种不同的形式表现出来：对某个特定的事项形成合意，然而构成这些特定事项的基础却含糊不清，或是人们对此意见相左；或者对某个抽象的条文构成合意，但对其具体含义却含糊不清或意见相左。[3] 之所以称之为"未完全理论化的协议"，是因为协议只是对具体结果达成一致，对于解释这种结果的最一般理论却未能达成一致。

在此，我认为，未完全理论化协议就是指当人们不可能就一个问题的所有理解层面上都能达成共识的时候，我们把关注的焦点放在他们在对一个问题的不同深度的理解层面中的某一个层面上达成的一种共识性认识，

---

[1] ［美］凯斯·R·孙斯坦：《法律推理与政治冲突》，金朝武等译，法律出版社2004年版，第39页。

[2] ［美］凯斯·R·孙斯坦：《法律推理与政治冲突》，金朝武等译，法律出版社2004年版，第67页。

[3] ［美］凯斯·R·桑斯坦：《就事论事——美国最高法院的司法最低限度主义》，周武、泮伟江译，北京大学出版社2007年版，第23—24页。

以此为基础达成暂时的和解，并作出以此为基础的可能的制度性安排。而容忍他们在同一问题的其他层面上保持异议。

在实际的生活中，我们却总是不自觉地在一个未完全理论化的层面上彼此沟通、互相谅解、达成共识的。我们不一定出于一个同一的抽象的理由，但我们可以有同样的道德感。比如，不得杀人、不得盗窃、不得欺诈等等最底线的伦理认识，也就是富勒的所谓的义务的道德①，并将这些义务的道德纳入法律的规范和原则之中，构成法律的伦理基础和法律的认知起点。甚至即便是在相对抽象的同样的道德感问题上，我们取得了一致的认同，但在更具体的情境下，我们依然可以保有差异。也就是说在对一个基本问题的中心语意取得明确共识的情况下，对于其边缘性情形的意义保有差异或争议。这在某种程度上契合于哈特的所谓规则语言的开放性结构，这在某种程度上又是德沃金所谓的每个人不尽相同的政治道德准则使然。比如，我们知道谋杀是不对的，但对堕胎是否有错，是否属于谋杀却存在分歧；我们赞同种族平等，但在反歧视行动上，也就是采取什么样的反歧视措施以及反向歧视是否属于歧视等更具体的、更情境化的问题的认识上却意见不一；我们信仰自由，但对自由的边界或限度却有不同意见。

可见，对于任何个人或团体来说，将一个问题完全理论化并保持理论内在的一致性以及理论与实践之间的一致性，即既接受某个一般理论，又接受连接这一理论与具体结论的一系列步骤，这种情况很少见的。我们尊重原则、尊重规则，也同样尊重原则、规则适用或调整于其间的具体的情境。而正是这种原则、规则规划引领着我们生活的基本架构，而正是这种并不全然应合于原则、规则的具体的场景又在某种意义上构成了我们生活的切实的居所。因而，我们需要一种未完全理论化的协议来型塑我们的法律，来型塑我们的生活。人们在某个原则上达成协议与他们在特定情形中的分歧同时并存是一种普遍的法律和政治现象。② 可见，未完全理论化的

---

① ［美］富勒：《法律的道德性》，郑戈译，商务印书馆 2005 年版，第 8 页。
② ［美］凯斯·R·孙斯坦：《法律推理与政治冲突》，金朝武等译. 法律出版社 2004 年版，第 39 页。

协议在法律和社会中起着广泛的作用。我们无论是在生活中还是在法律中都常常会在某个一般原则上达成未完全理论化协议。

（二）未完全理论化协议的三个路向

按照未完全理论化的程度的深浅，也就是按照所达成的协议的理论化或原则性的层次的高低，未完全理论化协议可以再具体区分为三个基本的路向。

第一个路向是未完全具体化协议，这是一种高层次原则理论。也就是一般法律中尤其是宪法中所广泛包含的未完全具体化标准，即避免做出各种规范，而更强调原则的指引价值，至少在描述基本权利时是这样的。正如孙斯坦所认为的那样，"在许多情况下，正是由于这种现象，立法才成为可能"[1]。这里所说的未完全理论化协议是指接受某一原则的人们无须赞同它在所有特定情形中的要求。也就是"一般原则不决定具体情形"。第二个路向是中等层次原则理论，也就是，人们在某个中等层次的原则上取得一致意见，但在一般原理和特定案例两方面都存在分歧。这些形式的协议也未完全理论化，但其方式与第一种不同。比如，霍姆斯所提出的"明显的当前危险"这一自由原则的"限制原则"，就可以被认为是一种中等层次原则理论。根据这一中等原则，法官们可能认为，在言论自由问题上，除非政府能够证明当前存在明显危险，否则不能限制人们的言论自由。人们在且仅在这个问题上达成一致。至于在更抽象的关于这个原则是基于实用主义，还是基于康德哲学方面的考虑，以及在更具体地涉及政府控制某个组织成员的个别具体的言论方面是否被允许或是否恰当的问题则必须暂时给予回避，或给予操作者以合理的自由裁量。第三个路向是低层次的原则理论。人们用他们在范围狭窄的或低层次的原则上达成的协议来解释有关特定结果的未完全理论化协议。当然，必须再次申明这种区分仅仅是一种相对意义上的区分。"低层次的原则"是指相对事物，而非绝对

---

[1] ［美］凯斯·R·孙斯坦：《法律推理与政治冲突》，金朝武等译，法律出版社2004年版，第40页。

事物。当人们在某些相对高层次的主张上产生分歧时，若降低他们抽象的程度，也许能达成一致，正如，当人们在某个具体问题上有分歧时，适当提高争论的理论层次，也许会达成共识一样，它们强调的是两个未完全理论化的相同区间的不同运作向度。

（三）未完全理论化协议的两个倾向

1. 从低层次理论原则向高层次理论原则的理论共识

完全理论化协议的概念是由罗尔斯提出的，罗尔斯在《正义论》中论述了这种新的思考模式——未完全理论化协议，在需要讨论中不能就理论的问题完全说服对方，但是在解决问题时却可以得到同样的解决方案。"我们不必为证明正义观念的正当性而主张每个人不论其能力与欲望如何，都有保持其正义感的（按照善的弱理论规定的）充分根据。因为，我们的善取决于我们人格的种类。取决于我们所有的和所能够有的需要和欲望的种类。"① 这一新的思考模式与我们所熟悉的罗尔斯所提出的另一个概念"重叠共识"有着密切的联系。罗尔斯强调，宪法民主可能寻求在某些基本的政治原则上获得一种理性的重叠一致意见，这种所谓的重叠共识跟未完全理论化协议一样，试图在各种各样"综合性观点"面前带来稳定和社会一致。它是政治自由主义的一种表现与要求。政治自由主义的首要目标是保证各种不同观点彼此共存，保证全体公民都能合法地批准某些政治权力的行使。在提出重叠的一致意见这一概念的过程中，罗尔斯特别关注社会多样性问题以及使人们能够共同生活并在基本分歧中表现出一定互利和相互尊重的方法。这种观点在一定程度上促使人们达成未完全理论化的协议。社会多元化和合理分歧的问题使得这种协议成为非常值得人们期望的东西。罗尔斯更青睐于未完全理论化的高层向度。罗尔斯认为人们在许多具体或低层次方面不能取得一致意见，但他们会一致赞同政治上的抽象概念，并将这种一致意见用于政治目的。罗尔斯强调，当我们发现人们的意

---

① ［美］约翰·罗尔斯：《正义论》，何怀宏译，中国社会科学出版社 1988 年版，第580 页。

见不一致或观点混乱时，或者当"我们共同的政治认识……崩溃时"，我们会转向政治哲学并变得更加抽象。"当人们对更低层次的一般原则的认识崩溃时，抽象化是继续公开讨论的一种方式。我们应当对发现这种情况有所准备，即矛盾越深，我们就越应当提升到更高层次的抽象概念，以对其基础有个清晰、完整的认识。"① 这是未完全理论化协议的一个可能的倾向，从低层次理论原则上的分歧转向高层次理论原则上的理论共识。

在我们的法律生活中，许多问题都反映了这种高层次理论上一致而低层次理论上存有分歧的未完全理论化协议的思维模式。合宪论本身往往就是通过罗尔斯所强调的"人们可能由于在某些细节上不能达成一致而转向更抽象的概念"的相对高层原则的路向成为可能的，同时这种倾向的未完全理论化协议也给可能成为各种权利基础的许多具体规定留下了余地。比方说，在东欧和南非，人们对一些抽象的宪法条款——"言论自由""宗教自由"以及"法律面前人人平等"——的具体含义存在很大的分歧。公民赞同这些抽象概念，但他们对这些条款的实际含义存在很大分歧。这种分歧在社会变革时期表现得更为明显。正是通过这种未完全理论化协议为法律适用中的合理论辩提供一个公开的平台，法律在必要的民主论辩中逐渐得以明晰、完善、发展。同样，未完全理论化协议在某种意义上使立法本身成为可能。在涉及空气和水污染、职业安全与健康及广播规范等问题时，立法者在一般性的、未完全具体化的要求上意见一致——即调整应当是"合理的"，或者对调整应当提供"一定的安全幅度"。如果立法机关想使这些规定具体化——确定什么才算合理的规范——肯定会引起极大的争议和冲突，甚至相关的法律根本就无法通过了。②

2. 从高层次理论原则向低层次理论原则的理论共识

孙斯坦对相反的可能性更感兴趣，更关注从高层次理论原则上的分歧

---

① John Rawls , *Political Liberalism* , New York：Columbia University Press, 1993, pp. 43—46.

② ［美］凯斯·R·孙斯坦：《法律推理与政治冲突》，金朝武等译，法律出版社 2004年版，第 40 页。

转向低层次理论原则的理论共识。认为从法律上解决多元化问题的一个突出方法就是要在特例上取得一致意见。根据这种观点，常常受各种一般性原因困扰的人们，或者说，那些对这些原则意见不一的人们可能会在特定的案件上取得一致意见。

一个典型的案件就是发生在英国的麦克劳夫林诉奥布莱茵案（McLoughlin v. O'Brain）。在这个案子里，三个不同等级的法院在高层次的理论依据上存在严重的分歧，有了很激烈的"理论争议"。初审法院认为麦克劳夫林的案子和以前的判例的确不是类似的案子，可以相互区别的理由在于判例的关键事实中的"合理预见"。麦克劳夫林精神受刺激并不是发生在事故的现场，所以，对被告奥布莱茵来说是"不可合理预见的"；而在以前的案件中，对别人的精神刺激对被告来说是"可以合理预见的"。上诉法院则认为麦克劳夫林的案件和以前的判例的"相互区别"的理由不在于"是否可以合理预见"，而在于"政策"问题。即基于如下的考虑。第一，以往判例对精神伤害的赔偿责任设立了某些严格的限制条件，这是说，如果承认精神伤害赔偿的范围可以无限扩张，那么，就会刺激、鼓励各种与精神伤害赔偿有关的诉讼，使法院讼满为患，且使判决标准难以把握。第二，这反过来又会耽误真正在现场目睹事故而遭受精神伤害的案件的审理与赔偿。第三，赔偿范围的无限扩张也会让一些"试图利用法律的人"借助医生来假证自己实际上并不存在的精神伤害，来不公正地加重被告的赔偿负担。这样最终还会增加社会责任保险的成本，使驾驶车辆的成本上涨，使经济上拮据的人没有办法支付此成本，最终使经济发展颇为依赖的交通等技术，反倒成了阻碍经济发展的因素。英国上议院（有时从事其他国家最高法院从事的事情）的大法官们也提出了不同的"相互区别"的理由，反驳了"政策"问题方面的理论见解。① 但在具体的案件判决结果上三个部门的观点却是一致的，都认为麦克劳夫林不能获得赔偿。

当我们在相对抽象的原则上意见不一致时，转向更低层次的一般原则

---

① 刘星：《西方法律思想导论》，法律出版社 2007 年版，第 147—150 页。

反而可能达成一致。司法争论在很大程度上与各种既定的法规有关，这些法规大部分都是未完全理论化的。实际上，这也是法规尤其是具体化的法规的主要优点之一，"法规的主要社会作用就是允许人们在许多其他方面意见不一致的情况下，对意思、职权以及适用的法规的完备性方面达成一致意见"①。它使法律适用有案可缉，在某种程度上限制了抽象争论的内耗。当然，在疑难案件中，某种程度的理论之争也是不可避免的。

法治原则在某种意义上也反映了未完全理论化协议的要求。由于法律制度涉及的是法治而不是人治，法治的首要目的就是要对某些深层次的真善观念的禁区进行调整，尽管各种抽象的高层次观点是立法过程中民主论辩的一个重要组成部分。而在法律适用尤其是司法过程中强调反对高层次理论的假设就是要在进行自由裁量权的时候对其加以限制和引导。因为，某种深奥的理论可能要求进行大规模的社会变革，而法院很难实行这样的改革。当法院引用一种深奥的理论作为设为变革的理由时，它们无法成功的原因仅仅是由于它们缺乏为自身带来变革的手段。② 在这个意义上，未完全理论化协议与司法克制主义以及司法克制主义所要求的"法治反对过分解释"③ 原则是有着很强的意义勾连的。

（四）中层形态的未完全理论化协议的立法技术表达及其意义

不仅法治原则的宏大架构在某种意义上体现了未完全理论化协议的要求，同样在相对微观的法的运行的层面上，例如在法的制定问题上，我们也常常能看到未完全理论化协议的存在与表达。这就是法律中的例示规定，即法律规则中处于列举规定与概括规定之间的过渡形式的"例示规定"。"立法者在面对欲调整的事项难以穷尽时，先列举几个典型事项，再连缀组词'等'或代词'其他'，最后加上抽象的上位概念以作全面涵盖

---

① ［美］凯斯·R·孙斯坦：《法律推理与政治冲突》，金朝武等译，法律出版社2004年版，第42页。

② ［美］凯斯·R·孙斯坦：《法律推理与政治冲突》，金朝武等译，法律出版社2004年版，第51—52页。

③ 陈金钊：《法治反对解释的原则》，载《法律科学》2007年第3期，第25—33页。

的法条形式。"① 这种中层形态的未完全理论化协议的立法技术表达，正是一定范围内达成的"立法共识"的成果化表达。

在制定法中，存在着大量的以"其他"或"等"为标识语的例示规定，对此，学者们多从各自所研究之部门法之立法技术角度或法理学角度就例示规定在法的要素中的定位进行过不同的观察和把握，就此大致形成了两种主要观点，其一是法律概念说，其二是法律规则说。

就法律概念说而言，又分为两脉，一脉是以杨仁寿、孙潮等人为代表的不确定法律概念说。杨仁寿指出，与民法上的重大事由、显失公平、相当期间或相当数额等一样，刑法上的"以其他非法方法""以他法""其他相类情形"也属于不确定法律概念。② 孙潮同样也认为，"其他"与"情节严重""严重危险""数额巨大"无异，都属于模糊词语。③ 沿着以上将法律中的例示规定看作"不确定法律概念"的进路，国内一些刑法学者，如张庆旭，对刑法典中的"其他""等"的分布、使用状况作过实证研究。④ 另一脉是以郑玉波、罗传贤为代表的接近于法律规则的法律概念说，认为例示规定虽属于一种广义的定义方法，但更是一种法条形式，它也被称为例示概括型法条或列举概括型法条，系先将所欲说的事项举若干例子，然后再加上概括文句的法条。⑤ 对于此种观点，有学者高度赞同，并在此基础上对例示规定的构成及其价值进行了深入的法理学角度的挖掘，认为，在价值上，例示规定这一立法技术，是解决有限的法律规定与无限的社会生活之间矛盾，补救立法缺陷之重要手段；在形式上除例外情形，例示规定的主要标识词语是"其他"与"等"；在属性上，例示规定具有法律概念的属性，但主要是一种法律规则。因为"等""其他"是指

---

① 刘风景：《例示规定的法理与创制》载《中国社会科学》2009 年第 4 期，第 95 页。
② 杨仁寿：《法学方法论》，中国政法大学出版社 1999 年版，第 135—136 页。
③ 孙潮：《立法技术学》，浙江人民出版社 1993 年版，第 72 页。
④ 参见张庆旭：《刑法中"其他"及"等"略考》，载《中国刑事法杂志》2001 年第 2 期；陈兴良主编：《刑法方法论研究》，清华大学出版社 2006 年版，第 86 页。
⑤ 郑玉波：《法谚（一）》，法律出版社 2007 年版，第 221 页；罗传贤：《立法程序与技术》，五南图书出版有限公司 1997 年版，第 174 页。

代一定事项的概念，但它的内涵和外延都不明确，可以说属于不确定法律概念。但这类不确定概念又和我们通常所说的"公共利益""善良风俗""必要注意"之类不确定法律概念有所不同。因为虽说"公共利益""善良风俗""必要注意"等这类不确定法律概念的外延、内涵相对不确定，但它们有着大致的语义范围，即使脱离语境也有其相对独立的意义，而"等""其他"自身所包含的信息却极其有限，模糊度更大，不能单独使用，必须与法条中列举的典型事项、抽象的上位概念结合起来，置于法律条文之中才有意义。在这个意义上，将例示规定归于法律规则的范畴，可能更准确些。①

其二是以黄茂荣等为代表的法律规则说。黄茂荣指出，立法时遇到欲调整的事项难于穷尽但又不愿挂一漏万地加以规定之难题时，立法者通常在作适当的例示后，紧接着用概括规定穷尽涵盖的法条。②

就上述关于例示规定在法的要素中的定位而言，基于法律适用中"类型化思维"较之于"概念化思维"的比较优势，我更倾向于法律规则说或至少是接近于法律规则的法律概念说。法典中使用的很多概念初看上去似乎界定得很清楚，这些概念也的确具有一个可以精确表示的、坚固的"核心层"，但事实上，这个明确的内核外还存在着一个无法用固定的构成要件予以清晰定义，只能以一种游离状的非固定的过渡形式以例示性的"类型"化结合不同的语境来确定的模糊的边缘区。③ 与概念化思维相比，经由类型化思维，借助"例示规定"所达成的中层形态的未完全化理论协议基于其"抽象程度上的具体与概括的统一、事项归属上的明确与模糊的统一、调整范围上的封闭与开放的统一"④ 的类型化特征，更容易达成法律共识，这种相对粗线条的法律共识从立法角度看，协调了中央和地方立法

---

① 刘风景：《例示规定的法理与创制》，载《中国社会科学》2009 年第 4 期，94—95 页。

② 黄茂荣：《法学方法与现代民法》（第 5 版），法律出版社 2007 年版，第 191 页。

③ ［德］卡尔·拉伦茨：《德国民法通论》（上），王晓晔等译，法律出版社 2003 年版，第 35 页。

④ 刘风景：《例示规定的法理与创制》，载《中国社会科学》2009 年第 4 期，第 97 页。

关系，助成大事集中、小事分权的立法体制，塑造宽严有度、灵活因应的立法模式。

在此，我们若从权利推定的角度看，无论这种法律中的例示规定的法的要素属性如何，无论是法律实践中的"概念化思维"还是"类型化思维"，法律中的例示规定都为权利推定预留了空间，进而为权利发展预留了空间。

基于这种例示规定而进行的权利推定在司法实践中有很多具体的例子。例如著名的"王蒙等诉世纪互联通讯技术有限公司案"就是一个基于以"等"为标识词的例示规定而进行权利推定的范例。① 当时该案的争点在于：第一，数字化作品的性质；第二，网络传播这一方式是否属于作品的使用方式。网络的迅猛发展必然会带来权益纠纷，这一特殊形式，是法律所无法预见的，但根据《著作权法》的立法精神，数字化作品与原始作品只是载体上有所区别，其在"独创性"和"可复制性"上并无差别，同样应属于作品保护的范围，而在作品的使用方式上，法条列举了12种使用方式，即复制、表演、播放、展览、发行、摄制电影、电视、录像、改编、翻译、注释、编辑等，只是列举而无穷尽，对于网络这一新的传播方式，自然应该归入到作品的使用方式之中，而且随着网络的发展，这一传播途径变得越来越重要。法官基于这一例示规定及其背后的法律精神这一基础的制度性事实出发，结合社会、经济、文化的发展之又一基础性事实恰当运用权利推定，以法律解释的方式揭示了当下法条中的"等"字的真实含义，认为"网络传输权"是著作权的一项权能，依法保护文字作品的网络传播权，不是扩大解释，而是完全符合著作权法的立法精神的，是对法律中隐含的权利意义的揭示。这一案例也因此成为中国知识产权法领域的经典案例，倍受国内学者的好评。最高法院在2000年的司法解释中也确认了这一案件的结论。2000年10月，全国人大常委会通过颁布新修改的著作权法吸纳了最高人民法院司法解释的基本内容，明确规定网络传播权

---

① 李国光：《网络环境下的权利博弈》，人民法院报2010年2月5日。

也是作品作者等著作权人的一项权利。

法律中的例示规定通过为权利推定预留空间，彰显着扩张权利、限制权力的法治精神。正如有的学者指出的那样，在立法技术的选择上，有关公民权利的立法可适当选择"等""其他"，以拓展权利的"法内空间"；而有关国家权力的立法应谨慎使用"等""其他"，以防止权力的不当扩张。① 例示规定设置上的这种价值取向正是与后文将要谈到的私权利上的"法不禁止即自由"的权利推定与公权力上的"法不授权即禁止"的义务推定相一致的。

法治的精髓就是保障公民权利，限制国家权力。因法律调整对象是权利或权力之不同，立法的价值目标也存有明显的差异。在权利领域，法治原则"不仅鼓励提倡法律原则及其运用的明确性、程序性和可预测性，而且主张在法律中确立新的权利或扩大原有的权利范围，以扩大全体公民追求目标合理的自由"②。凡涉及公民与法人的权利时，对其行使权利所加的限制应放宽，只以不损及国家、社会和他人的利益和权利为度；对权利的外延要宽，涉及的范围要留有余地，要有高度的概括性。总之，要给权利多留下一些"法内空间"，以便为权利主体保留某些剩余权利和日后增补新生的权利或漏列的权利。这就要求立法者、司法者以及广大的法律实践的参与者应当根据不同时期的具体条件，以确认和体现人的全面发展和人权不断拓展为出发点，及时在法律实践中进行恰当的权利推定。在此背景下，有关权利的立法适当地选择"等""其他"，可为预留权利推定空间，拓展公民权利的空间开辟畅通的法内渠道。

（五）未完全理论化协议与权利推定

未完全理论化协议理论本身为权利推定提供了一种新的理论解释，而作为中层形态的未完全理论化协议在法律中的立法表现的"例示规定"则

---

① 刘风景：《例示规定的法理与创制》，载《中国社会科学》2009 年第 4 期，第 100 页。

② ［英］罗杰·科特威尔：《法律社会学导论》，潘大松等译，华夏出版社 1989 年版，第 203 页。

为权利推定预留了足够的空间，促进法律的发展，权利的演进，丰富着权利的内涵，扩展着权利的外延。同时，未完全理论化协议也为权利推定提供了一种按未完全理论化协议所提示的思路进行权利推定的可能性，为权利推定中主体之间的多元互动和权利推定共识提供了新思路。既然我们可以按照未完全理论化协议所提供的共识思路进行法律的制定，同样，在法律实践中，进行权利推定的时候，我们也可以采用未完全理论化协议的思路，针对一种推定的权利，我们可能从不同的角度进行推定，我们可以在推定的依据和路径上不完全相同，只要我们都能认定这种推定的权利是可以推定出来的。你可能从权利义务一致性的角度推定，他可能从权利与权利的关联性角度推定，我可能从法律原则与法律目的等角度推定，我们可能在具体的推定路径上存在差异，但只要我们都认可这种推定权利本身，那么在权利推定中，我们就可以达成从高层次理论原则向低层次理论原则的权利推定共识。当然，我们也可能在权利推定这个问题上有时会采取在高层次理论上一致而低层次理论上存有分歧的未完全理论化协议的思维模式，我们可能都认同权利推定这种法律思维与法律技术，但在具体的权利推定的主体、范围等具体问题上存有争议。

二、权利推定的规范支撑：基于宪法条款的解读

（一）宪法未列举权利保护条款与权利推定

在宪法文本中明确规定"宪法上未列举基本权利"保护条款的国家中，其条款不仅表现了一种政治道德和政治原理，它同时具有独立的权利条款价值，可从权利源泉中提炼所需要的新权利，客观上起到限制公共权力的功能。作为一种权利源泉，它不断提供能够满足社会主体权利需求的根据与类型。

在1965年格里斯沃德诉康涅狄格州案（Griswold V. Connecticut）中，美国最高法院首次提出了宪法上的隐私权概念，判决已经结婚的夫妇，享有避孕的权利。在1973年著名的罗伊诉韦德案（Roe V. Wade）中，最高

法院作出了具有历史性意义的判决：宪法中存在隐私权，因此堕胎是合法行为。在2003年的劳伦斯诉德克萨斯州案（Lawrence V. Texas）中，美国最高法院推翻了鲍威尔斯诉哈德维案（Bowers V. Hardwick），认为德州刑法惩罚同性恋之间的肛交行为，侵犯了第十四修正案的正当程序条款所保护的重要自由与隐私权。这些宪法并没有直接规定的所谓的"新"权利实际上就是司法者基于对社会变化的深刻认识，基于对权利问题的深刻理解、对推定权利与法律这一基础的制度性事实之间的法律自创生系统内部的关联以及推定权利与社会、经济、文化、法律的发展之又一基础性事实之间的法律自创生系统外部的关联的认识，运用他们的职业智慧进行的一次创造性系数较大的"权利推定"的结果。

上述赞成司法官的这种推定新权利的做法主要基于以下的认识：首先，基本权利是历史的产物，而非宪法的产物。权利推定之"新"权利的认可与保护是对历史发展的尊重，是对人权的尊重。基本权利为宪法所保障并不意味着基本权利的存在与否要依赖于宪法文本的记载。准确地说，基本权利并不是宪法的发明或是宪法的授权，而是历史的产物。基本权利是基本权利观念发展到一定阶段的产物。资产阶级革命时期欧洲政治思潮的传播和影响，促成了基本权利观念的形成。当时欧洲资产阶级思想家为了对抗君主权力的扩张，对统治权的正当性与限制的问题进行了反思，提出了众多的理论。其中最有影响力的有社会契约说、人民主权说与权力分立等理论。通过这些思潮的广泛传播和积极影响，人们逐渐认识到：国家权力是受限制的，基本权利具有自然法的属性，不受国家干预。因此，从很大程度上讲，基本权利是历史的产物，它是人类社会反抗压迫争取权利斗争的经验总结。基本权利的产生与发展有其自身独特的生命力，并不依存于宪法。

其次，推定权利之存在的客观社会基础是权利推定之深刻依据。基本权利的产生与发展依赖于客观的社会基础。但是，人类的认识能力是有限的，不可能掌握全部的社会、经济和文化等要素，并从中抽象出全部的基本权利；人类的立法能力和立法技术也是有限的，不可能将对基本权利的理解全部转化为规范。因此,作为记载基本权利的宪法文本,注定不可能列举全部既存的基本权利。这就需要权利推定来认识和保护这些被逐步发现的权利。

(二)我国宪法的人权保护条款与权利推定

1. 人权保护条款的性质

我国宪法对基本权利采取列举主义原则,2004 年宪法修正案之前在文本中没有规定"未列举基本权利"如何保护的内容,未列举基本权利是否存在以及如何保护等问题。2004 年,"国家尊重和保护人权"的条款入宪后,该条款是宪法权利规范还是宪法权利原则,其能否起到类似于美国宪法修正案第 9 条的功能问题,开始成为社会关注的焦点。

(1)结构主义视角下"人权保护条款"的性质分析

从"人权保护条款"所"嵌入"的宪法规范体系来看,"人权保护条款"是第 33 条的第 3 款,位列"公民的基本权利和义务"章节之首。第 33 条第 1 款是享有基本权利的主体,第 2 款是具体的宪法平等权。第 34 条及以下则为具体的宪法权利与义务。顺着这个逻辑,将宪法第 33 条第 3 款中规定的"人权"视为一种具体的宪法权利的观点,从形式上和逻辑上似乎是恰当的。但将其视为宪法权利原则似乎也说得通。因为,一般而言,某一章节的第一条会对该部分起一个引领作用,统率该部分的内容并对该部分有一个概括。所以,将该条视为对本章权利义务的导引原则似乎也可成立,因为该条的第 1 款和第 4 款都是统领整章的。而该条第 3 款关于平等权的规定则更强调其形式属性。在进行权利主张时,它本身要结合实质性条款、填充实质内容才能发挥作用,因此也可将其视为宪法原则。这样,相对于第 34 条及以下实质性的宪法权利义务,人权保护条款和平等权,都可以看作是宪法原则而非具体的宪法权利。

从中国法文化背景这一更大的历史文化结构角度来审视"人权保护条款",尽管人权概念有着浓重的西方法文化色彩,但从功能比较的角度来看,对"天人合一"的追求,关于"人之作为人的要求和尊严……,是内在于每个人自身，是人之天性、民之本性"的表述，① 也从一个侧面反映了中国事实上有着以自己的语言表述而功能上与西方自然法相似的自然法，相应地也就有了自然权利。这就使中国的人权学理意义上有了一种基于本性而先于国家、不可让与和侵犯的性质。而宪法规范中的"人权条款"，则具有了实证法与自然法的双重属性。之所以说它具有实证法属性，是因为它已经以一种最高法律规范的形式出现在宪法条文中；而说它具有自然法属性，则是因为在中国法文化背景下它具有超越实证法、评价实证法、维护作为宪法权利的核心——人性尊严——的特点。因此，"人权条款"此时具有了作为宪法具体权利的总括与成为宪法基本原则和价值的功能。

从当前中国现实社会结构角度来审视"人权保护条款"，从宪法规范的修正中可见中国社会变迁之缩影。宪法修正案第 3、4、18、19 条、第 6 至 9 条和 20 至 22 条、第 23 条、第 13、17、24 条依次分别体现了执政基础的巩固、市场经济的转型、以民生保障为核心的社会保障、国家治国方略的转变以及对"人权"的肯认。因此，"国家尊重和保障人权"这一特定表述方式的"人权条款"意蕴丰富，具备了宪法原则的特点。② 其中，"尊重"是对公民消极权利的肯定，"保障"是对公民积极权利的肯定，二者内容和范围广阔，基本上涵盖了我国宪法第 34 条以下诸多的具体宪法权利内容。

（2）"人权保护条款"与"宪法未列举权利保护条款"的差异

从价值理念上，我国的人权条款与其他国家未列举权利的保护规范在价值取向上是相同的，但在存在形式与效力等方面存在区别。我国的人权条款更侧重于表明宪法原则的意义；人权本身是不确定的概念，在宪法文本中以综合的价值形态来出现，难以成为提炼新的基本权利的直接基础；人权虽写在宪法文本中，但与基本权利价值的互换仍需要长期的过程，需

---

① 夏勇：《中国民权哲学》，三联书店 2004 年版，第 49 页。
② 张薇薇：《"人权条款"：宪法未列举权利的"安身之所"》，载《法学评论》2011 年第 1 期，第 11—13 页。

要从理念与实践角度建立人权宪法化的机制。另外，宪法还没有进入诉讼领域的情况下，人权条款发挥功能的空间也受到一定限制。

2. 基于人权保护条款的权利推定

尽管如此，无可争议的是，这一条款的设置意味着我国人权体系由封闭变为开放，权利推定在我国有了更明确的宪法规范支持。这一条款可以视为司法上的权利推定条款，一方面，它以规范化的形式认可"宪法规定之外还有基本人权"的人权理念。即，法律上明示的权利是一类，在法律上没有明示的权利是另一类；在法律明示的范围之外，公民还有大量的自由和权利。所以权利即使没有法律的明示，司法也应当给予保护和救济。另一方面，这一条款预示着司法权负有一种对公民的权利予以推定的义务。这也使得司法中的权利推定成为司法权行使的一个重要的环节，为司法中的权利推定提供了强大的制度与规范支撑。

正是基于对人权保护条款的上述认知，当我们理解宪法中的权利，进而理解以宪法为依据的基本法律以及基本法律之外的法律以及林林总总的各个层级的规范性法律文件的权利规定的时候，应该或必须采取一种开放的视野，运用权利推定，揭示权利规定的内容。权利推定就是建立在"列举不意味着排除"这一对基本权利条款开放性的认识基础上的，权利推定就是建立在"人权入宪"这一体现"列举不意味着排除"这种对基本权利条款开放性认识成果的制度与规范基础上的。

权利有着不同的层次、不同的形态，其中具有母体性的权利则构成基本权利。公民的基本权利是一个国家中权利体系基础。世界各国一般都以宪法规范的形式对公民的基本权利予以确认和表述，并加以保障和实施。当代中国宪法结构体系上的一个深刻变化就是突出了公民的基本权利，宪法对公民基本权利的确认和保障，构成了整个宪法体系的一个重要核心。宪法创设有关国家制度、国家机构、其终极的价值取向也就是维护协调并实现公民的基本权利。

我国宪法文本对基本权利采用的是一种列举的方式。那么是不是宪法文本没有列举的基本权利就不是基本权利，或就不是权利了吗？基本权利是一个封闭的体系还是一个开放的体系，如果是一个开放的体系的话，是否可以通过权利推定的方式，肯定这些未列举的基本权利的存在和价值，并予以合理的保护呢？

从学理上讲，基本权利中的"基本"一词是一个不确定的概念，其内容的确定方式和内容本身带有很强的时代印记。"一代人认为是基本权利的东西，另一代人（可能会）认为是对立法权的不适当的限制。"①

从基本权利的历史发展来看，基本权利的清单一直在不断地扩充。在近代宪法所列举的基本权利中，多为财产权、人身权这样的自由权。到了1919年魏玛宪法以后，各国的宪法文本中开始大量出现社会经济权利。而在第二次世界大战以后，通过战争的教训人们普遍认识到，基本权利在社会生活中的重要价值，将尊重人权、追求和平的价值观提升到前所未有的高度。适应这一变化，战后形成的宪法文本中关于基本权利的规定便得到进一步扩大，体系更加庞大。从宪法文本对基本权利规定的这些变化中，可以看出，基本权利从来就是一个不断发展的体系。社会现实需要的变化，促使基本权利向前发展。

因此，无论是基于对基本权利发展的历史考察，还是基于对基本权利的学理性认识。我们都认为宪法中所规定的基本权利并不应该是一个封闭的体系，而应该呈现出一种开放的面向。

当然，由于权利义务的关联性和对应性，由于权利是实施和保障是有成本的，在进行权利推定的时候，尤其是进行基本权利推定的时候，基本权利是指向国家公权力机关的一种权利，基本权利的存在同时就意味着国家义务（责任）的承担。如何确定推定的基本权利的范围，由谁最终确定认可推定的基本权利是一个不可忽视的问题。推定主体和范围过于宽泛，势必使宪法外之"基本权利"呈现出一种泛化的状态，最终会加重国家的负担。因此，我们在权利推定的时候也必须意识到如下问题，一方面，我们需要不断去承认新的权利以应对环境的变化以及对人的尊严的威胁的变

---

① ［英］詹宁斯：《法与宪法》，龚祥瑞等译，三联书店1997年版，第178页。

化。另一方面，无谓的人权扩展又是引起人权的真正思想贬值的危险，会逐步地削弱所有人权，二者之间存在一种深刻悖论。① 因此，纵观各国在基本权利推定问题上，一方面承认宪法文本外之"基本权利"的现实存在，另一方面对该类未明定于宪法文本的"基本权利"的推定又持非常谨慎的态度。在具体操作上，一般严格限定为只有宪法裁判机关才拥有对该类"基本权利"的推定认可权，宪法裁判机关为了维持自身所作裁决的正统性往往通过对宪法文本这一基础事实的挖掘从而推定、塑造该种"基本权利"的正当性。

---

① ［美］杰克·唐纳利：《普遍人权理论与实践》，王浦劬等译，中国社会科学出版社2001年版，第187页。

第四章

权利推定的主体多元性考量

权利推定的主体不应该是单一的，而是多元互动的。本章节从三种研究路径展开对权利推定主体问题的考量，均认为权利推定的主体包括一切参与权利实践的社会主体。不同的主体在不同的层面或不同的时间上介入到权利推定完整过程的不同阶段中，承担着不同的推定角色和任务，通过权利推定主体的多元互动，共同推动权利推定，共同促成了最终以法律文件的形式表达或表明的推定权利。

一、基于主体内在规定性与外在制约性理论的考量

舒炜光教授认为，主体之所以成为主体有两个条件，一是主体只有在与客体能区分开的时候，才能独立出现，二是主体必有主观性，否则便不成其为主体。① 权利推定的主体是具有一定的权利推定能力并从事权利认知和权利实践活动的人。主体作为法律权利思维活动的承担者必须具有一定的权利推定能力。这是主观性或自我意识方面的规定性。权利推定能力是一种综合素质，它要求对法律权利有总体性的认识。由于法律权利具有实践性，因而这种总体性的认识离不开法律实践。因此，权利推定的主体必须参与权利实践活动。仅有权利推定能力的人只是权利推定的可能主体，而欲成为权利推定的现实主体则必须从事法律权利实践活动。这种法

---

① 舒炜光：《科学认识论的总体设计》，吉林人民出版社 1993 年版，第 178 页。

律权利实践活动包括立法、行政、司法、法律监督、守法等各个法律权利
生成的法律实践环节。因此，发生在各个法律实践环节中的权利推定也就
有了与之对应的权利推定主体。

　　同时，权利推定的主体不是生活在真空中的，而是处在特定社会形态
的复杂的社会关系中的。社会政治、经济、文化、道德、宗教等社会因素
都会对权利推定主体产生影响。因此，在对权利推定主体进行认识论考察
之外，还必须考察社会环境对权利推定主体的影响。这形成了权利推定主
体的权利推定特性与差异。权利推定主体是不同的利益主体。不同利益主
体"法律思维的观点形成于人们在法律制度中所扮演的各种角色"①。所
以，法律实践中的权利推定的不同主体有其各自的特点。一般来说，普通
民众的权利思维具有利己性、直接性的特点，与法官中立性的、律师代理
性的、立法者公共性的和法律学者学术性的权利思维活动在特征上不同。②

　　在权利推定之现实性和推定结果之有效性的意义上，权利推定主体的
确立还必须考虑特定的社会制度和法律制度对权利推定主体之资格正当性
的要求以及该特定制度下权利推定所处之具体法律实践环节所具有的不同
特点。在可能性与现实性的双重考虑下，我认为权利推定的主体应该包括
事实上也包括普通民众、立法机关、行政机关、司法机关等一切参与权利
实践的社会主体。它们在不同的层面或不同的时间上介入到权利推定完整
过程的不同阶段中，承担着不同的推定角色和任务，共同促成着权利推
定，共同促成了最终以有法律效力的法律文件的形式表达或表明的推定权
利。因为，权利推定实际上是一种对法律外部诸要素与法律权利以及法律
内部要素和法律权利之间的一种关系性思考，因而也是一种关于法律的或
法律的思考。而"生活在一个法律制度下的任何人都不能逃避做一些法律
思考"③，因而，普通民众在具体的权利实践的场域中，比如在守法或因为
纠纷提起法律诉讼中，都把权利，不仅仅包括法律明确规定的权利，而且

---

① William Read, *Legal Thinking*, University of Pennsylvania Press, 1986, p. 10.
② 张保生:《法律推理的理论与方法》，中国政法大学出版社 2000 年版，第 173—174
　　页。
③ William Read, *Legal Thinking*, University of Pennsylvania Press, 1986, p. 1, p. 10.

同时也包括根据法律的原则、精神，以及相应的义务规范或责任性规定进行权利推定而得出的推定性权利或揭示出的隐含权利，作为其行为的根据来调整或规划生活，作为其权利请求的理论和法律认识根据。正是民众的这种扩展性的权利认识，也有助于在日常生活中对他人权利的尊重。防止对他人之隐含法律权利的侵犯。培养一种基于对法律整体性认识和法律精神之把握基础上的良善的权利意识和守法精神。①

所以，我认为，权利推定中民众的主体性参与，尤其是利益相关主体的参与，通常表现为在诉讼中提出的种种"新兴权利诉求"，不等于权利泛化②，反而能促进民众对权利的整体性关注和正确的权利意识的提升，因而是很必要的。首先，权利推定中的民众的参与恰恰是要在正当法律程序中经过理性论辩展开的，因此立基于权利推定基础上的新兴权利诉求并非是毫无理性的非法诉求，更不是要规避法律程序。其次，即使是认为权利推定中民众的参与或者更进一步的权利推定本身会导致或将其等同于权利泛化，但也不能笼统地说"权利泛化是坏的"，进而权利推定中的民众参与或权利推定本身是有害的。对于权利泛化的指责理论上能否成立，需要认真分析。具体说来，对于权利泛化的指责主要有如下四项：一是权利泛化会导致权利的"通货膨胀"，进而降低权利重要性；二是权利泛化会导致成本无敷支出以及阻碍共同善或公共利益的落实的负面效应；三是权利泛化会扩张国家权力；四是权利泛化会严重侵蚀道德体系。③ 针对这些

---

①　这种良善的权利意识和守法精神的一个重要的组成部分就是，民众作为权利推定主体对自己的隐含权利的推定与主张是以承认和尊重他人的隐含权利的意识为媒介的。同样，他人隐含权利的承认和尊重是以自己固有的隐含权利通过权利推定得到确立为媒介的。对自己推定权利的主张和与此不可分割的对他人推定权利的承认和尊重构成了完整意义上的现代权利意识和守法精神。参见［日］川岛武宜：《现代化与法》，申政武等译，中国政法大学出版社2004年版，第67—73页。

②　权利泛化，指的是对法定权利的泛化，即泛化者将一些自然权利或法定权利以外的得受法律保护的一些正当利益，未经法定程序，扩大、推广到法定权利形态，以法定权利的救济方式来寻求救济的现象。参见唐先锋：《试析国内"权利泛化"现象》，载《人大研究》2004年第7期，第37页。

③　参见汪太贤：《权利泛化与权利人的现代生存》，《法学研究》2014年第1期；陈林林：《反思中国法治进程中的权利泛化》，《法学研究》2014年第1期，等等。

指责，有学者从如下几个方面予以了反驳。一是针对权利泛化"通货膨胀"命题，指出其针对的是权利的内容而不是权利断言本身，因此实践意义有限。二是针对权利泛化"成本无敷"命题，从道德权利与法律权利的区分，从法律权利中消极权利与积极权利的区分以及法律权利的"宣告性意义"角度予以了反驳。三是针对权利泛化之公共利益论证进行了道德反驳，从个人的道德地位，来自道德律令的非指向性义务与道德权利（指向性义务）一起构成道德的内容角度，回应了权利泛化会严重侵蚀道德体系的指责。四是从权利在公共论辩中所拥有的独特规范力角度，运用权利的"门槛理论"对权利泛化之公共利益论证进行了政治反驳。①

二、基于权利推定主体资格确证理论的考量

尽管在可能性与现实性的双重考虑下，我认为权利推定的主体应该包括事实上也包括普通民众、立法机关、行政机关、司法机关等一切参与权利实践的社会主体。但是，因为权利推定是一个兼具一定程度的权利创造性和一定程度的权利适用性的权利实践活动。所以，关于权利推定主体资格之确立问题往往容易产生一些争议，这主要体现在如下两个方面。一方面，正是由于其所具有的创造性因素，使得虽然事实上在进行着应然性的权利推定但主要是作为法律适用机关而存在的司法机关是否有资格作为应然性权利推定的主体，仍成为一个有争议的问题。另一方面，因为权利推定也是一个法律技艺问题，对法律的整体性认识是权利推定的一个立足点，所以，权利推定的法律技术与法律素养的要求使得普通民众是否有资格胜任权利推定的主体也面临着同样的争议。

我认为，对司法机关是否适合作为应然性权利推定主体的争论以及是否应该将普通民众纳入权利推定主体之中的争议主要是基于对主体资格之证成路径的一元考虑。即只考虑了主体的制度性资格，而忽视了司法机关作为权利推定主体在技术性资格上所具有的优势；只考虑了民众的技术性资格，而忽视了普通民众作为权利推定主体对于权利实践的推动力量和其

---

① 参见陈景辉：《回应"权利泛化"的挑战》，载《法商研究》2019 年第 3 期。

所滋生出的权利推定的合法性基础。

事实上，权利推定主体资格之确定有两种可能的考虑途径。一是权利推定主体的技术性资格，一是权利推定主体的制度性资格。① 前者是指权利推定主体可能因为具有技术上的特殊本领而拥有权利推定的资格，这是一种以能力来证成资格的方式，后者是指权利推定的主体也可能因为其本身的制度性属性而拥有某种权利推定的资格，这是一种以资格证成资格的方式。当然这两种主体资格的区分并不是绝对的，往往有些权利推定的主体是可以同时从这两个资格证成方面来论证其作为权利推定主体的正当性的。由于作为法律权利实践组成部分的权利推定过程是一个多主体共同介入、彼此商讨，从而对权利之间的关联性以及推定权利与其他作为权利推定之出发点的法律义务、法律原则、法律规则、法律概念等因素之间的关系进行揭示与确认的动态过程，所以，我认为，主体的多元性确保了资格方面的互补，只要具备上述两种资格之一的任何主体都有资格作为权利推定的主体进行权利推定。

（一）司法机关权利推定主体资格的确定问题

在民主社会里，权利推定主体确认之制度性资格的最突出表征就是与权利相关的立法及权利保护之民主性和人民性。从制度性资格角度来看，立法机关当然可以通过立法解释的方式来进行权利推定，揭示隐含权利，明晰模糊权利，甚至可以根据社会情势的发展进行应有权利推定。由于立法机关创制法律之资格有一种明确的制度性规定，所以，作为权利推定主体，立法机关可以通过立法解释的方式推定权利，并将推定的权利以法律解释的方式明确化。立法机关作为权利推定主体，其进行权利推定的方式和推定的范围相对都有较大的空间。

因为权利推定是现代民主社会制度下的产物，权利推定是民主社会人民权利拓展和权利保护的一种重要方式。所以在民主社会制度下，我认为，至少从理论上讲，广大人民群众应该能够参与到权利推定中去。当

---

① 参见［美］盖多·卡拉布雷西：《制定法时代的普通法》，周林刚等译，北京大学出版社 2006 年版，第 94 页。

然，一方面，这种参与是通过立法解释的间接性参与，即在以立法解释为表达方式的权利推定中，必须反映人民的意图，维护广大人民群众的利益，合理规范利益界限问题。另一方面，这种参与就是在具体个案中，通过案件当事人提出关于推定权利的权利诉求以及对此进行必要的论辩来直接参与一个具体的权利推定过程。

因此，在制度性资格问题上，权利推定，尤其是应然的法定权利推定，即创造性和价值衡量所占分量相对较大的权利推定是否能够由司法机关通过司法解释或在具体案件中通过法律适用而变相进行则与司法的民主性问题相关。这个问题，在西方国家尤为明显。相应地，关于司法机关是否有资格作为权利推定的主体进行实际上具有某种程度的权利创造性的权利推定的问题，历来有两种不同的观点。

一种观点认为司法机关不适合作为权利推定，尤其是倍受争议的应然性权利推定的主体。① 因为，这种权利推定实际上是在法律空缺处设立权利。而司法的基本职能是法律适用，而不是法律创造。承认司法机关作为应然性权利推定的主体有违于权力分立的政治结构和制衡机制，因此也就是不恰当的。如果承认了司法造法的正当性，则司法机关可能将由最不危险的部门变为危险的部门。这种观点实质上是对司法造法以及司法中应然权利推定中之创造性的正当性进行多角度的追问。即，首先，在民主体制中，法院创制和发展法律的权力的基础是什么？其次，在制定法领域或立法机关尚未作出规定的方面，这种基础能够为偶然运用司法权力对利益进行分配，从而为立法行为界定出发点的做法提供辩护吗？再次，即使假定司法权力可以在制定法领域得到辩护，但在民主体制中，这种关涉到利益负担的问题究竟是通过从前或暂时的立法多数的决定来分配好呢，还是通过法院或其他机构，或者所有这些因素的混合体分配好呢？②

针对这种观点，学者们从不同的角度对法院造法的正当性进行了论

---

① 参见林志敏：《论法律权利的形式与推定》，载《吉林大学社会科学学报》1991 年第 5 期，第 43—48 页。

② 参见［美］盖多·卡拉布雷西：《制定法时代的普通法》，周林刚等译，北京大学出版社 2006 年版，第 161 页。

证，为法院创制或发展法律的司法权力提供了如下几种不同的基础。首先，有学者认为，法院创制或发展法律的司法权力是由多数主义机构隐含地授予的。在纯粹形式的意义上，这样一种辩护方式是能够成立的——一个民主体制当然会偶尔选择通过一些代理机构来采取行动。我们可以称这种论辩为"隐含授权理论"①。

其次，有学者认为，由法官所填补或创造的规则在某种意义上都是有条件的，即它们要接受立法机关或公众的修改，并因此在民主体制下是可以接受的。它意味着，只要人民拥有最终决定权，任何机构或任何类型的法律创制，进而任何类型的权利推定都可以和民主理论协调一致。我们可以把这种理论称为"人民拥有最终决定权理论"②。

再次，有学者认为，毕竟法官是由被选举的官员遴选或者任命和批准的，遴选他们的方式表明他们既可辨明公众意愿，也可对之作出回应。他们的回应既不是直接的，也不受当下大众意志的主宰，这一事实在任何拒绝直接多数主义的民主体制下都不是什么问题。我们可以把这种理论称为"间接多数主义理论"，正是这种在一定程度上的独立性使得法官会遵循比国会议员的观点更为持久的多数人的意见。③

---

① 马歇尔在奥斯本诉美国银行案［Osborn V. BanK of the United States, 22 U. S,（9 Wheat.）738, 866（1824）］中认为，相对于法律的权力而言，司法权力是不存在的。法院仅仅是法律的工具，它本身不能欲求任何事物。当它们据说是在行使一种裁量权时，那仅仅是一种法律的裁量——一种确认法律所设定的方针的裁量；并且，当法律的方针由此而得以确认时，法院有义务遵循。司法权力从来没有被用来实现法院自己的意愿；它总是为了实现立法目的，或者换言之，为了实现法律的目的而被运用。参见 K. C. Davis, *Administrative Law Treatise*, 1978, pp. 136-137. 伊利认为，对于共识的诉求，或者对由法官自身价值塑造成的共识的诉求，在一种"普通法"的语境里可能具有一定的意义，其中法院是在向立法机关授予的裁决权力负责。参见 John Hart Ely, *Democracy and Distrust*, Harvard University Press, 1980, pp. 67—68.

② 伊利认为，在非宪法的语境里，法院的裁判要接受制定法的推翻或者修改。法院是为了实施立法机关制定的法律而存在的，而且如果它以一种立法机关所不赞同的方式行动的话，就会很快被纠正。参见 John Hart Ely, *Democracy and Distrust*, Harvard University Press, 1980, p. 1.

③ 参见 Shapiro, Judicial Modesty, Political Reality and Preferred Position, Cornell L. Q. 175（1961）, pp. 185—194.

　　最后，有学者认为，应当允许法官造法是因为法官们拥有"为国家做正确事情"① 的能力。依照这种理论，法官们在发展法律，尤其在发展普通法时遵从他们自己的价值观是有理由的，因为他们有关何者为正确事物的有理有据的和公正无私的看法正是我们所欲求的。这种能力，正是长年累月通过法律实践和对法律的整体性认识而练就的对于法律原则、对于理性的判决制作以及对于整个法律组织构造的恪守。正如布雷特尔所说的那样："司法过程建立在推理之上，并且假定——尽管所有的非理性主义者恰恰相反——其判决只有得到理性地解释或者在理性上可以解释时才能得到辩护。任何民意测验，受影响的各方的多数投票，权宜的规则，以及任何据称是主观的或者独特的观点都不能证明一项司法判决。尤其是，任何暴力或者政治权力的要求都不能证成一项司法判决。"② 我们可以把这种理论称为"法官职业技能性论证"。

　　其实对法官造法之正当的质疑的回应，进而也是对关于法官作为从事具有较大的价值判断和创造性成分的应然性权利推定之主体资格的恰当性的质疑的一种更为有力的回应，我认为那就是对法律创制与法律适用之截然分离进而也是对权利创造与权利适用之截然分离的观点的反思。如果肯定了权利创造与权利适用之断然或绝对的二分之理论的虚构性，那么，就是以另一种方式肯定了介于两者之间的被认为是一个波段性的权利推定的主体多元的正当性及司法机关作为应然性权利推定主体的正当性。对此，凯尔森进行过详细的论证。③ 在他看来，法律创造和法律适用之间仅有相对的区别。法律秩序是由一般规范与个别规范根据法律调整自身的创造这一原则相互连接成的一个体系。由于这种法律规范的层级性，调整另一规

---

① 引文来自 Hugo Black 法官，他告诉 Daniel Meador，如果在尽其所能寻求宪法或者一部制定法的意义之后，仍不能发现充分的指引，他将做"对于国家正确的事情"。转引自 [美] 盖多·卡拉布雷西：《制定法时代的普通法》，周林刚等译，北京大学出版社 2006 年版，第 167 页，注释 [14]。

② Charles D. Breitel , The Lawmakers, *Columbia Law Review*, Vol. 65, No. 5 (May, 1965), pp. 749—777.

③ [奥] 凯尔森：《法与国家的一般理论》，沈宗灵译，中国大百科全书出版社 1996 年版，第 150—152 页。

范创造的规范，在其他规范的创造中"被适用"。法律的创造始终是法律的适用。这两个概念，决不像传统理论所假定的那样，是绝对的对立物。将法律行为分为创造法律的行为和适用法律的行为并不是很正确的，因为除开法律适用与法律创造的两个边缘情况①外，每个行为通常都同时既是创造法律的行为又是适用法律的行为。一个法律规范的创造通常就是调整该规范的创造的那个高级规范的适用，而一个高级规范的适用通常就是由该高级规范决定的一个低级规范的创造。例如，一个司法判决就是一个这样的行为：适用一个一般规范、一个法律，但同时又创造一个使争端一方或双方负有义务的个别规范。立法是法律的创造，但我们如果估计到宪法的话，也就会发现它也是法律的适用。因此遵守宪法条款的任何立法行为又可以看作是适用宪法的行为。而第一个宪法的创制同样也可以被认为是基础规范的适用。因而，"法律的创造同时就是法律的适用，是每一个创造法律的行为必须由法律秩序所决定这一事实的直接结果。这种决定可以是不同程度的。它决不会弱到以至这种行为不成其为法律的适用；它也不能强到以至这一行为不成其为法律的创造"②。而当代宪法性审判的扩张事实上也说明了法律适用与法律创造区分的相对性。

而且事实上，无论是赞同或是反对司法中应然权利推定的双方，都至少承认或是共享这样一个基本的认识，即通过法官进行的具有某种价值判断的权利推定或所谓的造法现象在现代社会是不可避免的，并事实上总是存在着的。另外，由于权利推定主体的技术性资格要求反映了法律的自治性特征，要求有法律职业共同体以专业的素养，通过贴切地理解法律地图和法律的图景来通过推定的方式不断地明晰和完善法律，通过已知的法律或权利来推定尚未以明晰的形式表达的法律权利。由于法律自身的专业性特点，尤其是在普通法国家，对权利的探究需要专门的法律技艺。因

---

① 只有不建立任何规范的行为才可能仅仅是法律的适用。在具体案件中的执行制裁就是这样一个边缘情况，另一个边缘情况就是基础规范，它决定着第一个宪法的创造，但由于它是法律思想所预定的，它的预定本身并不是任何更高规范决定的，因而就不是法律的适用。

② ［奥］凯尔森：《法与国家的一般理论》，沈宗灵译，中国大百科全书出版社1996年版，第151页。

此，法官作为权利推定的参与主体也能通过其法律技术上的优势弥补其他主体单独进行权利推定容易出现的对法律把握不准确的缺陷。

（二）普通民众权利推定主体资格的确定问题

同样也有人会因为固守资格确认的单一性而从技艺性资格角度认为，把权利推定主体扩大到普通民众，可能会由于其法律专业性资格的某种欠缺，即良好的权利意识和权利素养的不足，从而使正当的权利推定因为理解上的偏差或推定中过度追求私人利益而导致权利泛化，并对民众运用"法不禁止即自由"这一特定的权利推定原则进行权利推定进行了分析。① 可以说，这种权利主体之正当化论证过于关注了主体的专业化和技能方面的资格。再进一步说，它预设了权利推定主体只能择取单一的正当化论证，而使作为一个复杂的多主体共同进行权利推定的动态过程静态化。

对此，我认为，首先，我们应该看到这种民众的权利推定并不是独立完成的或并不单独构成具有法律意义的权利推定的最终结果。它只是以朴素的权利推定为根据的权利诉求，是一个以此引发可能具有法律效力的权利推定之开端。所以这种以民众权利推定为起点进而引发可能具有法律效力的权利推定的权利诉求并不会引起上述有人提到的那种"权利泛化"。何况，正如我们在上文中所提到的那样，权利泛化并不是对权利重要性的一项合理指责。除了对权利现象的某些误解，对权利本身属性的不当判断是这种指责被不加反思地接受的一个更为重要的原因。"如果承认权利来自个人作为道德主体的地位，承认权利在公共论辩中所拥有的独特规范力，那么真正需要警惕的，就不再是权利的泛化，而是对个人道德主体地位的否定，是政府强制性干涉的粗暴行使，也是多数意见的蛮横无理。"② 因此，作为致力于追求共同善的社会合作事业，不能只将公共利益和多数意见计算在内，个人所拥有的权利同样也应当被视为共同善的内容。③ 因此，权利泛化

---

① 唐先锋：《试析国内"权利泛化"现象》，载《人大研究》2004 年第 7 期，第 37—39 页。
② 陈景辉：《回应"权利泛化"的挑战》，载《法商研究》2019 年第 3 期，第 49 页。
③ See Joseph Chan, Raz on Liberal Rights and Common Goods, 15 *Oxford Journal of Legal Studies*, 15-31 (1995).

是个不必要的担心，甚至权利的重要性必然要求"权利泛化"。①

因此，在排除不必要的顾虑之后，我们应该充分认识到这种看似是以"权利泛化"姿态表现出来的民众权利推定的价值。首先，它唤醒了多数民众沉睡的权利意识，同时作为催化剂，将这种权利意识放大、增强并快速传播与繁衍，从而有助于国内民众权利意识的增强。同时，权利泛化现象体现了从权利主张、权利需求这一应有权利的存在形态向法律明文规定或者推定的权利转化的一种要求，表达了主体的权益能够得到实现即能够转化为现实权利的一种期待。其次，由于"权利"与"权力"的相生相克，二者存在一定的反比例关系。当一个社会民众的私权利意识不断增强的时候，必然伴随着一个国家公权力意识不断限缩的过程，而通过推定权利和明确规定的权利共同制约权力，正是权利意识增强的表现，这也正是一个民主法治国家得以诞生的必由之路。因此，权利泛化在一定程度上加速了国内民主法治国家的进程。再次，权利泛化实际上也是维护民众正当利益的一种"试错法"②。由于一些民众权利素养匮乏，未能意识到自己拥有何种权利，或未能真正懂得这些权利，他们通过权利泛化之路来"试错"，最终意识到或懂得了这些权利；同样，司法者与立法者面临民众自

---

① 陈景辉：《回应"权利泛化"的挑战》，载《法商研究》2019 年第 3 期，第 45 页。
② 试错法是由英国科学哲学家卡尔·波普尔提出的一种科学的研究方法。波普尔反对经验证实和经验归纳，在他看来，很多科学理论无法用经验来证实，因为经验不可能被某人所穷尽。正是针对这种情况，波普尔以演绎方法去证伪结论。他认为科学是通过提出猜想，经过实验，证明其错误，又提出新的猜想，再经过实验而前进的。一个经验的科学的体系必须能够被经验反驳。如果一个理论的可证伪度越高，即潜在的证伪因素越多，就意味着它被证伪的机会越多。例如，某项政策是根据以往经验总结而成的，那么此时能够找到一个证伪因素，就说明此政策不适用于这种情况。所以，能够找到的证伪因素越多，那么这项政策的精确度和适用范围的界定就越高和越科学。正是依据理论的上述特点，波普尔提出：理论就是一种猜测，是在猜测与反驳中前进的。把这种试错的做法或猜测—反驳的做法上升到方法论的高度，作为发现新理论、制定新决策的方法，就是试错法或猜测—反驳法。试错法就是一种对认识进行不断证伪、不断限定，从而提高其正确性的思维过程。参见〔英〕K·R·波珀：《科学发现的逻辑》，查汝强、邱仁宗译，科学出版社 1986 年版；〔英〕卡尔·波普尔：《猜想与反驳：科学知识的增长》，傅季重、纪树立、周昌忠、蒋弋为译，上海译文出版社 1986 年版。

发的权利泛化现象，也无意或有意地"试错"，最终推动国内私权体系（包括私权救济体系）的完善。这些无疑会加强对民众正当利益的辨识、关注与维护。最后，就对法律生活本身的影响而言，因为权利泛化在一定程度上源于国内私权体系本身的滞后、不周全与模糊，所以权利泛化在一定程度上有利于推动国内私法制度的完善。通过权利泛化运动，合理运用权利推定思维，可以推动国内私权体系及时得到补充、修正与明确，从而促进国内私法制度的完善。①

总之，上述两种简单地质疑或否认司法机关或普通民众作为权利推定主体的正当性的观点，都是预设了权利推定主体的单一性和资格证成方式的一元性，以及权利推定的静态性。

三、基于权利推定过程性与沟通理性的考量

权利推定不只孤立地发生在某个特定的法律实践环节上。权利推定事实上是发生在立法、行政、司法、守法的整个权利生成或法律生成的法律实践过程中的。所以，权利运作或法律运作的每一个时间片段上都会有权利推定的足迹，不同的只不过是权利推定的最终法律效果以及权利推定的理性程度和推定技艺。例如，立法阶段的权利推定，由于立法的民主、法治、科学的立法原则的要求以及立法的程序性保障，权利推定的结果往往以立法或立法解释的形式表现出来，所以，权利推定具有普遍的法律效力，权利推定的方式和推定的范围上有较大的空间。而司法阶段的权利推定，由于法官对司法过程的主导与控制，通过法官法律技术上的优势可以弥补其他单一主体，尤其是普通民众单独进行权利推定可能产生的对作为权利推定基础事实的法律在把握与理解上不精准的缺憾，在推定技艺上更胜一筹。由于权利推定过程的连续性，所以，权利推定的主体也就不是或至少不应该是简单的单一主体了，而是或至少应该是包括了法律实践各个层面上的参与者和法律理论的思索者。在这个意义上，立法者、执法者、

---

① 唐先锋：《试析国内"权利泛化"现象》，载《人大研究》2004 年第 7 期，第 38—39 页。

司法者、普通民众都可以成为权利推定的主体，参与到法律权利的实践中。而且，由于法律实践的连续性，所以，在权利推定中各个主体之间会有一种权利推定意见的沟通与互动。多元性基础上的多元互动为权利推定的正当性和可接受性提供更坚实的基础。

权利推定主体的多元互动是指在具体权利实践中，权利推定的主体在上述那种广泛的主体可能性空间中根据权利推定的方式和权利推定的具体场域相互交涉、相互作用。在权利推定过程中，上述这些权利推定的主体之间存在一个权利诉求、权利论证、权利确定的现实的权利推定的互动过程。

权利推定主体的多元互动不仅是一种权利实践的理想，也是法律实践的需要。法律，在静态的意义上，很难说是明确的或是模糊的。因此，通过权利推定的方法去明晰地拓展法律本身或是权利本身的压力并不是很大的。而在动态的意义上，我们就会面对法律是明确还是模糊的问题了。而正是法律本身的实践品性使权利推定的问题突显了出来。

法律实践中的权利推定是一种发动、商讨、确认的连续过程。在这个过程中，处于权利推定各个不同层次、不同阶段的主体之间以及处于权利推定同一层次、同一阶段的不同主体之间都有或应该有一种真切的关联与互动。

其中，普通民众在权利推定中起着一种推动或诱发权利推定的作用。民众是法律权利发展的一支强劲的推动力量，无论是在立法解释还是在司法解释中，权利推定的启动或是基于立法机关对民众可能之权利诉求的主动把握以及在这种主动的立法解释中经过广泛的意见交流形成合理的权利界定，或是基于司法机关面对民众直接提起的权利诉求而共同进行的法律权利之论证与思考。

前者主要表现在，立法机关可以在大规模调研的基础上及时把握社会变化之于民众利益结构的影响，主动通过立法解释的方式把隐蔽在原有的法律结构或权利结构中的尚未被清晰表述出来的权利清晰地表述出来，在确保法律稳定性的基础上回应适度的权利要求或主张的变动。通过立法机关的权利推定来疏通法律体系中权利与权利、权利与义务以及权利与责任等法律因素之间的关联性，在明晰权利、扩展权利的基础上完善权利体系。在整个主动把握社会变化，结合新的情况，进行立法解释的过程中，这种互动主要体现在为合理扩充权利内容、明晰权利边界而进行的法律解释调研中的民众与立法机关之间的信息交涉以及法律解释出台前的专家讨论等诸多方面。

后者主要表现在，司法机关针对民众直接以诉讼方式表现出的权利主张或权利诉求，充分尊重诉讼人对其主张所给出的理性论证，"从法理来说，在公开的法庭上，无论当事者各自有什么样的社会属性，他们都被视为具有对等的、独立的人格，不受任何非合理力量的支配。在这种理性支配的场合，说明义务被高度地规范化，任何强词夺理或以各种借口逃避说明的行为都不能被允许，完全有可能在理想状态下展开自由而理性的对论"①。在公正的司法程序下不同主体之间经过充分的沟通、辩论、意见交涉，最终得出具有法律效力的较为可靠的权利推定结果。上述司法过程中权利推定中多主体之间的这种互动正是哈贝马斯"法律商谈理论"② 在司法权利推定过程中的一种反映。"因为权利是一种社会构造，不能把它们实体化为事实。"③ 所以，一个恰当的、"正确的"权利推定的"正确性"，进而表现为以判决方式作出的"推定权利"之权利确认过程中的"正确性"就意味着"权利推定"是合理的，是由"好的理由"支持的，进而是可接受的。

这种权利确认意义上的权利推定之多元主体间的互动在民事领域中尤为突出。因为"法不禁止即自由"的权利推定原则促使现实中的权利包含

---

① ［日］棚濑孝雄：《纠纷的解决与审判制度》，王亚新译，中国政法大学出版社 2004年版，第 126—127 页。

② 法律商谈理论把司法判决的合理可接受性不仅同论据的质量相连接，而且同论辩过程的结构相连接。这种论辩过程结构的展开以最终免除压制和不平等的言语情境为其理想条件。

③ ［德］哈贝马斯：《在事实与规范之间——关于法律和民主法治国的商谈理论》，童世骏译，生活·读书·新知三联书店 2003 年版，第 278 页。

着相当大的流动性并通过无数个别的协议、交涉而体现出来，即一种法律所保护的"约定权利"。这种普遍存在的约定权利是民事、经济领域中的一种广泛存在的核心的权利。此种情境下，就有必要反思并修改"权利是由法律所保障的利益并由法律普遍而严格的执行得到实现"的自由主义法学命题了。与单纯理解的法执行不同，事实上法执行的基本内容已在很大程度上转化为人们围绕法律规制而发生的无数微观上的交涉、协议。与被规制或与规制有着切身利益关系的人们，已经开始站到了自己来决定法律应该是什么样子的真正主权者的位置上了。① 总之，现代社会之流动性和复杂性以及对人之自主性的倡导都使得权利保护的要求单靠一般权利体系的确立和法治理念的贯彻很难得到充分满足，有必要把在"法不禁止即自由"的权利推定原则基础上通过协议获得可预测性和在微观的交涉中达到权利定立、权利创造的现实也纳入视野，在此基础上满足权利保护要求，扩大权利保护内容。这种权利推定具有很大的弹性和可再协商性，正是通过当事人和法院之间的互动，最终形成一种具有法律效力和受到法律保护的权利协议和协议权利的执行。

正是社会生活的变动，要求在法律实践中把那些原先法律中所隐蔽的和不明确的或还不必要明确的权利通过权利推定清晰地以立法解释、司法解释乃至具体案件处理结果的形式表达出来。从而在尽量保持法律稳定性的同时，使原有权利结构所蕴涵的权利拓展的弹性空间得以充分展开。这种波浪式的以民众的潜在的或现实的权利诉求为出发点的过程性的、多主体的、分阶段的、联合进行的权利推定格局类似于自然演进的法律发展或法律权利发展。

总之，权利推定的整个过程中，权利推定的不同阶段中都进行着或至少应该进行着一种权利推定所可能关涉的各主体进而也是权利推定主体之间的互动。这种权利推定主体之间的互动不仅确保了权利推定主体之间资

---

① ［日］棚濑孝雄：《纠纷的解决与审判制度》，王亚新译，中国政法大学出版社2004年版，第145—146页。

格的互补，而且也是与当代法律理论中所强调的"沟通理性"① 相一致的。"法律在本质上也是基于沟通：立法者与国民间的沟通，法庭与诉讼当事人间的沟通，契约双方的沟通，审讯时的沟通。更重要的是，这种沟通现在被认为是法律合法化的来源：法律人之间的理性对话是'正确'地解释和适用法律的最终保证。"② 在这种法律理论的脉络中，显然，权利推定也应该是一个强调多元主体互动与理性沟通的过程。同样，多元主体的沟通与互动为"权利推定"之"推定权利"的实现提供了某种意义上的保障。

① 参见［德］哈贝马斯：《在事实与规范之间——关于法律和民主法治国的商谈理论》，童世骏译，生活·读书·新知三联书店 2003 年版，第 144—163，273—295页。徐亚文、孙国东：《"沟通理性"与全球化时代的法律哲学——凡·豪埃克〈作为沟通的法律〉述要》，载《法制与社会发展》2006 年第 1 期，第 152—160 页。
② Mark. Van Hoecke, *Law as Communication*, Hart Publishing, 2002, p. 7. 转引自徐亚文、孙国东：《"沟通理性"与全球化时代的法律哲学——凡·豪埃克〈作为沟通的法律〉述要》，载《法制与社会发展》2006 年第 1 期，第 152—160 页。

第五章

权利推定的方式

一、推定未列举宪法权利的两种方法

在权利推定的方式上，主要是在推定未列举宪法权利的方式上，有学者在对美国、澳大利亚以及其他国家的许多案例中的做法进行理论概括和提炼的基础上，将其归纳为"必要条件推定"和"最佳理由推定"，并对两种推定模式进行了比较。

（一）必要条件推定

法院被授权保护人们行使和享受他们的权利，因此，如果能证明在给定的情况下，某些先存权利只有被某些额外的权利保护或补充才能受到保障，法院就能够确认新的权利。① 例如，宪法规定了一项明示权利 A；为了避免权利 A 变得无法保障或无意义，权利 B 是必要的，即权利 B 是防止权利 A 变得无法保障或无意义的必要条件；因此，法院可以或应当推定权利 B，尽管权利 B 不是宪法中的明示权利。②

这里需要对该推定模式中涉及的某些重要概念进行进一步明确。首先，该种推定模式需要法院在作出推定未列举权利前，对作为推定权利基

① ［美］卡尔·威尔曼：《真正的权利》，刘振宇等译，商务印书馆 2015 年，第 37—38 页。
② ［美］沃尔特·辛诺特-阿姆斯壮：《推定未列举宪法的两种方法》，余军译，载《法律方法与法律思维》第 6 辑，第 216 页。

础的宪法明示权利的确切含义进行精准的解读。其次，必要性必须是至关重要的而不是逻辑上的必要性。以道格拉斯大法官在格瑞斯沃尔德诉康涅狄格州一案中的隐私权推定为例。他将隐私权的基础置于一些建立在人权法案之上的权利，声称前者是一种实践上的而非逻辑上的必要条件，为保障后者服务。人权法案中作为明示宪法权利的和平集会权利所隐含的结社自由权、住宅不接受驻扎权、不接受不合理搜查和逮捕权以及拒绝自证其罪权等，为隐私权提供了宪法权利基础，若无隐私权，先存权利将缺乏活力并难以为续。最后，在什么条件下，一项明示的宪法权利将变得无法保障或无意义。对此，很难有一个一般性的答案。只有在个案中能获得清晰答案时，才能进行必要的权利推定。

（二）最佳理由推定

基于法律整体融贯性的"权利的最佳理由推定模式"的理论基础是德沃金的法律建构性解释理论。德沃金认为，法律是一个解释性概念。法律不是一个独立、封闭、静态的体系，对它的内容和形态进行任何静态描述，都无法反映它的真实状态，法律处于变动不居的动态过程中，存在于法官的建构性解释之中，是解释的结果。通过解释，政治和道德都对法律产生重要的影响。它们的许多内容被纳入法律之中，成为法律的组成部分。因此，法律与非法律的边界，也处在动态变化之中，无法预先加以确定，只能通过解释动态地予以划定。

法律建构性解释的目的主要不在于理解作者文本的原意，而在于对文本内容的意义进行建构性解释。建构性解释力图考虑整个法律实践并尝试对整个法律实践做出最佳论证。因此，在方法上，建构性解释既要排除一味回溯过去要求法官发现法律的因袭主义，又要避免只是面向未来要求法官创造法律的实用主义，而是在动态的解释过程之中回溯与展望，将法律发现与法律创制统一于解释过程之中。在态度上，建构性解释要求解释者采取参与者的态度，与文本保持互动关系，而不是把文本作为外在之物。在步骤上，依次包括以确定可适用的法律文本为任务的前解释阶段，以寻找和确立法律文本的理由和论据进而理解文本的意义为任务的解释阶段，以当下需要对法律文本意义进行改进和重构使之适合当下案件处理为任务的后解释阶段。①

这种以最佳方式对法律进行建构性解释将融贯性作为对法律制度的要求。当法律制度包含了一项隐含的一般性权利，并用这项一般性权利连接各个特定权利时，法律体系就变得更具融贯性了。法官应当通过法律解释活动赋予法律制度融贯性，这可以作为法官进行权利推定的理由。② 例如，宪法规定了明示权利 A、B、C 等；权利 D 将为权利 A、B、C 等提供最好的、最具融贯性的理由；即使权利 D 并没有被明确规定，法院必须确认被推定的权利 D。这种权利推定模式的核心在于，如果某项权利能够为明示权利提供最好或最具融贯性的理由，那么法院必须予以承认该项推定权利。

二、推定未明示法律权利的三种方法

权利推定的方式与权利推定的依据以及权利推定的类型有关，以道德为出发点的权利推定与以法律为出发点的权利推定是有差异的，外部权利推定与内部权利推定也是有差异的。而事实上，如何认识或判断一种权利推定究竟是以应然法为出发点的权利推定还是以实然法为出发点的权利推定则又是与如何看待法律有关系的。在将法律看作是由概念、原则、规则构成的整合了法的实然与应然因素的法律模式下，我认为法律权利的推定方式可以按照这个模式简单区分为依据法律规则进行的权利推定、依据法律原则进行的权利推定和贯彻于上述两种推定中的依据法律概念进行的权利推定。而依据法律概念进行的权利推定事实上又是以对法律原则和法律规则的整体法律图景的既有认识为指导的。因此，在法律模式各要素相互影响的意义上，在权利推定的实践中，尤其是复杂的权利实践中，我们很

---

① 参见［美］罗纳德·德沃金：《法律帝国》，李常青译，中国大百科全书出版社1996年版，第46—48、60、83、286-300、178、201—203 页。

② ［美］沃尔特·辛诺特-阿姆斯壮：《推定未列举宪法的两种方法》，余军译，载《法律方法与法律思维》第 6 辑，第 218—219 页。

难说一项权利推定是单纯地依据法律规则或是单纯地依据法律原则或是单纯地依据法律概念进行的。尽管如此，但理论上的区分及相关的分析在某种意义上还是必要的。

在阐述之前，需要作一个解释性说明。下文所提到的依据法律规则、法律原则、法律概念进行的权利推定以及"由法律权利推定法律权利""由法律义务推定法律权利""由法律责任推定法律权利"等都是在广义上而非狭义上使用法律、法律权利、法律义务、法律责任这些词。因此，其指的不是排除了而是包括了宪法或宪法权利、宪法义务、宪法责任在内的广义的法律或法律权利、法律义务、法律责任。

（一）依据法律规则进行的权利推定

法律规则通过对权利、义务和责任的明确规定，为法律适用提供了客观依据或"法律准绳"，依据法律规则的权利推定之所以可能，是因为在权利、义务和责任之间存在内在的逻辑关系，一项权利的存在，意味着相应义务的存在，而违反义务则可能引起某种责任。因此，根据一条或几条法律规则所明示的权利、义务或责任，可以比较容易地推定出隐藏在法律文字背后的权利。

1. 由法律权利推定法律权利

（1）由一种抽象总括的权利推定出多种具体细化的权利

"权利"的本意是指行为的一种性质，而不是指具体的某种行为。正因为"权利"作为抽象意义上的行为性质的表述，所以，才能在"权利"这一概念下，容纳或包括各种各样类别的行为。由于每一类别或类型的行为都可以进一步分解为更细化的具体的行为，所以，每一类别的权利中又可以包括一些衍生的、细化的权利。① 这种权利推定类似于德沃金所说的基于权利的权利（rights-oriented rights）② 理论。尽管德沃金是从政治哲学

---

① 张恒山:《法理要论》，北京大学出版社 2002 年版，第 365 页。

② 德沃金认为，所有的权利和目标，都可以从一个单一的抽象权利中推导出来，这个抽象的权利即平等关心和尊重的权利。参见 Diana T. Meyers, Rights-based Rights, *Law and Philosophy*, Vol. 3, No. 3 (1984), pp. 407—408。

的高度将"平等对待与尊重的权利"作为推定出其他权利的根本性权利，而且这种以权利为基础的权利是否堪称"政治王牌"的角色还是它最终也依附于一种更大意义上的功利主义的论证仍然备受争议。① 但是，这种由抽象总括的权利推定出或解释出具体细化的权利的研究路径却是同样适合一般法律科学中甚至是实在法中的权利推定。

譬如说，在"所有权"这一权利类别中，可以包括占有权、使用权、处分权、收益权等。再如，由公民的选举权，可以推定出与它相关的提名权、投票权、委托投票权、监督权、罢免权、补救权等权利。从公民的言论自由权，可以推定著作自由、讲学自由、意见自由、思想自由等属于表达自由的权利，还可以推定出一项逆向的言论自由权，即不表达思想的自由权利或沉默权。1943 年美国联邦最高法院曾依据美国宪法的言论自由条款，做出"国家不得强迫人民说明其内心意见"的判决结论，宣布一名天主教徒因坚持个人宗教信仰而拒绝向国旗敬礼，是其保留个人内心秘密的自由，不受法律追究。1989 年 6 月 21 日，该院在得克萨斯州诉约翰逊案的判决中，甚至把公民故意焚烧国旗的抗议行为，也视为公民表达意见的自由权利，可援引美国宪法有关言论自由的条款，不得治罪，从而判决得克萨斯州一项禁止污辱国旗的法律违宪。当然这种权利推定所得出的结论，因有悖爱国主义精神而不可取，但美国联邦最高法院历来的判决都认为，言论自由条款所保障的并不限于口头言论与文字，也扩及于其他表达观念的行为。②

例如，在受教育权这一宪法权利实践中，在公民受教育权这一抽象总括的基本权利保障问题上，一方面，立法机关或经立法机关授权立法的行政机关通过具体的教育法律法规对公民受教育权这一总括性宪法权利从权利主体制度、权利内容制度、权利实现制度、相关法律责任制度、权利救济制度等权利制度的各个方面予以明晰。我们可以把这些具体的立法过程

① Diana T. Meyers, Rights-based Rights, *Law and Philosophy*, Vol. 3, No. 3 (1984), pp. 407-421.

② 郭道晖：《论权利推定》，载《中国社会科学》1991 年第 4 期，第 179—180 页。

看作是广义的权利推定过程，可以说立法机关事实上是在进行着以宪法中受教育权为基点的权利推定工作。另一方面，虽然立法机关围绕受教育权制定出了明确的、系统化的法律，以便适应一切可能发生的情况，但是立法活动总是落后于变动中的社会现实，难以及时应对各种权利诉求。因此，司法机关就要做许多司法解释的工作。例如，在"齐玉苓案"中，最高人民法院就通过司法解释的方式扩展并明确了作为受教育权权利组成部分的责任方式，从而扩展或明晰了受教育权的内容。在审理过程中，法院认为，作为本案审理依据的法律包括民法通则、教育法、高等教育法等关于公民受教育权的规定不明确，需要对这些法律进行解释。在此种情况下，根据全国人大常委会关于法律解释权的规定，最高法院对民法通则、教育法、高等教育法等法律、法规进行解释，从而使公民受教育权的规定更为具体化，能够适用于解决特定案件。最高人民法院针对齐玉苓案的批复的实际意义在于，以冒用他人姓名的方式侵犯公民的受教育权并造成了严重后果，这种情况在以前法院所审理的案件中并没有出现过，民法通则、教育法、高等教育法等法律、法规中也没有明确的规定。因此，审理该案件的法院对于侵权人是否要承担民事责任及承担多大的民事责任，由于缺乏法律上的明确依据，而没有把握，最高法院的批复则非常明确地肯定了以这种特定的方式侵犯公民的受教育权并造成了严重后果的，应当承担民事赔偿责任。

这种推定或推理方式也被称为权利的详述推理。在详述推理中，派生权利必须要比其所依据的先行权利更为特定。这种推理可以理解为从一般权利到特定权利的推理。权利的详述推定模式的一个经典的例子是布莱克芒大法官在罗伊诉韦德案中的论断。布莱克芒认为孕妇有堕胎权，如他所界定，归属于更为一般的先前认定了的宪法隐私权。这种"属种关系"推理有效且受法律保护。当然，任何有效的从一般的先存权利到特定的推定权利的推演必须以一些界定先存权利的法律用语的解释为前提条件。因此，布莱克芒能够从宪法隐私权推出孕妇的堕胎权，仅在他能够引述那些证明某些隐私权的属界定的法律渊源，即它的确包含了更为特定的堕胎权时，才能如此。

（2）由派生权利推定一种基本总括性权利

和上述从一项基本权利中推定出一项或多项次级的具体权利的推定方向恰好相反，由多种或一种派生权利同样可以推定一种更为基本的权利，推定与被推定的权利的两边也是处于抽象度或是具体度不同的权利层面上的。其中，由多种派生权利推定一种基本权利，涉及对复数规范的体系性建构。它又包括两种情况：一种是对复数规范的归纳性建构。例如，我国宪法第 2 条规定人民对国家和社会事务的管理权，第 3 条规定人民对人民代表的监督权，人大对政府的监督权，第 34 条规定公民的选举权，第 41 条规定公民对国家机关及其工作人员的批评建议权，等等。根据这些权利规定，我们显然可以得知，知情权是一项隐藏在这些权利规定背后的前提性权利，因为，人民行使这些明示的权利，必须建立在对政府活动的了解的基础上。所以，上述种种派生权利为归纳出知情权提供了宪法基础。另一种是对复数规范的目的性建构。如果目的 Z 应该被实现，而采取某种做法 X 有助于实现 Z 或者不采取 X 就无法实现 Z，那么，应该采取做法 X。[1] 假如我们能证明某项推定权利与法律规定的明示权利之间存在这种充分或必要的条件关系，那么亦可以推导出法律已默示地认可了此推定权利。例如，我国宪法中虽没有关于公民生命权和个人隐私权的直接或明确的规定，但《宪法》第 37 条规定"公民的人身自由不受侵犯"，第 38 条规定"公民的人格尊严不受侵犯"。同时，在刑法和诉讼法中我们又可以找到关于这两项权利的特定的存在形式。显然，生命乃人身与人格存在之前提，没有生命就谈不上人身和人格的问题，所以可以认为作为明示权利的人身自由权和人格尊严权已经默示地蕴含了生命权。显然，刑法和诉讼法中关于这两项权利的特定的存在形式无疑来源于立法者在具体法律的立法活动中将宪法中认为是自明的、无须特殊强调的公民生命权和个人隐私权通过具体立法的方式将其部分特定化、明晰化。例如，我们可以从诉讼法中关

---

[1] 参见雷磊：《新兴（新型）权利的证成标准》，载《法学论坛》2019 年第 3 期，第 27 页。

于申请回避权、辩护权、最后陈述权等规定中推定被告人享有受到"公正审判"的权利也可以被认为是基于对复数规范的目的性建构推定出来的基本总括性权利。

（3）由剩余或空白权利推定应有权利

所谓"剩余权利"，是指宪法和法律在具体明列某些权利外，概括地规定人民可以保留其他未列出的应有权利。如美国宪法修正案在列举了公民的许多权利之后，又在第9条规定："不得因本宪法列举某些权利，而认定人民所保留的其他权利可以被取消或抹杀。"这种剩余权利，为权利推定留下了广阔的余地，即凡宪法未明文规定而又属于人民应有且能有的权利，都可视为剩余权利推定出来。

所谓"空白权利"，即宪法和法律未能一一列举，而以"等""其他"等语词概括，这就留下了空白，可以为日后立法上或执法上作扩大解释留下余地。这种"空白权利"大多出现在例示规定中。例示规定是例示加概括的法条规定的简称，即以例示用语（举例子的术语）加上概括用语所组成的一种法条类型。例示规定在法条中比比皆是。例如，我国《反不正当竞争法》第六条关于商业混淆行为的规定中，前三款关于商品类标识、商号类标识、互联网特殊标识的例示规定是明文列举出来的商业混淆行为，是所列出来的典型例子，而"其他足以引人误认为是他人商品或者与他人存在特定联系的混淆行为"是概括用语，意指除所列举的混淆行为以外，法条还禁止其他诸如此类的混淆行为。同样，该法第十二条，即"互联网专条"的规定中，同样既有例示用语，也有以"其他"为标志的概括用语。上述这种空白权利与剩余权利相类似，但一般限于与明示权利同一范畴的权利，所谓"等"除表示列举未尽外，还有"同等"的意思；"其他"即与"其"明示的权利相关的"他"种权利。

在司法实践中，依据例示规定中的"空白权利"进行的"权利推定"也比比皆是。例如，根据《继承法》第3条中的例示规定，原《最高人民法院关于贯彻执行〈中华人民共和国继承法〉若干问题的意见》第3条、第4条就据此进行了权利推理。尽管《民法典》第1122条在遗产范围问题上不再采纳原《继承法》第 3 条针对个人合法财产的例示规定，而是采取了概括加排斥的立法例，但法释［2020］23 号最高人民法院关于适用《中华人民共和国民法典》继承编的解释（一）第 2 条还是继续采纳了原《最高人民法院关于贯彻执行〈中华人民共和国继承法〉若干问题的意见》第 4 条的规定，即运用权利推定技术对遗产范围进行了必要填补。① 又如我国 1990 年的《著作权法》第 1 条规定："保护文学、艺术和科学作品作者的著作权，以及与著作权有关的权益。"该法第 10 条规定了发表权、署名权、修改权、保护作品完整权、使用权和获得报酬权，而未明示与它"有关的"其他权利，因此这里"有关的"其他应有权利，就是空白权利，可以依法作出推定。同样，最高人民法院也通过权利推定方式对此进行了必要的填补，及时适应了社会发展，维护了人民的合法利益。②

　　而在随后的 2001 年、2010 年、2020 年《著作权法》修正中，该法第 10 条在规定了包括发表权、署名权、修改权、保护作品完整权、复制权、发行权、出租权、展览权、表演权、放映权、广播权、信息网络传播权、摄制权、改编权、翻译权、汇编权以及针对第（五）项至第（十七）项规定的权利的许可使用权、转让权以及相应的获得报酬权之外，特别强调了第（十七）项"应当由著作权人享有的其他权利"。上述《著作权法》修正中关于著作权的例示项的增加以及以"应当……其他权利"表述的兜底条款的明确，既是立法中权利推定的体现，又为司法中的权利推定预留了空间。

---

① 法释［2020］23 号最高人民法院关于适用《中华人民共和国民法典》继承编的解释（一）第 2 条"承包人死亡时尚未取得承包收益的，可以将死者生前对承包所投入的资金和所付出的劳动及其增值和孳息，由发包单位或者接续承包合同的人合理折价、补偿。其价额作为遗产"。

② 《最高人民法院关于审理涉及计算机网络著作权纠纷案件适用法律若干问题的解释》"第二条：受著作权法保护的作品，包括著作权法第三条规定的各类作品的数字化形式。在网络环境下无法归于著作权法第三条列举的作品范围，但在文学、艺术和科学领域内具有独创性并能以某种有形形式复制的其他智力创作成果，人民法院应当予以保护。著作权法第十条对著作权各项权利的规定均适用于数字化作品的著作权。将作品通过网络向公众传播，属于著作权法规定的使用作品的方式，著作权人享有以该种方式使用或者许可他人使用作品，并由此获得报酬的权利"。

（4）由类型式权利推定出概念式权利

概念是对特定事实内在的典型因素进行的准确的、全面的概括。在适用时，被适用对象必须与概念的外延和内涵完全对应，是一种全称对应。而类型则是一种比较松散的认识模型，在使用时只要求所指对象满足其基本的要素或部分要素，而不一定是全称对应。德国法学家拉伦茨曾经在法学方法论的意义上谈及在司法案件事实认定中概念和类型在指称上的差异：当且仅当定义该概念的全部要素在具体事件或案件事实中全部重现时，概念方可适用于此。而类型不能定义，只能描述，为描述类型而提出的各种因素不需要全部出现，可以多少不同程度地出现，该具体事件或案件事实就可归属于类型之中。① 类型与概念相比较具有较大的开放性和弹性空间，参照这种概念与类型之间的区分，我们可以把权利分为类型式权利与概念式权利。类型式权利，即权利类型，是一个关于权利种类的模型，在功能上与概念式权利，即权利概念，存在差别。权利概念的界定是为了适用法律规则和原则的需要，是制度指向的。因此，法律权利概念必须清晰、准确、规范、统一。而权利类型一般不能直接作为适用法律的参照系，它的功能主要表现为，对其权利类型统摄下的具体子项权利提供理论上的解释和制度上的指引。因此，较之于具体的权利概念，权利类型往往是松散的权利束、开放的结构或者宏观的框架。比如，知识产权作为一种权利类型或类型式权利，不能像著作权、商标权和专利权这类概念式权利那样可以直接适用，它的功能主要表现为将各个知识产权的具体权利概念在理论上统摄起来，建立一个统一的理解系统，进而提供一种一致的制度方向。知识产权作为一种类型式权利，将其麾下的诸项子权利在智慧成果权的意义上统摄起来，这些子权利都具有时间性、地域性等特征。权利类型的存在不仅为这些原本散乱的具体的概念式权利提供了恰当、统一的解释，也为这些具体的概念式权利的制度安排提供了一种理念导向。

权利类型借助于具体权利概念的制度化，才能完成从理论向实践的转

---

① ［德］卡尔·拉伦茨：《法学方法论》，陈爱娥译，商务印书馆2003年版，第100页。

换。当然，权利类型的构建不是随意的，它不仅来自对具有某些共同要素的具体权利的归纳和升华，也来自特定价值观念下法律秩序目标的限定。权利类型思考方法的关键在于：从一些具体的权利概念中发现某些共同的典型因素、这些典型因素之间的关联以及这些因素背后所隐含的价值理念线索。在法律发展的意义上，权利类型的发展是新的权利制度和新的法律制度发展的重要阶段。权利类型作为一个开放式结构为权利发展提供了可能空间。相反，缺乏权利类型的法律制度往往是散乱的、盲目的。从不同目的出发，权利类型存在不同的界定，在理论上并不必然与特定的部门法相联系。这意味着，同样一个权利概念可以在不同的权利类型框架内予以解释。比如所有权可以在民事权利框架内解释，也可以在私权的框架中解释，还可以在宏观的人权框架内解释。这些并存的解释框架基于不同的目的而存在，彼此并不产生冲突。当然，在特定的法律传统和特定的法律体系中，权利类型之间存在一定的关联关系。它们可能是从宏观到微观构成一个体系，也可能并列而不互相隶属。权利类型的目的在于统摄具有共同要素的权利概念，使权利制度更加清晰、明确、合理。

2. 由法律义务推定法律权利

需要说明的是，这里的义务是广义的，既包括狭义的法律义务，即法律关系主体承担的不利益，表现为必须依法作出某行为或抑制某行为，也包括狭义的法律责任，即由于违反第一性法定义务而招致的第二性义务。

法的一个显著特征就是以权利和义务为双重调整机制，权利的存在必然伴随着一定义务的履行，如果将权利理解为法律赋予权利主体的一种用以享有或维护特定利益的力量，那么义务则是对法力的服从，或为保障权利主体的利益而为或不为一定行为的能力。客观上存在的利益事实之所以要转化为法律上的权利，在于法律可以通过设立相应的义务来保障这种利益的享有和不受侵犯。因此，立法者常常不是通过直接设定权利，而是通过设定义务来默示它所要保障的权利的存在。所以，无论是权利本位论强调权利和义务有着价值上的主次关系，还是义务先定论强调义务在时间和逻辑上先于权利，权利义务之间总是密不可分的，两者在结构上的相关，数量上的等值，功能上的互补决定了由法律义务可以恰当地推定出对应的法律权利。正如拉兹所认为的那样，如果法律基于或是表达了这样一个观点，即某人有一项利益，这项利益有充足的基础主张另一个人服从一项义务，那么，法律就创造了一个权利。所以创造一项权利的一个方式就是通过使用"权利"这一术语。例如，"雇员有……的权利"。这是法律赋予权利的明显方式，既然"一项权利"意味着一个充足的足以主张另一个人服从一项义务的利益，那么权利术语的使用就是一个表达上述思想的一种很自然的方式。但是，拉兹也认为，正如边沁很早以前指出的那样，这不是唯一的也不是主要的法律创造权利的方式。法律创造权利的方式可以通过使用特别的技术语词来进行，诸如"持有"或"参与"等语词。或者可以通过强加义务意图来保护某人的利益，因而也就是授予某人一项法律权利的方式来进行。① 当然，对此，国内有学者也曾指出："法律直接规定义务在于简化法律条文的表述，其落脚点仍是在于保护已被承认的权利上了。承认权利是规定义务的前提，而规定义务是在承认权利的前提下进一步进行保护的法律步骤。"②

在这种情况下，就可以根据理论上的权利义务一致性原则进行权利推定。或者说，可以根据一种关于法律权利的"义务理论"③ 进行权利推定。按照边沁式法律权利概念的理解，以保护权利人为目的的法律权利，必须对其他人进行法律上的限制，而法律义务正是一种法律上的限制；因此，一旦存在法律义务这种限制，并且相关人士从这种限制中获得好处，那么这就成为一种权利现象，相关获益人就成为权利人。④ 权利需要义务

---

① J. Raz, Legal Rights, *Oxford Journal of Legal Studies*, Vol. 4, No. 1 (Spring, 1984), p. 13.

② 林志敏：《论法律权利的形式与推定》，载《吉林大学社会科学学报》1991 年第 5 期，第 47 页。

③ 法律权利的义务理论认为法律权利不仅存在于法律的直接的权利陈述中，法律的义务陈述也间接体现了权利陈述。参见陈景辉：《法律权利的性质：它与道德权利必然相关吗?》，载《浙江社会科学》2018 年第 10 期，第 6 页。

④ 陈景辉：《法律权利的性质：它与道德权利必然相关吗?》，载《浙江社会科学》2018 年第 10 期，第 6 页。

来保证，作为最准确意义上的权利而言，主张与义务的相关在权利实践中最值得关注。这就决定了法律条文中尽管出于立法简洁的考虑，往往只规定其中的一个方面，但是可以通过一项或几项义务的规定来推定某项权利的存在。如，宪法规定父母有抚养教育未成年子女的义务，据此可以推定，未成年子女有受抚养教育的权利，父母亦有受子女赡养扶助的权利。这也意味着，法律权利的数量，显然不等于法律中的权利陈述的数量，除了明确的权利陈述之外，还存在着大量其他非表现为权利陈述的权利。例如，我国《民法典》第三百一十七条规定"权利人领取遗失物时，应当向拾得人或者有关部门支付保管遗失物等支出的必要费用"，根据这款关于权利人的义务的规定，显然可以推定出遗失物拾得人有要求领取遗失物的权利人"支付必要费用"的权利。

此外，"消费者知情权"的发展也是一个更为复杂的由法律义务推定法律权利的例证，随着消费品市场的不断扩大和变化，出现了许多以往没有的服务项目，而法律并不能随时地对经营者的义务作出规定，很多时候只能规定一个高度抽象性的义务，比如经营者具有告知义务，但这一告知义务意味着经营者要付出一定的成本，只有当成本在可承担的范围时，这种告知才是可行的。而经营者追求的只是利益的最大化，并无动力提供尽可能充分的告知义务，这与消费者的利益需求形成了冲突，因此随着生产的发展，就需要司法及时地通过对社会生活的准确把握，使义务能够得到切实的落实，从而有效地保障权利的实现。这一过程即是从法律义务推定权利存在的过程，也是使权利不断发展、扩展的过程。

当然这种结合个案发展起来的"消费者知情权"，其中涉及的不仅仅是从有关义务条款的字面上进行权利推定，而是结合立法精神诸要素通盘考虑进而从最大限度地保护权利主体的利益角度进行的权利推定。刘雪娟诉杭州市乐金化妆品有限公司案就是一个很好的司法中的"消费者知情权"权利推定的例子，在本案中，法院并未采用国家标准，而是根据《产品质量法》的规定认定乐金公司侵犯了消费者的知情权，由义务本身进行权利推定从而确认了知情权。

正是这种从义务规则到权利规则的权利推定路径的存在，使我们意识到尽管在现代法律制度中，法律仅仅规定义务而不直接规定权利的情况仍不是少数，但却是与以往社会的"义务本位"的法律规范特征有鲜明的界分。正是以权利为义务的根基，以权利为义务的伦理基础，以及在此基础上，权利的平等性所导致的义务的平等性才使得现代社会成为一个重视主体平等的权利社会。

法律义务的设定一般会采用"应当""应该""必须""禁止"等术语进行表述，而同样的语言表述，在不同的社会背景下可能会产生不同的要求和意义，因为义务本身也是随着社会的发展在发生着变化。因此对法律义务的解释直接影响着权利的推定。

由于诸法在义务的规定问题上相互衔接和制约的关系极为复杂。单从某一义务规定直接推定权利，可能会与本法或他法中的另一义务性规定相冲突。因此，经由义务去推定权利仅仅从有关义务条款的字面上进行推论是不够的，它需要与立法精神诸要素结合起来通盘考虑。

除了狭义的义务之外，广义的义务也包括责任。因此也可以从法律责任推定法律权利。一般来说，责任是一种对自己行为及其社会意义的自觉意识和实践。责任来源于利益，任何利益都包含着责任成分，没有责任的利益是根本无法满足的；任何责任中也都包含着利益，否则，履行责任就会失去对象和基础。尽责任与获利益是相互转化的关系。责任是权利和义务的统一。[①] 权利、义务依次为责任提供了正当性基础，责任则依次为义务的履行和权利的实现提供了制度性保障。在这个意义上，它们彼此支持才能够成就自己和对方。在法律责任系统中，由违反义务（法定、约定义务）所引起的法律责任占主导地位，而不以违法或违约为前提的其他法律责任则居于从属地位。

由于责任和权利义务的这种关联性，尤其是权利对义务和责任的逻辑优先性，法律在创设规范时不仅以直接的方式宣告权利，而且法律上创设

---

① 张保生：《法律推理的理论与方法》，中国政法大学出版社 2000 年版，第 133—134 页。

的义务和责任规范同时也意味着是赋予特定主体以权利。① 从一项明示的责任中可以推定出一项隐含的权利。例如，我国刑法明文规定了拐卖妇女、儿童和明知他人无罪而使之受追诉者的刑事责任，从中可以推定出两项我国现行法律中尚未加以明示的权利，即妇女和儿童不受拐卖的权利以及公民有得到公正审判的权利。再如，《民法通则》第 124 条规定："违反国家保护环境防止污染的规定，污染环境造成他人损害的，应当依法承担民事责任。"据此，可以推定出公民有不受环境污染的权利。

在由法律义务推定法律权利时，特别需要注意的是，针对权利义务的相关性命题，或针对法律权利的义务理论，存在着不同层面的批评理由。一是认为，权利和义务的相关性命题所针对的，只是权利和义务之间的相关性，而不是义务和权利之间的相关性。义务并不必然蕴含着他人所拥有的权利。"它是一个权利"与"它设定了一个义务"还是存在着重要的区别。这不仅在道德义务中十分常见，在法律义务中也并不罕见。我国《环境保护法》第 6 条规定了个人的环境保护义务，但能否由此推定出环境权。对此，有学者认为，不假思索地将法律中的义务陈述一概转化为权利陈述，必须要克服"如果将它视为一项义务或者对一项义务的违反，那么是否会导致遗失重要的内容"这一来自笨拙性论证的挑战。而只将破坏环境单纯地视为对一项义务的违反而不是对某种权利的侵犯，不会因此而遗失重要的内容。尽管违反义务和侵害权利表面上看都是一项错误，并且大多数时候是同一项错误。但违反义务并不必然指向某个具体的主体，而侵害权利却一定指向某个具体的主体。因此，单纯地违反义务，即违反指向性义务，所对应的错误是一种非指向性错误，而非像侵犯权利那样，与此对应的是指向性义务，与此对应的错误是指向性错误。在法律规范中，涉及权利的指向性义务与非指向性义务的规定存在着分开与交叉的情形。在不是那么精准的意义上，可以把指向性义务和非指向性义务分别归类为私

---

① 邹晓红、尹奎杰：《论权利对义务和责任的优先性》，载《中央民族大学学报（哲学社会科学版）》2010 年第 1 期，第 138 页。

法问题与公法问题。保护环境的问题就属于公法范畴，这在《环境保护法》的行政责任条款设置中体现得极为明显，所以，由此推定环境权，尤其是推定私权意义上的环境权反倒会显得论证笨拙。①

因此，保护某种正当利益并非只有通过权利设置的方式，也可以通过施加非关系性义务的方式来实现，只要这种利益与特定主体的自主选择关联性不大，通过单纯的非指向性义务的设置不会遗漏重要的事情，那么就不能通过义务的泛称去忽略指向性义务与非指向性义务的区分，从中进行权利推定，因此，推定的"环境权"难以成立，从这个角度讲，由检察机关提起公益诉讼，而非赋予个人针对环境的诉权，是合适的。②

此外，需要关注的是，通过法律义务推定法律权利在新兴权利领域有很大的运用空间。针对近年来出现的一系列纷繁复杂的新兴权利现象或新兴权利诉求，诸如动物权利、大自然权利等自然体的新兴权利、一些本质上属于个性自由范畴的例如"乞讨权""流浪权""自杀权""变性权""吸烟权""酗酒权"等个性自由类新兴权利、沉默权等一系列成长中的新兴权利、行人的"优先通行权"等极易滥用且容易失衡的新兴权利等情形，虽然最终没有以"××权""有××的权利""有权××"的典型的权利表述形式在法律中直接赋予权利名号并表达相应权利内容，但却或是通过诸如人类的自我设限关照自然体的权利、通过底线义务的设置尊重自由的边界、通过部分义务的设置审慎支持权利的成长、通过义务的立法表达抑制权利的滥用等一些具体的法律义务的反射情形间接入法。

如果对法律义务作扩张性解释，把兼具权利与义务双重属性的国家职权也纳入法律义务范畴，那么基于法律权利与国家职权之间存在实质的、常态的、应然的内在关联，法律权利会在国家职权中得到一定程度的体现，诸如社会权类新兴权利、不宜提倡的个性自由类新兴权利或通过职权

---

① 参见陈景辉：《法律权利的性质：它与道德权利必然相关吗?》，载《浙江社会科学》2018 年第 10 期。

② 参见雷磊：《新兴（新型）权利的证成标准》，载《法学论坛》2019 年第 3 期，第 23 页。

的立法表达增进社会福利，或通过职权的柔性干预对自由予以引导等国家职权之映射间接入法的现象也值得进一步关注。① 以作为新兴权利的环境权的法律回应为例，虽然如上文所述，从权利义务相关性角度直接推定环境权，尤其是推定私权意义上的环境权会显得论证笨拙，但是，可以通过从宪法到法律再到法规、规章和其他规范性文件的层级性体系化的国家职权的由抽象到具体的规定的映射来间接保护"环境权"，② 尽管在此种意义上推定成立的"环境权"与法律直接规定意义上的"环境权"在立法表达、保障范围、国家态度、权利对象、背后理性、风险程度方面有所不同。

（二）依据法律原则进行的权利推定

在法律原则与法律规则的关系问题上，有二种主要观点。一种观点认为，原则和规则并无质的区别，只是抽象性程度不同的规范而已。③ 按照这种意见，原则不外乎是比较抽象的规范，规则不外乎是比较具体的规范，它们之间的差别是相对的、程度上的。另一种观点认为，原则和规则有质的区分，埃塞尔、德沃金、阿列克西等都对原则与规则的区分进行过

---

① 参见王庆廷：《新兴权利间接入法方式的类型化分析》，载《法商研究》2020 年第 5 期。

② 首先，宪法层面规定环境保护国家职权的总纲。《中华人民共和国宪法》第 26 条规定："国家保护和改善生活环境和生态环境，防治污染和其他公害。"其次，法律层面明确国家机关和相关部门的职权。《中华人民共和国环境保护法》第 6 条规定："地方各级人民政府应当对本行政区域的环境质量负责。"第 10 条规定："国务院环境保护主管部门，对全国环境保护工作实施统一监督管理。"此外，《中华人民共和国森林法》《中华人民共和国防沙治沙法》《中华人民共和国水污染防治法》等专门法律也有相关规定。再次，法律层级以下的法规、规章和其他规范性文件进一步细化了具体的职能部门、工作内容和履职方式。正是通过国家职权的层级体系映射方式，环境权虽无名但有实，逐步由宏观纲领化为微观举措，同时国家可以根据情势变化在环境保护与经济发展之间予以协调。特别是近年来借助党政部署、资金投入、立法修改、行政问责、环保督查等方式，严峻的环境形势得到明显改善。参见王庆廷：《新兴权利间接入法方式的类型化分析》，载《法商研究》，2020 年第 5 期，第 124 页。

③ 参见 Joseph Raz, Legal Principles and the Limits of Law, 81 *Yale Law Journal* 832 (1972)

讨论，尤以阿列克西的讨论最为深入和系统。原则和规则的差别可以概括为语义学差别以及与之相关的性质论差别及结构论差别。原则作为最佳化命令，具有"分量"的向度；原则在性质上是一种"理想应然"，只有考虑到经验可能条件以及所有其他相关的原则，才能转化为现实应然，因此原则是目标规范，而不是行为规范；原则具有单一结构，原则的证立只需凭借自身分量，即内容正确性。①

无论法律规则和法律原则的区分是程度上的，还是实质上的，法律规则和法律原则事实上不可能完全地绝缘。正是按照原则和规则之间的关联度，我们可以把法律规则分为硬性规则和软性规则。硬性规则和软性规则都包含着法律意义，即法律原则。但硬性规则比较精确，所包含的法律原则隐藏很深；软性规则比较模糊，所包含的法律原则隐藏较浅。因此，硬性规则与法律原则的区别更加明显，软性规则与法律原则的区别比较模糊，甚至在某种意义上可以说软性规则就是法律原则。

法律原则是法律规则背后的目的，它为法律规则的正当性提供了论证依据，也为法官将法律规则适用于具体案件提供了法律理由。"法律原则是指可以作为规则的基调或本源的综合性、稳定性原理和准则。原则的特点是，它不预先设定任何确定的、具体的事实状态，没有规定具体的权利和义务，更没有规定确定的法律后果。但是，它指导和协调着全部社会关系或某一领域的社会关系的法律调整机制。"②

在法律原则与法律规则非实质区分的层面上，基于法律原则的权利推定与上文阐述的从抽象权利规范中推定具体权利，从抽象的义务中推定对应的抽象的权利基本上是一致的，此处不再赘述。在法律原则与法律规则实质区分的层面上，基于有学者认为原则与规则保护客体不同，通常情形下，使用确定性较强的规则来保护对世权，以确定性较弱的原则来保护未上升为权利的法益，司法机关通过对规则的列举式规定的适用保护对世权，通过对原则的严格解释来保护未上升为权利的法益，因而对根据法律

---

① 参见雷磊：《适于法治的法律体系模式》，载《法学研究》2015 年第 5 期。
② 张文显：《二十世纪西方法哲学思潮研究》，法律出版社 1996 年版，第 391 页。

原则的"权利推定"能否成立提出过质疑，认为在权利的保护过程中，原则所起的作用限于将某种应受保护的利益解释为未上升为权利的法益，绝不是履行"权利推定"的任务。"权利推定"是不存在的，只有未上升为权利的法益的推定。①

在接受此种见解的基础上，我们姑且搁置"权利"与"法益"的差异，关注其共同的"正当利益"指向，基于原则与规则实质差异论所凸显的原则的特性，把依据法律原则进行的权利推定，理解为更多是一种个案性的权利推定，而非普遍性的权利推定，这里的"权利"，实质上是一种与"法益"不作严格区分意义上的宽泛意义上的"权利"。在规则失灵②时，对权利（或法益）的确认和保护往往要借助于反映了并表达着法律价值追求的法律原则。

1. 依据一般的法律原则进行权利推定

这里，一般的法律原则主要是针对下文中的"法不禁止即自由"这一特定的权利推定原则而言的。从原则的存在形式来看，一般的法律原则在制定法中一般表现为法律序言中明确声明的原则；有时没有明确的陈述，而是由推理者从法律、判决或宪法中推导出来的，有时候则直接来自道德正义、理性思考或政治理论；有些原则潜在于人们的意识之中，尚未形成系统的理论认识；有些已形成观念、学说或思想，尚未被实在法上升为正式的法定原则；有些原则被习惯法、判例法所承认，尚未得到成文法或制定法的明文规定；有些原则被成文法或制定法所规定，尚未体现为人们的

---

① 参见孙山：《民法领域中创造性司法的实现途径及其边界——以原则和规则的区分为基础》，载《河北法学》2014年第9期。

② 规则失灵的可能情形：情形一，规则对某事项彻底无规定；情形二，规则对某事项有规定但多个规则共同调整，相互之间存在冲突；情形三，规则对某事项有规定但与充当禁止性规范的原则相冲突；情形四，规则对某事项有规定，但此种规定有漏洞；情形五，规则对某事项有规定，但在个案中的适用与任意性原则发生冲突。参见孙山：《民法领域中创造性司法的实现途径及其边界——以原则和规则的区分为基础》，载《河北法学》2014年第9期，第50页。

普遍实践行为。如此等等，不一而足。① 在判例法中，原则通常来源于早先判决中的理由。所以一般来说，法律原则并不是由立法创造的，而是体现立法宗旨和目的并指导立法和司法活动的准则。立法的直接成果是规则或规则体系。尽管法律原则时常出现在法规序言中，但这只是一种将深层的法律原则表面化的做法。② 所以，这里的法律原则实际上更准确地说来则是法原则，也就是"非实定的法律原则"和"实定的法律原则"。

因为原则往往涉及诸如平等、自由、公正、正当等价值性较强、意义较为宽泛的概念，同时原则所涉及的东西也往往直接构成诸如平等权、自由权、公平对待权等基本权的主要内容。因此，依据一般的法律原则进行的权利推定与依据尚未有具体法律规定的基本权进行推定有很大的相似之处。齐佩利乌斯在很久以前就观察到了这一点。他曾对"往往是原则性问题"的基本权作过研究。把基本权界定为"需要填补"的概念，在适用基本权时必须为价值判断。③ 因而，当我们在法律适用中进行权利推定时，我们必须面对如下问题：我们做出价值决定的依据是什么？我们在何种程度上必须遵循法律规范之外的亦属客观范畴的规范秩序？我们让裁判者依个人价值观作出决定的自由空间有多大？是否存在纵然是借助裁判者的个人价值观亦无法填补的空间？④ 然而正如齐佩利乌斯在其后的研究中所强调的那样，纵然每个人都有些"价值经验"，其作为意识的内容是可重复、可传达，并且可以被他人接受（或不接受）的。但是人类的经验价值经常并不一致。的确，"一致的价值经验是认识正义的基础，认可此种主张并不困难，难处正在于实际获得一种广泛一致的价值经验"⑤。

---

① 舒国滢：《法律原则适用的困境》，载戚渊等《法律论证与法学方法》，山东人民出版社 2005 年版，第 181 页。
② 张保生：《法律推理的理论与方法》，中国政法大学出版社 2000 年版，第 434 页。
③ 转引自［德］卡尔·拉伦茨：《法学方法论》，陈爱娥译，商务印书馆 2003 年版，第 7 页。
④ 转引自［德］卡尔·拉伦茨：《法学方法论》，陈爱娥译，商务印书馆 2003 年版，第 7 页。
⑤ 转引自［德］卡尔·拉伦茨：《法学方法论》，陈爱娥译，商务印书馆 2003 年版，第 7 页。

对此，有人提出用未完全化理论协议来达成基本权利抽象规定上的意见一致与具体适用中的灵活性与可继续协商性。宪法的制定以及宪法权利规定往往是通过凯斯·R·孙斯坦所谓的"未完全理论化协议"①来完成的。许多宪法都包含未完全具体化的标准，而且避免作出各种规范，至少当它描述基本权利时如此。比方说，在东欧和南非，人们对一些抽象的宪法条款——"言论自由""宗教自由"以及"法律面前人人平等"——的具体含义存在很大的分歧。即，公民赞同这些抽象概念，但他们对这些条款的实际含义存在很大分歧。在某种意义上，正是这种未完全理论化协议的存在使立法成为可能。这种未完全理论化协议使得默示权利并不一定都必须从已经明示的法律规则中推定出来。即便没有明示的权利、义务、责任，也可以通过全面考察宪法和法律所规定的基本原则和立法宗旨，即一种法之目的性考察，从中推导出符合这些原则、精神、宗旨的默示权利。

由此可见，在法律实践中，依据一般的法律原则进行权利推定往往需要一个评价性的判断或需要"衡量"不同的利益，进而才能在法律实践中推定出权利与义务的内容和归属，最终对争议作出裁判，对权利给予保护。

在司法实践中，有很多依据一般的法律原则进行权利推定的例子。例如，在"李彬诉陆他芹、陆选风、朱海泉人身损害案件"②中，就根据诚实信用原则和公平正义原则进行了权利推定。该案一审法院认为，本案适用消费者权益保护法确定当事人权利义务。综观该法第7条、第11条和第18条的规定，都是指经营者因其提供的商品或者服务造成消费者的人身或者财产损害时，经营者应当承担责任。在本案中，原告的身体伤害是第三

① 参见［美］凯斯·R·孙斯坦：《法律推理与政治冲突》，金朝武等译，法律出版社2004年版，第39—72页。

② 在该案中，原告李彬在被告陆他芹等经营的西凤饮食店就餐时，数个不明身份的第三人来此店寻衅滋事，殴打店主之子。此间，原告李彬欲起身离开时，被第三人用啤酒瓶打伤左脸，住院治疗。原告起诉被告，要求按照消费者权益保护法有关规定赔偿损失。见《中华人民共和国最高人民法院公报》2002年卷，人民法院出版社2003版，第271—272页。

人的不法行为造成的，并非被告提供的饮食或者服务造成的。虽然根据消费者权益保护法的规定，经营者对消费者在消费过程中被第三人伤害不负双倍赔偿的法律责任，但根据诚实信用原则和公平正义原则，经营者对正在接受其服务的消费者的人身安全，负有谨慎注意和照顾义务。因此，遵循"原则—规则"的证成路径并遵循"义务—权利"相关性逻辑，可以合理推定出消费者有生命财产安全受接受服务时的经营者合理照顾与谨慎注意的权利，这样的权利推定也有助于更好地保护"人的生命财产权利"这一基本权利。

例如，在"西安海润公司诉中保财产保险有限公司西安市高新技术开发区支公司保险车辆丢失赔偿案"① 中，二审法院依据公平原则进行权利推定，将民法通则第4条规定的公平原则具体化为"权利义务相一致的法律原则"从而认定"海润公司实际仅缴纳保险费1000元，其余保险费长期拖欠不交，未按合同全部履行义务，依法应视为对其余部分放弃了投保，其请求上诉人按合同约定金额赔偿，不符合权利义务相一致的法律原则。应以所交保费的实际数额占合同约定的保险金额的比例，并结合国家关于机动车折旧的规定确定实际赔偿数额"。在此论证说理的基础上，进而推定中保财产保险有限公司西安市高新技术开发区支公司具有"不按照合同约定金额赔偿"的权利。

再如，在"新宇公司诉冯玉梅商铺买卖合同纠纷案"② 中，《合同法》第110条"除外"规定无法构成请求解除合同的规范基础，法院依据《合同法》第5条公平原则和第6条诚实信用原则判决解除合同，实质所依托的并非原告的民事权利，因为无论是解除权还是解除诉权，在当时现行法的框架下都没有依据，而是法官依据原则裁判，可以说是结合案件实际情况，为破解合同僵局，创造性地从公平原则和诚实信用原则中综合推定出了"违约方解除权"。在此案件的影响下，《民法典合同编（草案）》第

---

① 中国应用法学研究所编：《人民法院案例选》，2001年第1辑，人民法院出版社2001年版，第208—210页。

② 《中华人民共和国最高人民法院公报》2006年第6期，第37-42页。

353 条第 3 款首次赋予了违约方解除权，2019 年《九民纪要》第 48 条也规定违约方可诉请解除合同，尽管二者都设定了较为严格的条件，以努力调和违约方解除权对合同伦理的巨大挑战和打破合同僵局、结束合同关系这种实务需求之间的冲突。① 但由于"违约方解除权"在学界争议较大，② 在民法典正式稿中最终被删除。

2. "法不禁止即自由"之权利推定原则

除了上述提到的依据一般的法律原则进行权利推定外，依据法律原则进行权利推定还包括依据一个特定的权利推定原则进行的权利推定。这个特定的权利推定原则就是"法不禁止即自由"（"法不禁止皆自由""法不禁止即可为"）的法律原则。

权利推定不是一个简单的法律权利的逻辑学问题，权利推定更是一个复杂的权利理念问题。它是以权利本位为价值支撑的，即权利推定应以公民权利体系的扩展和保护为目的。因此，"法不禁止即自由"，私法中的这一经典性命题，作为人类法治思想重要组成部分③，也就相应地成为一个重要的权利推定原则。

"法不禁止即自由"这一法律原则，从罗马法学家时代起，就已有论述。17—18 世纪的古典自然法学倡导"天赋人权"，弘扬"个人权利"。在这种启蒙思想指导下制定的法律文件，对罗马法的这项原则进行了规定。在法国这个被称为"公民自由的摇篮"④ 的国度里，1789 年颁布的《人和公民权利宣言》第 5 条规定："法律只能禁止有害于社会的行为；凡

---

① 参见谢鸿飞：《〈民法典〉法定解除权的配置机理与统一基础》，载《浙江工商大学学报》2020 年第 6 期。

② 从比较法角度来看，在大陆法系尚未见到承认违约方解除权的立法例，而由"新宇公司诉冯玉梅商铺买卖合同纠纷案"引出的"违约方解除权"这个似是而非的错误概念暴露了一系列没有理清的问题，并且"违约方解除权"规则非但不能解决由此引出的诉讼法难题，而且实体法自身的协调也不容忽视，违约方解除权与合同法体系冲突，因此应予摒弃。详见韩世远：《继续性合同的解除——违约方解除抑或重大事由解除》，载《中外法学》2020 年第 1 期。

③ 参见 Tom Campbell, *Rights: A Critical Introduction*, New York: Routledge, 2006, p. 92.

④ ［俄］C. B 博博托夫、H. C. 科列索娃：《当代法国的公民权利与自由观》，陈维新译，载《外国法译评》1993 年第 3 期，第 62 页。

未经法律禁止的一切行动，都不受阻碍，并且任何人都不得被迫从事未经法律命令的行动。"1791 年《法兰西共和国宪法》也规定："凡未经法律禁止的行为，都不得加以取缔。"这些规定的主旨是强调资产阶级的自由，而限制、约束君主与贵族的独断专横。因此，它具有巨大的历史进步作用。自此以后，许多国家都把这一原则作为民主制度和法治制度的一项重要内容。包括在苏联的苏共第十九次全苏党代表会议上也提出了这项原则。在我国，虽然宪法和法律还没有明确规定这一原则，但这一原则在其所主要规范的私法领域，因其相较于私人自治原则不仅明揭自由最大化意旨，而且直陈自由求取之路径，更具技术操作优势，① 在法律实践中获得了广泛的体现和运用：不仅在法学理论上，我国学者有时会将"法不禁止皆自由"原则作为论证某种观点的论据，而且在规范制定或修改中，立法者有时会将其作为重要的指引，在诉讼中，当事人有时会将其作为起诉、反诉或抗辩的依据，法院有时会以其作为裁判依据。② 因此，如何理解"法不禁止即自由"这一特定的法律权利推定原则，如何通过具体的操作规范来尽可能地避免这一原则所可能产生的负面效应（防止该原则被无限扩大滥用以及被用来追求不正当的私利）就成为我们必须认真思考的问题。对此，我将主要从"法不禁止即自由"原则的真实含义、价值取向和操作规范三个角度予以全面的分析，以此来全面理解这一特定的权利推定原则。

（1）"法不禁止即自由"的真实含义

全面完整地理解"法不禁止即自由"的完整的真实的含义，是运用"法不禁止即自由"原则妥当地进行权利推定的基础。"法不禁止即自由"

---

① "法不禁止即自由"不仅以"即自由"的表述使得"自由最大化"的意图昭然若揭，直观地呈现出"自由最大化"的含义，私人自由空间的大小应从自由与国家法之间的关系中去探寻，欲获取更大自由，则必须从压缩"法"的空间中去求取，从而提供了相对具有可操作性的判断自由诉求得否成立的标准。参见易军：《"法不禁止皆自由"的私法精义》，载《中国社会科学》2014 年第 4 期，第 130 页。

② 参见易军：《"法不禁止皆自由"的私法精义》，载《中国社会科学》2014 年第 4 期，第 129—133 页。

的完整的真实的含义从基本含义到内在法理，再到深层机理可以归纳为如下要点。

第一，就其基本含义而言，若不违反法律的否定性规则，即听凭行为人完全自由，任其安排自己的生活、处理自己的事务、追求自己的利益。我国学界多从此要点理解"法不禁止即自由"原则。

第二，就其内在法理而言，该原则阐述了法律与自由的基本关系，即没有法律就没有自由。"法律不是压抑自由的手段。法典就是人民自由的圣经。"① 自由"应受"强制性规范中的禁令意义上的法的限制。忽略支撑平等自由得以实现的法律制度框架的看法是粗陋且幼稚的，因为"法不禁止"是"即自由"的前提。

第三，就其深层机理而言，自由"只受"禁令的限制，即，在不得不设置强制性规范以限制自由时，原则上须以"否定性"而非"肯定性"标准来规制私人行为。此要点尤为重要。不意识到这一点，就难以发掘"法不禁止即自由"原则的内在机理，即法不禁止即自由立基于"私人的意思自治在私法中处于核心地位"以及"否定性或消极性是私法的鲜明品质"这两个前提基础之上。只有在私人意思自治是私法基本原则乃至最高指导原则的背景下，"法不禁止即自由"命题才保有生存空间。"一个人应在得到允许以后方能做特定事情的状态，并不是自由……如果一个人所能做的大多数事情须先获得许可，那就绝无自由可言。"② 否定性是私法的基本品性，否定性使私法规范表现为禁令。否定性指的是私法规范不以必须做什么这种肯定的方式规范行为人的具体行为，而是以禁止做什么这种否定的方式规范行为人的具体行为。私法的否定性源于评判正义的肯定性标准的缺失，这种肯定性标准的缺失是因为立法者基于对决定人活动秩序的无限多样的特定事实常态性地处于一种必然的未知状态。因此，否定性立法是基于其较之于肯定性立法的易获得性和规范的否定性品质的巨大优势的双

---

① 《马克思恩格斯全集》第 1 卷，人民出版社 1995 年版，第 176 页。
② 参见［英］弗里德利希·冯·哈耶克：《自由秩序原理》上册，邓正来译，北京：三联书店，1997 年，第 14—15 页。

重考虑而作出的必然选择。"法不禁止即自由"采取了以对"禁止的全面规定"来推定自由的思路，从整体角度看待自由并将自由作为一个整体来加以保护，从而为行为人的行为自由容留了无限广阔的自由空间。

此外，对该原则的进一步理解，还需要厘清"法""禁止""自由"等关键性概念的含义，尤其是"禁止"性规范的法域差异、"自由"的主体、"自由"的类型，以及在关键概念解析基础上的整个"法不禁止即自由"原则在私法领域适用的边界。

首先，"法"是作宽泛还是狭窄的理解，是包括"应然法"与"实然法"在内的或以"应然法"为价值底色的整个法秩序，还是仅仅理解为"实然法"？是实然法的明文规定，还是包括实然法的隐含价值？仅就作为实然法的成文法，仅就民事法律规定中的禁令，既包括规则性禁令，也包括诸如公序良俗、诚实信用等原则性禁令。仅就作为实然法的成文法，亦有其层级，既包括宪法、法律、行政法规等较高层级的法，也包括部门规章、地方性法规、地方性规章等较低层级的法。面对变动不居的社会生活，伴随着新的科技或社会条件而出现了一些行为类型，法律尚未就其是否禁止作出决定，此时能否以此原则进行宽泛意义上的行为自由的权利推定？例如，尽管 2001 年 2 月国家卫生部（现卫健委）颁布了《人类辅助生殖技术管理办法》中有"禁止以任何形式买卖配子、合子、胚胎。医疗机构和医务人员不得实施任何形式的代孕技术"的条款，我国 2015 年 12 月新修订的《人口与计划生育法》删除《人口与计划生育法（草案）》中的禁止代孕规定，那么是否就意味着普通民众有代孕的自由呢？[①] 显然，不能匆忙得出肯定的结论，需要从整个实在法体系，乃至以"应然法"为价值底色的法秩序中去探明"法无规定""法无禁止"与"法不禁止"之间的关系。在概念的内涵方面，"法不禁止"内涵最为丰富，"法无禁止"次之，"法无规定"再次之。在概念的外延方面，"法无规定"外延最广，

[①] 对此，有学者主张应从实然法的价值基础、从应然法的角度对法律禁止代孕行为作出规范，而非进行权利推定。详见刘长秋：《代孕立法规制的基点与路径——兼论〈人口计划生育法〉为何删除"禁止代孕条款"》，载《浙江学刊》2020 年第 3 期。

"法无禁止"次之,"法不禁止"再次之。基于在概念外延上包括了"法无禁止"在内的"法无明文规定"是一种客观存在的立法现象抑或是一种合理的"立法误差"。结合司法实践,科学合理地区分与总结"法无明文规定"的基本类型,对于理解"法不禁止"的基本类型划分,以及根据"法不禁止即自由"原则恰当地进行权利推定也有一定的借鉴意义。

"法无明文规定"至少有功能型、授权型和目的型的类型区分。① 在原因论上,功能型"法无明文规定"往往是理论、立法与社会实践之间的时空落差所造成的。其中,此种原因致禁令不足出现的"法无禁止"可归入其中,法无禁止不等同于法不禁止,对此,即便是在私法领域,也应从包括应然法在内的宽泛意义上的法秩序角度出发,探究"行动自由"的更为充足的道德基础,审慎进行权利推定。例如,在无锡中院审理的"人体冷冻胚胎权属纠纷案"中,已经死亡的夫妻遗留下来的冷冻胚胎的权属如何确定显然是一个全新的问题,立法的触角显然没有及时跟进,法官必须倚靠司法智慧创设相应的裁判规则,② 并对裁判规则中所确定的"胚胎监管权、处置权"这一新兴权利结合对人体冷冻胚胎法律属性定性,基于权利内在理由与外在理由,基于伦理、情理、法理的衡平,基于进行充分的论证。③

授权型"法无明文规定"指的是包括准立法者在内的广义的立法者关于某种事件有意识地容许法官在具体裁判案件时作出自己的价值判断,即赋予法官"自由裁量权",而不设任何规定的情形。例如,在隔代探望权

---

① 庄绪龙:《"法无明文规定"的基本类型与裁判规则》,载《法制与社会发展》2018年第2期。

② 参见江苏省无锡市中级人民法院(2014)锡民终字第1235号民事判决书。

③ 参见侯学宾、李凯文:《人体冷冻胚胎监管、处置权的辨析与批判——以霍菲尔德权利理论为分析框架》,载《苏州大学学报(哲学社会科学版)》2016年第4期;廖磊:《论新生权利的创设——以"冷冻胚胎案"中监管权与处置权的创设为例》,载《河北法学》2017年第9期;郑英龙:《人体冷冻胚胎法律属性及处置权问题研究——基于伦理、情理、法理的衡平思考》,载《浙江社会科学》2020年第7期。

案件①中，理论上，对于"隔代探望权案"问题是否超出了婚姻法上探望权的范畴，法律并无明确规定，在具体的司法实例面前，法官需要结合特定的价值评价标准进行"造法式"裁判。

目的型"法无明文规定"指的是立法者基于政治、文化、社会等诸多因素的考虑而故意未对相关领域的问题作"明文规定"。此情境下，"法无明文规定"绝非立法者粗心大意，而是立法者对一些存在争议的问题，尤其是夹杂政治、社会、文化乃至伦理、道德因素的问题的一种"主动选择缄默"的睿智处理。在授权型和目的型"法无明文规定"的场合，因为立法者是有意识地不规定，此时，法不禁止即自由与法无禁止即自由高度重合，法官的自由裁量权应以尊重体现私法自治的"法不禁止即自由"的权利推定为前提，在该行为不侵害其他人权利的情形下，尽可能地进行"法不禁止即自由"的权利推定。

其次，"禁止"一词是指为防阻行为人实施不正义行为而对行为人行动范围的否定性限制，但其内涵却因公法与私法的法域差异而存有不同，需要格外注意。在公法领域，禁止性规范当指禁止性的行为规范，在私法领域，虽然也存在禁止性的行为规范，但更多的禁止性规范与行为强制性规范无关，仅仅是权利间界限区分的权限规范。立法者并不禁止当事人在权限规范的界限区分下彼此去进行进一步的交易，当事人在此类私法领域存在的权限规范下依然保留了大量的自由决策的空间。②

再次，"自由"作为此原则中的关键性概念，应认真准确地区分识别"自由"这一语词所具有的多种意义。法律对人类行为给予不同的评价，在对人类行为把控的宽严度上呈现一种梯形结构：动用刑罚予以全面严厉禁止、进行部分或全部非罪化处理、法不禁止该行为但同时法理上也不鼓励和完全保护该行为、法不禁止该行为且该行为基于"法不禁止即自由"

---

① 参见陈坚：《江苏首例"隔代探望权"一审宣判》，《江苏法制报》2015年7月9日，第2版。
② 易军：《"法不禁止皆自由"的私法精义》，载《中国社会科学》2014年第4期，第123页。

原理应属于自由的范畴①、法律直接以"允许、可以，有……的自由、有权利……"等表达对特定行为的肯定型评价。其中，"法不禁止且基于'法不禁止即自由'原理属于自由"中的"自由"需要进一步分析与辨识。

一是"保留而不作评价"意义上的自由，即此行为属于所谓的"法外空间"，留待相关行为人之良心自决。二是私法行为自由意义上的自由，包括事实行为自由与法律行为自由。在不具有规范性的事实行为自由的层面上，所谓"法不禁止皆自由"就是说"法不禁止（事实行为）皆合法"；在尤为重要的作为实践私人自治之工具的法律行为自由层面上，即行为人不仅可自由行为而且可自由地设定私法效果的层面上，按照凯尔森、哈特等规范分析法学者的观点，"法不禁止皆自由"的含义应是"法不禁止（法律行为）皆有效"。② 此外，此原则中，享有自由的主体是谁或谁之自由的问题也需要明确。对此，一种观点认为该原则中自由的主体应是私人，或私权利主体。③ 另一种观点认为，"自由"的主体不限于私权利主体，也可为公权力者。此种观点立基于消极自由和积极自由的界分以及权力与权利的正相关基础上，在将权力之职能二分为"政治统治职能"和"社会服务职能"的基础上，从促进积极自由得以实现的初衷出发，认为，要保障消极自由不被侵犯，公权力应遵循"法无授权即禁止"，为促进积极自由得以实现，公权力可适用"法不禁止即可为"。④ 鉴于社会服务职能与政治统治职能很难厘定清新的分界，鉴于对权力容易扩张与滥用的顾虑，我更倾向于把"自由"的主体限定在私权利主体上，而非扩张到公权力主体上，即使是仅在国家提供社会服务的范围内。

最后，应严格恪守"法不禁止即自由"原则在私法领域适用的边界。

---

① 林来梵：《自由主义的败家女?》，载《浙江社会科学》2013年第1期。

② 参见凯尔森：《法与国家的一般理论》，沈宗灵译，中国大百科全书出版社1996年版；哈特：《法律的概念》，张文显等译，中国大百科全书出版社，1996年。

③ 易军：《"法不禁止皆自由"的私法精义》，载《中国社会科学》2014年第4期，第123-124页。

④ 汪习根、武小川：《权力与权利的界分方式新探——对"法不禁止即自由"的反思》，《法制与社会发展》2013年第4期。

一般而言，"法不禁止即自由"的适用限于仅涉及行为人自身的行为与无涉第三人的合意行为，即遵循私法自治不得侵害他人合法利益规则。在运用该原则进行新兴权利推定的司法实践中，尊重当事人的私法自治原则的同时，要判断公民私法自治的行为及其结果是否危及他人的合法利益，要时刻秉持公义。在法律"保留而不作评价"意义的自由层面，警惕司法中的义务附加，原则上不应进行义务附加，即便是对于"法无明文规定"但却存在情理认同的"义务附加"，也应进行充分的法益衡量，并有权利补足规则与之配合。"公民义务承担的前提应当存在权利补足的对价，否则义务承担就不可被当然地承认。"①

（2）"法不禁止即自由"的价值取向

"法不禁止即自由"是现代公民社会里一种重要的权利界限的确认原则，它是针对"法授权（权利）即自由"这一臣民社会权利界限的确认原则而提出的，是与扩大、尊重、保护人的权利，促进人的全面发展的理念相吻合的法治原则。

"法不禁止即自由"这一原则是针对公民个人来说的。其根本目的是扩大人们的社会积极性、主动性与创造性，赋予民众以广泛的自由。众所周知，启蒙思想家们是积极倡导自由的。在斯宾诺莎、皮埃尔·勒鲁看来，不管是思想自由、信仰自由、言论与出版自由，还是迁徙自由、择业自由、营业自由、竞争自由等等都是有限度的，而不是任性的随心所欲的。在洛克看来，自由要受法律的约束，"法律按其真正的含义而言与其说是限制还不如说是指导一个自由而有智慧的人去追求他的正当利益，它并不在受这法律约束的人们的一般福利范围之外作出规定"②。卢梭也有句名言："人是生而自由的，但却无往不在枷锁之中。"③

"法不禁止即自由"原则以一种全新的视角看待法律与自由、法律与

---

① 庄绪龙:《"法无明文规定"的基本类型与裁判规则》，载《法制与社会发展》2018年第2期，第76页。

② ［英］洛克:《政府论》（下），叶启芳、瞿菊农译，商务印书馆1964年版，第35—36页。

③ ［法］卢梭:《社会契约论》，何兆武译，商务印书馆1980年版，第8页。

权利、法律与义务、权利与义务之间的关系。它的实质在于"人在法律规范的空间里可以做法律未禁止的一切事情",在法律的意义上,其为法不禁止之行为是不会受到法律的否定性评价的,至少是不受法律之追究的。至于其行为是否受道德或其他社会规范的否定性评价或追究,则是另外一个问题。答案一定程度上取决于法律与道德及其他社会规范的相关性,更具体地取决于该行为是否处于道德等其他社会规范的控制范围之中以及道德等其他社会规范对它的最终评价。

"法不禁止即自由"原则以一种开阔的态度看待权利与法律的关系,认为权利先于法而存在。尤其是以人权为核心的道德性权利,它不会因为法律的规定或取消而否认自身。相反,在某种意义上,权利却成为评价法律的一个要素。一个轻易否定人权,否定人的尊严,否定人的平等尊重与对待的法律,很难配得上法律的称呼,至少在法律是关于善的艺术这一意义上或许应该是这样的。正是权利或正当本身构成了法律的精神内核和法律的道德根据。总之,这一原则以扩大人的自由和权利为宗旨,在基本秩序的基础上鼓励人的自主性和创造性行为,从而不断促进人的全面发展。

与此相反,"法授权(权利)即自由"原则或"凡法律未允许的,都是禁止的"原则的实质就在于"只许可做允许做的事情"或"禁止做一切未经过允许做的事情"。它的前提是法先于权利,而不是权利先于法。因此,法律没有明确授予权利,公民就无权利自由从事任何活动。然而按照妥当的看法,法律"确认"权利不是或不仅仅是"创造"权利。有些权利和自由,即使法律没有明确授予,公民仍然有权享有,而且只要不触及法律禁止的边界,公民就可行使和实现。这表明,"法授权(权利)即自由"原则是一种狭隘的实证主义法律原则,它在更大程度上限制了人的权利和自由。"法授权(权利)即自由"本质上乃是"奴仆"和"臣民"社会的原则,决非是"自由人"和"公民"社会的原则。如果在一个民主、自由的社会中实行这一原则,必然会束缚和禁锢公民们的自主精神和创造性发展,并在大众文化和心理结构中形成惰性的、保守的和漠不关心的倾向。

(3)"法不禁止即自由"的操作分析

　　法不禁止即自由原则在具体的法律操作层面上，要求一种完整的法律眼光，要求全面地认识法律。对此，有些学者从另一个角度敏锐地指出"法无禁止即自由"与"法不禁止即自由"之间微妙的差别。① 未经法律禁止中的"法律"不仅包括未经宪法和基本法律以及其他规范性文件的禁止，而且还包括不违背一国已确认的基本法律原则。在这个意义上，因为法律不仅仅是一个规则体，更是一个包括原则在内的由原则予以支持或导引的规范体，甚至法律不仅是一个静态的规范体系，更是动态意义上的法律秩序。

　　所以，在运用"法不禁止即自由"原则进行权利推定时要进行如下操作。首先，要全面地看待对待法律规则。对某个问题，不是仅仅看一部法律或者几部法律规则中有没有禁止性规定，而是要看法律规则整体对此问题有没有禁止性规定，只有作为整体的法律规则体对某一事物没有禁止性规定时，才可以认为人们可以在作为规则体的法律的界面上自由为之，不受法律的禁止。体系思维在此尤为重要。因为法律众多繁复的法条之间不是一种单纯并列的关系，它们彼此之间以多种不同的联结方式相互指涉，法律规整效果的达成乃至更宏大意义上的法律秩序的形成，事实上必须要

---

① 他们认为在看到"凡法律未禁止的，都是允许的"这一原则所具有的积极作用的同时，也还应看到其消极性的一面。因为"它可以被用来追求自私自利的目的。在这个口号下，可以违法乱纪，一意孤行，主观专断，胡作非为"。（［苏］H. 马穆托夫：《论"凡未经法律禁止的，都是许可的"原则》，陈文译，《法学译丛》1990 年第 1 期，第 2 页。）特别是我国正处于急剧变革的时期，法律具有较大的滞后性，而且，由于立法者并非全能（其预见能力受到种种限制，即使预见到了也往往还受立法技术的制约），这样，法律出现漏洞与模糊就是在所难免的了。有学者就此主张：把"'法无禁止即自由'这一法律格言改为'法不禁止即自由'"。因为，"法无禁止"包含"法律未加禁止"的意思，实则应是"法不加禁止"才是自由的。即作为整体的法不加禁止，而不只是某个法律未加禁止。（郭道晖：《论权利推定》，《中国社会科学》1991 年第 4 期，第 185 页。）另有学者也指出："将法律规则的禁止性规定局限在法律条文的明文规定之中是片面的。应当而且必须从立法机制的动态过程完善对禁止性规定的理解"，并且，"只关注立法制定的明确规则而忽略法律适用的实际运作，亦会导致对禁止性规定的片面认识"。所以，"法不禁止便自由"的观点对法律内容的理解是十分形式化的。参见刘星：《对"法不禁止便自由"的重新审视》，《法律科学》1995 年第 5 期，第 10—11 页。

借助于法条间的交织和合力。因此，明确地指出法条间的意义关联，清晰地意识到纵然是一个包括了构成要件和法效果的逻辑层面上似乎是自足的完全法条也不过是一个更广泛的规整的组成部分是法学最重要的任务之一。① 即便如此，那么，在这个层面上，不受法律之禁止，是否就意味着受法律的保护呢？这种保护是积极的保护还是消极的保护呢？即，这种自由是以一种积极自由的姿态还是以一种消极自由的姿态出现的呢？我认为这要看法律有没有关于确保此种之自由为积极自由而采取的与之对应的作为性的义务规范。如果有，则在作为规则体的法律的意义上，"法不禁止即自由"之"自由"为一种积极自由，如果无，则在作为规则体的法律意义上，"法不禁止即自由"之"自由"为一种消极自由。

其次，在明确的法律规则体对某行为或某事没有禁止性规定时，还要看隐含的法律对此问题有没有禁止性规定，即法律规则之外的作为法律内在有机组成部分的法律原则对同一问题有没有禁止性规定。只有将法律原则纳入法律体系之中，"法不禁止即自由"的权利推定在操作中才是完整的。当然，若规则中没有禁止性规定，能否进行禁止性规范的类推？对此，并没有适用于所有法律领域的统一意见。从类推所借用的解释的语言规则看来，以法律条文为表现形式的法律规范，其适用域事实上并不是非常清晰的。法律条文中明确提到的情况之外的其他类似情况，法律条文明确列举的行为之外的其他类似的行为是否都可纳入以法条为表现形式的特定的法律规范的适用域？为解决这一问题，一方面，法律条文在某些情况下指明某些条款不仅涉及条款中所列举的情况，而且"分别地"涉及类似情况，另一方面，在当代大多数的法律体系中，如下的原则是公认的：只有那些在其作案时犯下了有效法规要处以刑罚的被禁止行为的人才负刑事责任，而不允许由于有类似法规所规定的行为而给予刑罚，即罪刑法定原则。但是，在不少情况下，这个问题无论在法律条文中，还是根据法学公认的一般原则都没有获得最后解决。这样，功能的解释规则所需要的解答

---

① ［德］卡尔·拉伦茨：《法学方法论》，陈爱娥译，商务印书馆 2003 年版，第 144页。

在于有效的法律规范是否仅仅涉及法律条文中明确提到的情况，还是也涉及从所谓的法律规范价值论理由看来相类似的情况。①

尽管人们很难找出贯通于所有法律领域的或认可或拒绝权利类推的充分理由，但在具体的法律领域中，还是存在着普遍的较为一致的做法或还是可以对一定的做法达成共识的。这种共识的形成倚赖于不同的法律部门的法性质和其间所维系之权利的重要程度。一般而言，在刑事法律领域，按照"罪刑法定"原则，不得进行类比性的推定，所以，只要没有明确的禁止性规定，就认为人们是自由的。而在权利推定广泛适用的民事法律领域，则有必要对禁止性条款进行恰当的类比推定。类比推定是一种根据两个对象之间某些属性相似而推断出它们在另一些属性上也可能相似的推定方式。类比推定背后是以一种包含在该规则中的基本原理为依托的，即"法院指定的官员以代理人身份行使的权力应当被限制在他们履行官方行为的国家管辖范围之内"②。所以，只有在这种以类比推定的方式所发现或揭示出来的隐含法律的约束之外，才能按照"法不禁止即自由"的原则进行权利推定。

再次，探究法律规则和原则对某行为或某事均未禁止的情形所可能的具有的立法意图。法不禁止，是一种法之无意的遗漏，还是法之有意不规范，留待个人自由行为。法不禁止，是一种有意义的法之沉默，还是一种真正的法律漏洞。只要法律（更精确地说：体现在法律、习惯法及一贯的司法裁判中，立即可供应用之法条的总体）有"漏洞"，法院就应该进行恰当的法律内的规范推定，而不能在法律实践中不分场合一概认为"法不禁止即自由"。因为只有在及时填补了"法律漏洞"之后，才能一方面在某种程度上缓减"法不禁止即自由"可能被滥用的危险系数，另一方面防范司法裁判在立法"有意义的沉默"时，即事实上并不存在"真正的法律

---

① ［波］齐姆宾斯基：《法律应用逻辑》，刘圣恩等译，群众出版社 1988 年版，第 316 页。

② ［美］E·博登海默：《法理学、法律哲学与法律方法》，邓正来译，中国政法大学出版社 1999 年版，第 494 页。

漏洞"时，无根据地或不必要地创设或引入某种法律制度来破坏法之安定性与稳定性。因此，这里必须区分"真正的法律漏洞"与"虚假的法律漏洞"。有人认为，假使不加入法律欠缺的规定，法律规范根本无法适用时，此时才构成法律的漏洞。① 在规范本身不圆满时，可称为"规范漏洞"。审慎制定出来的法律很少会有规范漏洞。齐特尔曼将这种漏洞称为"真正的漏洞"，以便区别于"虚假的漏洞"，即"不真正"的漏洞。大部分的法律漏洞，并非涉及个别法条的不圆满性，毋宁是整个规整的不圆满性，也就是，依据根本的规整意向，应予规整的问题欠缺适当的规则。这种"规整漏洞"被称为"不真正"的漏洞。当然，这种区分是与对法律的认识本身有关系的。虽然，在存在"规整漏洞"的情况下，如果不予补充而径自适用法律，仍可获得答案，即"因该问题未被规整，因此该当案件事实将不生任何法效果"。假使这是一个针对（属于法律规整范围，因此）并非法外空间的问题所作的答复，则其无异权利的拒绝。为作出满足权利的裁判，法官必须以合于法律的规整意向及目的之方式，填补法律规整的漏洞。② 在这个意义上，法不禁止即自由的权利推定原则有助于督促法律机构根据法律具体适用的社会情形不断地通过法律解释或新的立法来填补法的遗漏和结构空缺。

最后，在无法确定"法律未加禁止"情形的立法意图或"法律未加禁止"情形的立法意图与法之当下客观目的发生冲突的情况下，通过探究法之于当下社会目的之贴切程度，运用客观目的来分析法不禁止之行为所可能产生的结果，通过进一步的规范解释、修改或制定来避免这种不利的后果。

只有通过层层的限定与分析，将法律理解为一个包括规则、原则、目的性理解为一体的图景性结构，法不禁止即自由原则的适用才能减少其可

---

① 布克哈特（Burckhardt）认为，当法律对——为适用法律必须予以答复的——问题未提供答案时，即可认为存在法律漏洞。法官容许填补这一类的漏洞。转引自［德］卡尔·拉伦茨：《法学方法论》，陈爱娥译，商务印书馆 2003 年版，第 250 页。
② ［德］卡尔·拉伦茨：《法学方法论》，陈爱娥译，商务印书馆 2003 年版，第 251 页。

能引起的因权利推定主体对该原则赋予了太高或太多的期望而导致的所谓
推定不过是权力滥用或任意解释的遁词，以及追求不正当的个体利益或不
正当的特定团体利益等与该原则所倡导的或意图的"自由与平等之权利扩
展"相背离的不利后果。

上述是对"法不禁止"之"法"在具体操作中的理解。此外，还必须
分别从"法不禁止"之事项或行为的认定主体和"法律"与"道德"相
区别的角度注意如下两方面的问题。第一，在有争议的具体案件中，"未
经法律禁止"的认定，最终应由适用法律的机关来进行。其他机关或个人
可以主张，可以论辩，可以以正当的理由去影响法律适用机关的判断，但
却无权作出普遍的或仅针对个案有效的"未经法律禁止"事项之认定。第
二，必须把"未经法律禁止"与"不符合社会风俗道德"区别开来，"未
经法律禁止"并不以"不符合道德"为前提。

（三）依据法律概念进行的权利推定

法律概念是组成法律规则、法律原则和法律体系的基本细胞。法律概
念是概念的设计者（法学家或法律制定者）运用法律的思维，在考察了
"历史"的资料和考虑了现实生活的要求后，对法律规则作抽象的归纳，
同时以对法律规则欲调整或规范的对象的特征穷尽列举为基础，并基于某
种设想（计划性）就其已被认识的特征加以取舍，并将保留下来之特征设
定为充分而且必要，同时把调整事实涵摄在概念适用中。法律概念是在法
律和法学活动中所使用的一切具有法律意义的概念。① 法律概念有两个定
位，一个是法律规范本身的概念，譬如权利、义务、法律行为、代理、时
效等。一个是法律规范所指向的对象，譬如，消费者权益保护法中的消费
者、消费行为等。

所谓以穷尽列举概念所描述的对象的全部特征中的"穷尽列举"其实
就是一个概念得以蕴含具体对象的前提性设定，设定一个概念所列举的特
征是在该概念之涵摄上所不可缺少、不可替代的特征，这样才能将一个具

① 雷磊：《法律概念是重要的吗？》，载《法学研究》2017 年第 4 期，第 75 页。

体事项涵摄于一个特定概念之下。① 假定必定是假定，事实上，再完善的概念也经常会出现"重要特征把握之不全面"，"不重要特征舍弃之过分"等情形，从而给概念适用带来了不确定性。尤其是因为那种基于法律规范指向对象而形成的法律概念，其取舍的标准、内容和所蕴涵的价值，是容易随着社会发展而逐步变化的。因此，在司法实践中必须结合具体社会情形，针对具体案件，依据法律概念进行权利推定。依据法律概念进行的权利推定主要是指通过对与某一权利相关涉的法律关系中的权利主体、权利内容、权利客体所涉及的有关概念进行相应的权利扩张或义务限缩的解释。

例如，在民事审判实践中，司法机关依据"照顾子女和女方权益"的离婚财产分割原则进行权利推定，适应新时期权益的多元存在形态，对离婚财产分割法律关系中的权利客体中的重要概念"财产"一词进行了与时俱进的解释，切实地贯彻了"照顾子女和女方权益的"的原则。1980 年 9 月 10 日通过的婚姻法关于离婚时夫妻共同财产的分割原则是，"协议不成时，由人民法院根据财产的具体情况，照顾子女和女方权益的原则判决"。尽管法律条文本身并未改变，但其执行中的考虑因素必然与时俱进，不断适应新的社会情况。例如，1999 年 11 月 19 日《全国民事案件审判质量工作座谈会纪要》中涉及的股票、股权、知识产权、生产资料、企业、公司的财产分割、'房改房'等问题，在婚姻法刚制定时大多还不存在或不突出，而到了 20 世纪 90 年代，随着市场经济的发展，这些问题也在夫妻家庭财产中的地位日益突出，因而依据此原则对女方和子女财产分割权利做更细致的推定时，必须利用原则的弹性规定，借助概念的扩张性解释，来适应社会发展，拓宽权利保护范围。而修改后的婚姻法和相应的司法解释都合理地吸收了上述司法实践中依据"财产"这一法律概念进行的权利推定的成果。

再如，就消费法律关系中的消费者而言，司法实践中对"消费者"权

---

① 黄茂荣：《法学方法与现代民法》，中国政法大学出版社 2001 年版，第 39 页。

利主体概念进行的解释实际上就是一种考虑到了立法者的意图、现实的社会生活需要等众多因素的复杂的权利推定过程。通过这种依据法律关系中的权利主体概念进行的权利推定切实地满足了新形势下的消费权利诉求。

　　事实上，即便是所谓的严格的法条主义者，都在通过概念的解释与界定进行着隐蔽的权利推定。法条本身及其所对应的法律实践本身的内在弹性使法条和社会实践更加吻合。当然，这里的富有弹性，不是指法条主义者在"反概念"的意义上"灵活地"研究法律，也不是指法律实践者在自由裁量的意义上"灵活地"运用法律，而是指，正是在法条本身、概念本身之中，法条主义者和法律实践者可以展开具有开放性的法律研究和法律运用。① 针对王海知假买假这一人们熟知的法律问题，法条主义者要么会从《消费者权益保护法》第49条出发去讨论王海之类是不是"消费者"，对"消费者"的概念提出不同看法，对这一条的适用提出不同看法；要么会从《民法通则》的民事行为规定出发去讨论王海之类的购买意思表达是否真实，从而断定"王海行为"是否属于有效的民事行为；要么会结合两部法律讨论问题，讨论究竟哪部法律是可适用的。② 同样，在法律实践中，诸如北京某些法院，会从《消费者权益保护法》的相关条文出发作出判决，认为王海之类属于"消费者"，而另外一些诸如上海、湖南、湖北的法院依然会从相关条文出发作出判决，认为王海之类不属于"消费者"。此外，天津某些法院会从《民法通则》的相关规定出发，认为王海之类的行为属于无效买卖行为。值得注意的是，根据报道，北京某些法院的法官在接受采访时，表示并不认同天津法院的判决，而且指出如果类似案件情况还是出现在北京，那么，他们可能依然像过去一样认为王海之类属于

---

① 刘星：《怎样看待中国的"法条主义"》，http：//article. chinalawinfo. com/article/jrtj/article_ display. asp？articleId=37676. 访问日期，2007年10月20日。

② 学者的不同观点，主要参见杨立新：《"王海现象"的民法思考》，《河北法学》1997年第5期，第1—7页；梁慧星：《关于消法四十九条的解释适用》，《人民法院报》2001年3月29日第3版。

"消费者"。① 在这个颇为典型的例子中，可以看到，具体的司法实践中，通过对权利制度所关涉的内容中的具体概念的弹性把握，进行着权利推定的活动。

有的法官还从司法实践具体操作者的角度具体分析了应该通过对"消费者"概念的扩大解释，把"知假买假者"这一消费者概念的隐含意思揭示出来，从而推定出或认定"知假买假者拥有获得双倍赔偿的权利"。② 按照《消费者权益保护法》第49条的规定："消费者为生活需要而购买、使用商品或者接受服务，其权益受本法保护。"是否能从中推定出"知假买假者属于消费者"，进而推定出或揭示出"知假买假者拥有获得双倍赔偿的权利"关键在于推断或推论的理由是否足够充分。该法官认为可以同时从文义解释、目的解释、避免明显的荒谬和不公正、意图解释以及社会学解释多个角度论证这一依据消费者这个法律概念进行权利推定，进而推定出"知假买假者拥有获得双倍赔偿的权利"的合理性。

依据文义解释，首先，该法官认为，立法者并没有给"消费者"下一个定义，第49条规定仅仅是限定消费者权益保护法的适用范围，而不是对"消费者"的含义作出界定，该条并不是一条定义条款。其次，该法官援引立法资料分析了对"为生活消费需要"所作的限定之目的仅仅在于将生产资料与生活资料区分开，而绝不是提供法官依据经验法则认定根据购买的多少而区分"为生活消费需要"或"不为生活消费需要"。最后，该法

---

① 上海法院的情况，见袁飞：《上海驳回一例仿"王海"式索赔请求》，《第一财经日报》2006年2月13日第A06版；孙玉荣：《民法上的欺诈与〈消费者权益保护法〉第49条之适用》，《法律适用》2005年第4期，第88页。湖南法院的情况，见胡铭、陈晓林：《职业打假长沙遭遇红灯》，《中国质量万里行》2004年第6期，74—76页；湖北法院的情况，见刘学华、贺艳：《三名"王海"败走麦城》，《中国商报》2000年9月13日第002版。北京法院、天津法院的情况，以及北京一些法院法官对天津法院做法的不同意见，参见王进："王海打假败走津门"，载《南方都市报》1998年8月27日第008版。

② 参见管金作：《解读消费者权益保护法第49条——以解释者的视角》，载王利明主编：《判解研究》，2005年第2辑，人民法院出版社2005年版，第87—98页。

官认为，社会的发展，科学知识的迅急变化，使得某些词语的含义变化得很快，文义解释的另一要求是，如果法律在制定、实施一定时间后社会条件改变了，如果立法的语言宽泛得足以扩展适用到这些新的情况，那就没有理由不将该法适用到这些新的情况。

依据目的解释，该法官认为，消费者权益保护法的产生是国家干预经济的结果，其深层的社会原因是，计划经济向市场经济转型期间损害消费者利益的现象极为严重，制造假冒伪劣产品的行为到了极其猖獗的地步，传统民法不足以保护消费者的基本权益，故而制定专门保护消费者权益的单行法。消费者权益保护法第 1 条规定："为保护消费者的合法权益，维护社会经济秩序，促进社会主义市场经济健康发展，制定本法。"从这一立法目的来看，应支持"知假买假"。既然以"保护消费者的合法权益"为目的，就应该认可即便是知假买假的消费者是法律上适格的消费者，既然要"维护社会经济秩序，促进社会主义市场经济健康发展"，就应该依法惩罚知假售假的商家，以实现立法者制定惩罚性赔偿之条款的目的。

依据避免明显的荒谬和不公正原则，该法官认为，当立法机关的语言会产生两种解释，而一种会导致显见的不公正时，法院应该这样推理：这样一种结果不是制定者意图出现的。其理论基础是，立法机关意在制定公平、合理、公正的法律，法院有义务尽量给予法律合理的解释和推定。法院应该推定，荒谬的结果不是在立法者考虑之内的，因而应该做出避免荒谬、不一致和有矛盾的解释。因此，法律概念要有弹性地扩展到包括该法律所要实现的目的和目标的最合理的含义。以购买手机为例，某人一次性购买多部真品手机，如果没有其他法律规定的法定情形，那这位购买人会享受消费者权益保护法规定的全部权利。也就是说，他是消费者权益保护法予以完全保护的"消费者"；但如果他发现在商场购买的这些手机是水货，于是到法院要求退货并赔偿，法院却说：您不是"为生活消费需要的"消费者，为生活消费需要您只能购买一部手机，所以购买的其余手机不能给予双倍赔偿。这样的答复显然是荒谬的。

依据意图解释，该法官认为，解释者解释法律时应寻找立法机关的原始意图，作为要解释问题的答案，在我国，这通常被称为立法精神或立法思想。立法意图和立法目的不同，它并不明确阐述在法律文本中，法官只能从立法机关使用的语言中查找意图，或者从其他资料如立法时的各种报告中去查找。在20世纪90年代前后，我国厂家和商家制造、销售假冒伪劣商品的行为不断增多，已经严重影响到我国市场经济的健康发展，发生了许多危害消费者生命、财产的案件，造假售假行为已经成为困扰政府的严重社会问题，而地方行政部门由于地方保护等诸多原因存在打击不力的状况。"为保护消费者的合法权益，维护社会经济秩序"，全国人大常委会于1993年制定了消费者权益保护法。其意图在于，首先，消费行为是一种普遍行为，该法49条规定的双倍索赔，为广大消费者提供了有力的自力救济的手段，具有普遍性，在很大程度上可以弥补官方行政管理的不足。其次，该条的制定借鉴了美国和中国台湾地区的做法，那么立法者在考察这种制度的实施效果时不可能不涉及对其副作用的考察，包括明知是假货而购买的问题。既然立法者最终采用了这一制度，那么只能推定立法者制定该条的目的之一，就是利用"退一赔一"的利益机制鼓励人们主动地知假买假，从而打击售假行为。

依据社会学解释，该法官认为，双倍索赔的社会意义就在于鼓励人们运用利益机制与制假卖假的恶意的制造者和销售者，以及提供欺诈性服务的经营者进行斗争，以此制裁民事违法行为。它的副作用与它的积极作用相比，显然后者的价值更为重要。"两利相衡取其重，两害相衡取其轻"，立法者在惩罚性赔偿金制度上作了这样的选择。

在上述论证的基础上，法官认为，从"消费者"的相关规定中可以合理地推定出"知假买假者"属于"消费者"，进而推定出消费者有"知假买假，要求双倍索赔的权利"。

单独的以概念为基础的权利推定只有放置在完整的法律规则或法律原则中才能实现权利推定的真实意义和价值，而所谓的以法律规则和以法律原则为基础的权利推定也同样离不开对构成规则和原则之概念的含义予以厘清和推导性的揭示。因此可以说，理论上我们可以将权利推定的方式按照一种推定的依据分为分别依据法律规则、法律原则、法律概念进行的权利推定，但事实上，在具体的权利实践场域中，权利推定的各种不同的方式往往是交织在一起的。

第六章

权利推定的界限：权利推定的原则与
限制因素

正如权利是有边界的一样，推定的权利和权利推定过程也都是有边界的。正是这种边界或是权利推定所应遵循的原则和权利推定的限制因素保证了权利推定的恰当性；保证了权利推定的价值和意义的充分发挥；保证了权利推定与权利创造的区分以及权利推定之于司法实践的制约功能的发挥；也正是权利推定所遵循的原则和权利推定的限制因素保证了权利推定与上文（第四章权利推定的主体多元性考量）关于普通民众权利推定主体资格的确定问题中所提及的"权利泛化"现象之间有着根本的不同。

一、权利推定的原则

（一）法治原则

权利推定必须依法进行，用法治意识和法治精神来指导权利推定，在法律制度的框架里，在现代法治精神的导引下进行权利推定。权利推定不能违背宪法、基本法律原则及基本法律精神，即做到"虽然在'法律之外'（超越法律的规整），但仍在'法秩序之内'（其仍须坚守由整体法秩序及其根本的法律原则所划定的界限）"①，借助权利推定手段保护新兴权利不能导致权利冲突加剧的后果，不能导致法治秩序背后价值和原则的

---

① ［英］卡尔·拉伦茨：《法学方法论》，陈爱娥译，商务印书馆 2003 年版，第 287 页。

混乱，"这种选择必须是维护了社会的正义价值而不是破坏或者割裂了社会秩序的连续性"①。最终发生法效果的权利推定必须由专门机关根据法定权限和程序来进行，即主要由立法机关或法律适用机关，在宪法和法律规定的权限内，根据立法程序、法律解释程序或法律适用的具体步骤来进行。当然在这些具体的程序和步骤中应该尽量容纳当事人或利益相关主体关于权利推定的意见，形成一种互动有序的主体多元共存的权利推定格局。当然，上述对有法律效力的权利推定之主体与程序方面的限制并不是对民众作为权利推定主体的否定，而是尽可能将民主的因素和民众权利推定主体地位纳入法定程序之中，形成一种由专门机构主导的，当事人直接参与或民众广泛参与的法律运作中的权利推定局面。

（二）位阶原则

权利推定，尤其是在司法中的权利推定，事关新兴权利的司法确认，事关隐含权利的司法保障，事关法律体系融洽性的促成，因此，在作为推定依据的基础性事实的选择上应有次序先后的考虑。我们把这种基础性事实选择上的先后次序的考虑套用法的效力中的位阶理论，称之为位阶原则。基于"法的安定性"这一最低限度的法治概念要求，在形式版本与实质版本的法治观念之间，在薄的法治与厚的法治观念之间，我们优先选择满足前者。在法的要素中，法律规则较之于法律原则更为具体、明确，更有助于法的安定性的达成，因此，借鉴避免向一般条款逃逸的法原则的适用要求，我们强调在法律规则的基础上优先进行形式上的法律权利推定，只有在没有具体规则的情况下，或依据具体规则进行形式上的权利推定会严重造成个案不公时，才应依据法原则、法精神进行实质性的法律权利推定。

具体而言，在法律规则有明确规定，无须权利推定就能满足权利实践的需求时，不要进行权利推定。如果明确的法律规则不能满足权利实践的需求，就必须进行权利推定。但即使进行权利推定，也应优先考虑依据法

---

① 周安平：《流浪者的权利与国家权力》，载《河北法学》2008年第1期，第18页。

律规则进行权利推定。因为，规范越确定、越具体，其可推导的空间就越是有限，越是容易把握，也越是因此容易达成一致。所以优先依据法律规则进行权利推定可以恰当调节法官的自由裁量权，在保持法律稳定性和可预测性的基础上更融通地理解法律规则。但是，这也可能成为依据法律规则进行权利推定的局限所在。因此，当依据法律规则进行权利推定依然无法解决权利保护问题时，就必须要依据法律原则进行权利推定。即便是这样，依据法律原则进行的权利推定之结果，如果是要作为一个法律适用的前提性依据的话，最好必须是由立法机关通过法律解释或是新的立法将权利推定的结果明确化、细致化。司法机关在司法实践中进行的权利推定则必须是旨在实现个案正义。当现有的明确的和隐含的法律规则作为司法判决的法律前提会导致极端不公正的后果时，就需要由司法机关首先是以已经实定化的法律原则为基础进行权利推定，其次是以非实定化的法律原则为基础进行权利推定来达到个案的正义，切实地保护权利。而且在依据原则进行权利推定并适用这一推定结果时，必须要寻找比适用现有的明确的权利规则的理由更强的理由。若适用通过法律原则推定的权利却仅仅提出与现有的明确的权利规则力量相当或比现有明确的权利规则力量更弱的理由，那么，在具体案件中所进行的为适用法律而进行的权利推定就是不恰当的。同时，在个案中，以依据法律原则推导出的权利为前提进行法律适用时，还必须进行充分的解释与论证，这个权利推导过程就是法律原则的具体化过程。[1]

（三）内容稳妥性原则

权利推定在内容上还必须妥当。因此推定的权利在内容上同样应该遵循与法律权利设定的基本原则同样的原则，遵循与新兴权利产生的逻辑条件同样的逻辑要求。有学者将法律权利的设定原则概括为无害性原则、必要性原则、防范性原则、可行性原则和协调性原则。[2] 有学者将新兴权利

---

[1] 戚渊等：《法律论证与法学方法》，山东人民出版社2005年版，第193页。

[2] 张恒山：《法理要论》，北京大学出版社2002年版，第403—405页。

产生的逻辑基础概括为如下任一条件的满足：第一，基于不公平分配的调适。即按照一定之社会价值判准，既有实在法关于权利分配或安排呈现出不公平的之格局，而一种利益主张有利于打破并调适该不公平分配格局；第二，基于可掌控资源的拓展。即随着可掌控资源的拓展，一种利益主张既不会导致其他人所不能接受的权利克减，同时也不会导致在当下或将来相应领域明显的不公平格局的产生。① 有学者将新兴（新型）权利的证成标准概括为合理性、合法性与现实性。②

　　综合上述对包括新兴权利在内的法律权利设置背后深层次问题的不同角度的有益思考，我认为作为权利推定结果的推定权利同样应遵循权利内容稳妥性原则，同样应该包括如下这些具体的要求。

　　第一，推定的权利必须是有益的或至少是无害的。这是"利益的正当性"这一权利合理性标准在权利推定中的具体体现。因此，作为权利推定的结果的推定权利，必须是有益的或至少是无害的。这里的有益性或至少无害性有两个层面。一是说推定权利至少应对权利主体无害。甚至推定权利不仅至少应对权利主体无害，而且应该保证主体在社会中的良好存在，给主体带来一种善的结果。因此，在此意义上，尽管法律未禁止自杀，但自杀权因不符合对人的生命和健康这些普适性利益的保护，亦难成为一种推定权利，充其量只能是虚假的权利主张。二是说权利推定必须对他人、对社会、对国家都不具有危害性或者具有善。推定权利所具有的这种善的伦理价值是权利推定的正当性来源。权利"不仅对个人有益，而且也是减少社会冲突、鼓励社会合作的有效方式。权利也表明一种道德的确定性，给予人以安慰和启发"③。权利推定也应遵循权利创制、权利生成的一般理论，即"权利不独为保护个人之利益，同时为社会全体向上发展之认许"④，这是权利的社会性与公共性的必然要求。

---

① 周赟：《新兴权利的逻辑基础》，载《江汉论坛》2017 年第 5 期，第 117 页。
② 参见雷磊：《新兴（新型）权利的证成标准》，载《法学论坛》2019 年第 3 期。
③ Tom Campbell, *Rights: A Critical Introduction*, Routledge, 2006, p. 4.
④ 史尚宽：《民法总论》，中国政法大学出版社 2000 年版，第 714 页。

违反了推定的权利必须是有益的或至少是无害的这一基本要求，推定出来的权利就是不合理的。不能因为法律权利本身在设定时忽略了此项原则从而在权利推定时扩大这种权利内在的缺陷。权利的享有，无论是法定的权利，还是推定的权利，都必须以不违反无害性这一最基本道德原则为前提。因此，对于一些在法律实践中逐渐发现的个别的不合理的法律规定，不应该再以其以基础，进行权利推定，进一步扩展这种既有法律规定的内在缺陷，而应当从法律的整体性出发，诉诸一般原则和伴随一般原则进行的权利推定所应强调的进一步的评价性论证来推导出新的权利，以打破并调试既有的不公平分配格局。这种伴随新兴权利推定的评价性论证是原则论辩和后果论辩的交互使用，一项推定权利，应当是既能得到原则支持的，在后果上又是可欲的，同时也应当满足法律的一致性要求，即不能与其他业已确立的拘束性法律规则相冲突。①

对于是否违反"有益或无害的"这一基本要求的认定不仅是在伦理绝对主义的意义上说的，有时需要考虑到特定文化背景下的伦理相对主义。因此，对于某些借助于权利推定推导出的诸如"凶宅补偿权""贞操权""哀悼权"等权利来说，证成其背后之利益的正当性标准具有"领域依存性"。② 在不同文化背景下，对此类推定权利的正当性也会有不同的认定。

第二，推定的权利必须有被保护的必要性。被推定为法律权利的行为、状态或特定的利益必须有受到国家保护以防范其被侵害的必要性。在司法实践中，推定权利的无害性只是一个底线性的要求，法律权利规范的特殊属性还要求任何法律权利的设定包括推定权利的认定必须满足必要性原则。推定权利不仅要证明其所保护的利益是正当的，也要证明以特定方式对之加以保护在道德上是重要的。这里涉及对道德权利所具有的"对个人选择加以保护的必要性和对个人选择加以保护的优先性"这两项重要规

---

① ［英］尼尔·麦考密克：《法律推理与法律理论》，姜峰译，法律出版社2018年版，第235页。

② 参见［英］斯蒂芬·图尔敏：《论证的使用（修订版）》，谢小庆、王丽译，北京语言大学出版社2016年版，第34—35页。

范功能的理解。因此，一方面，推定权利也旨在保护个人的独立性以及个人自治。因此，赋予权利人道德权利的必要条件是想要义务人在特定利益范围内担负起关系性义务以尊重并保护权利人自主选择。基于此，有学者主张，"保护环境"这一道德义务本身是非关系性义务，不能简单地从"保护环境"这一道德义务中推定或证成"环境权"这一道德权利。① 另一方面，推定权利也旨在保护个人选择的优先性。权利表达出了个人的道德主体地位，它就是要为个人在面对大多数人的意志和利益时划定原则上不可随意侵入的空间。当旨在保护个人选择的推定权利与公共利益发生冲突时，如果公共利益需要负荷论证负担，证明有更强的理由去优先实现公共利益而限制个人权利，如果推定权利为基于公共利益的干涉设置了论证门槛，对权利的强制性干涉是困难的，那么就说明推定权利有被保护的必要性。

第三，权利推定必须坚持防范性原则。当推定一项权利时，不仅要以权利推定会给权利人带来利益为追求目的，同时也要保证权利人所作的任何一种行为状态的选择都不因此而受到侵犯。当然，这一原则是立基于对权利，尤其是对基本权利防御功能的关注之上的。尤其是在宪法未列举基本权利的推定上，被推定出的宪法基本权利同样应该具有和宪法明示的基本权利同样的防御功能。

随着社会演进背景下基本权利从"自由"到"价值"的重新定位，② 基本权利"客观价值秩序功能"获得越来越多的关注，"一份基本权清单内容上的意义在于……欲呈现一种价值体系或利益体系，一种文化体系"③。基本权利的客观秩序功能将国家置于一种"不确定的提供制度保障、组织与程序保障、设计基本权利第三人效力或狭义保护"④ 的法律地

① 参见雷磊：《新兴（新型）权利的证成标准》，载《法学论坛》2019年第3期。
② 李忠夏：《基本权利的社会功能》，载《法学家》2014年第5期，第19页。
③ 转引自齐延平、曹瑞：《论基本权利的价值多重性》载《法学论坛》2018年第2期。
④ 郑春燕：《基本权利的功能体系与行政法治的进路》，载《法学研究》2015年第3期，第32页。

位之中。在基本权利的复数时代，基于推定的基本权利的法律实践或推定基本权利的宪法案件将呈现出更复杂的样态。

第四，权利推定必须坚持现实的普遍可行性原则。推定权利亦非存在于真空之中，如果现实条件无法实现推定权利所应具有的"对义务相对人的义务施加和从权利优先于善中推导出的权利人初步对抗公共利益的实施"的规范效果，那么通过权利推定得出的推定权利同样将失去现实意义。"人类社会通过制度调整行为进行保护的可能性"是"人类承认和尊重的价值"之外，权利得以产生的另一个重要条件。[①] 因此，权利推定内容稳妥性原则不仅要关注"人类承认和尊重的价值"所体现出的推定权利内容的正当性问题，还需要从推定权利的现实运行角度，关注其现实的普遍可行性，推定权利的内容必须能够让人类的需要获得普遍化、一般化的满足，否则就没有社会意义。法律对权利的规定，无论是明示的规定，还是默示的推定，都是社会可供资源与人类对于生活水平、生存状态的需求与实现之间平衡契合的表现。[②] 因此，权利保障依赖于社会能够提供资源以满足人们的需要，并形成一种普遍化现象，否则推定权利除了一种权利宣称之外，没有任何实际意义。

因此，权利推定必须坚持现实的普遍可行性原则至少有如下三个方面的意蕴。首先，这意味着推定某种行为或某种利益为权利时，要考虑国家给这种行为或利益提供保护的可能性，即应考虑到权利实现的现实的社会成本问题，即国家的可担负性。不具有提供保护的可能性的权利推定，其权利推定的意义往往是要打折扣的。尤其是在外部权利推定中，可行性原则提示我们必须注意经由外部权利推定进行的法律权利的确立，是需要成本的，不仅需要经济成本，也需要诸多重要的社会成本。因此，通过司法中的权利推定方式救济新兴权利时必须系统性考虑国家、社会维护权利所要支付的成本是否在可行的范围内，超越现有经济文化条件一味去救济推

---

① 参见何志鹏：《"自然的权利"何以可能》，载《法制与社会发展》2008 年第 1 期。
② 王方玉：《权利的内在伦理解析——基于新兴权利引发权利泛化现象的反思》，载《法商研究》2018 年第 4 期，第 90 页。

定权利可能会遭遇权利实现的难题。例如，能否从宪法人权保障条款中推定出"最低生活保障权"，能否从我国《宪法》第46条规定中推定九年制义务教育之外的"受高中教育权""受高等教育（大学教育）权"，如上种种以国家为义务人的积极的事实行为请求权，不纯粹是受保护的合理性和法律规范的解释问题，同样要受制于国家财政状况和教育资源能力的政策考量。① 因此，现实的社会成本考虑既是权利推定所应遵循的现实的普遍可行性原则的更为具体的要求，也是权利推定的法律基础之外的又一社会事实性基础。

其次，这意味进行权利推定也要进行政治现实的考量。这在具有政治色彩的权利之中体现得尤为突出。

最后，这种普遍可行性原则也意味着对权利推定的后果主义论辩。在具体的社会情境中，适用这项还是那项规则，推定出这项还是那项法律权利，其获得的后果大为不同，正是这种后果的差异决定了能否进行权利推定，依据这项规则还是那项规则进行权利推定，推定出的是法律权利的具体内容是什么。这种后果主义的论辩方式要对各种不同的权利推定可能进行辨别，通过考量各种推定权利可能引发的情势来决定作出怎样的权利推定。权利推定的后果主义模式本质上是评价性的，其关心的是后果的可接受性和不可接受性。但是，没有理由认为依据权利推定的后果主义模式所作出的评价只借助单一的指标来展开。基于正义、常识、公共政策、便利等多个不同标准的存在，不能把后果主义论辩方式简单地看为一种"功利主义"的论辩方式。权利推定的后果主义论辩模式也有其一定的主观性，需要法官权衡对立的权利推定所造成的后果，因而需要确定不同评价指标的权重，并考虑一项具体的权利推定采纳或拒绝所可能导致的不公正感的程度和效用差异。②

---

① 参见雷磊：《新兴（新型）权利的证成标准》，载《法学论坛》2019年第3期，第28页。
② ［英］尼尔·麦考密克：《法律推理与法律理论》，姜峰译，法律出版社2018年版，第124—125页。

第五，权利推定应遵循协调性原则。就成熟的法律制度而言，协调是指只有通盘整体考虑不同的规则才有意义。一个具体的规则的意义在于其与某个更为一般性的规则相一致，由此而被视为这一更为一般性的规则的特定的或具体的表现形式。这个一般性的规则被称为原则，对于所有那些与之相关但更为具体的原则来说，这一原则起到解释和使之正当化的作用。① 同理，推定权利之所以有意义，也在于其与法律体系内的既有的更为抽象的或更为具体的权利之间保持一种内在的协调性和融洽性。这种协调性要求，为权利推定划定了一个界限，一方面，让司法中的权利推定限定在合法的范围之内，另一方面，也让司法中的权利推定限定在满足法律体系的融贯性要求。对于法律体系的融贯性要求，既包括法律外部体系的融洽性，也包括法律内部价值体系的一致性，更包括一种更高的作为法律理想图景的融贯性要求，即法律体系在价值上要尽可能与体系背后的政治——道德理念相一致。② 就法律外部体系的融洽性而言，主要是指权利推定应促成法律体系的完整性与连贯性。通过权利推定中法律解释、类比推理等更为具体的法技术的运用弥补基于规范漏洞和认知漏洞而产生的完整性匮乏，通过权利推定中体系化认知基础上的解释和推理，推动法律体系中明示的法定权利与推定权利之间、明示的法定权利与法定权利之间，推定权利与默示权利之间的连贯性。就法律内部价值体系的一致性而言，主要是指法律体系应当具有评价上的一致性与法秩序的内部统一性。因此，推定权利作为法律体系的有效组成部分，无论是宪法权利推定还是法律权利推定，都应受到宪法原则和明示的基本权利条款的支撑，而不应与其有评价上的矛盾性和不统一性。就更高要求的融贯性而言，意在强调隐蔽在融贯性法律体系的背后作为其支撑的一个社会的成熟的政治理论与道德信念，因此，只有探寻新时代中国的政治——道德背景体系，才能提升推定

① ［英］尼尔·麦考密克：《法律推理与法律理论》，姜峰译，法律出版社2018年版，第184—186页。
② 雷磊：《法教义学与法治：法教义学的治理意义》，载《法学研究》2018年第5期，第70—72页。

权利的质与量，使其成为中国特色社会主义"良法"的重要组成部分，为法治中国的法治政府、法治社会、法治国家一体化建设奠定坚实的根基。

（四）民众行为优先适用权利推定原则

一般而言，在法治国家中，对于国民的行为应适用权利推定优先原则，对于政府主体的行为应适用义务推定优先的原则。根据民主与法治的理念，国家的一切权力属于国民全体，政府的权力乃国民所授予并应依法行使。因此，对于国民而言，政府不得强迫其做法律不强迫他做的事情，不得禁止其做法律不禁止他做的事情，在法无明文规定的场合，实行权利推定优先的原则。正是因为这一原则的存在，法治国家才能够在维持秩序的前提下保障自由，达成秩序与自由的统一。

根据前述民主与法治的理念，在法无明文规定的情况下，对政府主体的行为应实行义务推定优先的原则，即法无明确授权即禁止。这一原则反映了一种依法行政的思想。在这个意义上，它主要是针对行政机关来说的，在某种意义上是对行政权的制约。之所以要提出依法行政原则，最初是为了限制王权的专断。一方面是反对国家的干预，主张自由放任主义，另一方面则要求行政机关必须依法行政，并且提出"政府最好，管事最少"的主张。由此便有了"无法律即无行政"的原则，即政府的一切行为均需有议会创制的法律作为依据，否则，它所作出的行政行为就不具有合法性。缺少这一原则，就难以保证政府权力与政府行为的合法性，进而法治原则亦归于虚幻。① 因而可以说这一原则是与法治原则和越权无效原则相通的。它强调政府主体对公民的支配和约束必须有法律上的依据，目的在于防止因政府权力的滥用而使公民的权利受到专横的对待，此乃现代法治国家的通例。近年来也有一些学者提出，政府"法无授权即禁止"是"画地为牢"，只有"规定动作"而无"自选动作"，禁锢了政府的开放思

---

① 万其刚：《论允许与禁止相结合的立法观念》，载《中外法学》1996年第5期，第62页。

想与创造精神,① 因此, "法不禁止即自由"的权利推定原则也同样适用于政府,并认为权力具有政治统治与社会服务的双重职能,公权力应当遵循"法无授权即禁止"以保障消极自由不被侵犯,公权力可以适用"法不禁止即可为"以促进积极自由的实现。② 对于这种观点,尽管其初衷良好,在理论上可以进一步探讨,但在当下整个社会尤其是公权力部门的形式法治理念还尚薄弱的情况下,在强调要把"权力关进笼子"的大背景下,实践中应持保留态度。

当然,对于民众权利推定优先原则只有在满足了下述三项条件的前提下才能合理使用。其一,该行为不得与其他既有法律原则相抵触。例如,约定"工伤概不负责"的劳动合同可能并未被法律所明文禁止,但是,它与劳动保护的宪法原则直接抵触,因此,雇主不得以法无明文禁止为由主张有订立此类条款的缔约自由权。其二,该行为不得对其他主体的合法利益造成不公平的损害。例如,某医学院在招生时决定不招收吸烟的考生,而法律并未明确禁止医学院的此种行为,但是,由于此种行为不公平地损害了一些公民的受教育权,因而,"法无明确禁止即自由"的原则在此是不能适用的。司法实践中,针对这种在所谓的"法无明确禁止即自由"基础上通过对法的狭义理解而对其他主体的合法利益造成不公平的损害的行为提起的诉讼及由此而引起的社会关注就反映了这一点。安徽省芜湖市乙肝歧视案③就是我们在本土可求得的一个典型案例。其三,该行为不得有损于公序良俗。例如,某些破坏公共秩序和善良风俗的有伤风化之行为,可能在立法上并没有加以明文禁止,然而,对此类行为仍不得推定为

---

① 参见汪习根:《在"授权"与"禁止"之间——科学界定公权力的适用范围》,《人民论坛》2012年第14期。

② 汪习根、武小川:《权力与权利的界分方式新探——对"法不禁止即自由"的反思》,《法制与社会发展》2013年第4期。

③ 该案的原告在2003年的安徽省国家公务员考试中取得了第一名成绩。然而,却因被检查出是乙肝病毒携带者而被芜湖人事局宣布不合格不予录取。之后,他便以芜湖人事局为被告向安徽省芜湖市新芜区法院提起行政诉讼。相关报道参见 http://www. southcn. com/news/ community/shzt/yg/. 2008年3月20日。

权利。

当然，对于政府主体而言，法无明确授权即禁止的原则也不是绝对的。例如，按照成文法的规定，英国政府的许多权力不是属于内阁，而是属于英王，但是，依据英国的宪法惯例，内阁却是真正的权力行使者。不过，为了保证法治原则的贯彻，现代各国法治国家对此种例外均严加限定，法未明文授权的行为只有在符合下述条件时才是允许的：它符合历史形成的政治传统，并与法律的原则和理想相一致，同时，该行为有助于公共利益的增长，不会对公民的平等权利构成威胁，而且，有足够的司法救济手段防止其滥用。

二、权利推定的限制因素

（一）法律政治因素的限制

权利推定的实体性内容必须符合法律的基本原则和立法精神。例如，权利推定时要符合法律面前人人平等的基本原则。在进行应有权利推定时，除了认定和识别权利要求外，还要考虑权利推定影响的其他人的利益，实现权利推定的均衡发展，真正体现法律面前人人平等原则。

权利推定的实体性内容不能与明确的法律规范的内容相冲突，不能因为权利推定的引入而加剧权利冲突。如果一项权利推定无故增加或加剧了权利冲突的发生，那么我们就应该认真反思这个权利推定了。相反，一项好的权利推定应该是充分考虑到法律政治制度的合理限度，通过权利推定来缓解既有权利体系中的紧张关系或是在具体的案件中来解决特定的权利冲突问题。

上文我们提到的从公平原则和诚实信用原则中推导出的"违约方解除权"之所以引发重大争议，《民法典（二审稿）》删去了"违约方解除权"规则，其中很重要的一个原因就是法律体系内容的协调性。如果承认"违约方解除权"，按照《民法典（二审稿）》"违约方解除权"规则但书部分的规定，是否意味着法院或仲裁机构可以直接裁判违约方承担违约责任的实体内容？如果这样的话，势必因为实体法上的一个特别规定带来程序法上更为特别的规定，实体法上的权利推定也好，权利规定也罢，不能不顾及与程序法的协调。如果承认"违约方解除权"，势必与我国合同救济的基本立场——肯定非违约方的合同债权人具有履行请求权，强制履行是一种基本的责任方式，违约方本身不能任意从债务履行或继续履行中自我解放，决定权在于非违约方，而不在于违约方——相冲突，造成合同法体系的冲突，动摇合同法的根基。[①]

再如，法律体系或权利体系的安定性要求权利推定应注重体系解释方法的运用，避免因忽视推定权利与现有权利体系之间的逻辑关系而产生权利类型体系的混乱。例如，近年来出现的一些主张"亲吻权""拥抱权"的案件[②]，没有必要从身体权、健康权等上位权利中再进行诸如"亲吻权""拥抱权"等新兴权利的推定，若将其视为独立的新兴权利不仅会造成权利规范体系的混乱，而且会消解法律规则本身所蕴含的一般性、概括性意义。将一个案例归纳成一条规则的任何一次努力都是一种法理学的工作，一个成功的法官或律师的一个标志就是能成功地具体适用最一般的规则，否则，就会出现霍姆斯曾例举过的一种极端的情况：一个法官碰到一个农民状告另一个农民折断了他制黄油的搅拌桶的案件，法官考虑了一段时间后说，他查遍了成文法都未发现关于搅拌桶的规定，最后作出了有利于被告的判决。[③]

（二）经济社会因素的限制

权利的推定必须与社会经济发展水平和文化观念等条件相适应。马克思在《哥达纲领批判》中指出："权利永远不能超出社会的经济结构以及由经济结构所制约的社会的文化发展。"[④] 超越现有条件去推定和追求所谓

---

① 韩世远：《继续性合同的解除——违约方解除抑或重大事由解除》，载《中外法学》2020 年第 1 期。

② （2001）广汉民初字第 832 号判决书。

③ ［英］霍姆斯：《法律的道路》，载《法律的生命在于经验——霍姆斯法学文集》，明辉译，清华大学出版社 2007 年版，第 228 页。

④ 《马克思恩格斯选集》第 3 卷，人民出版社 1972 年版，第 12 页。

的"权利"是不现实的，这样即使是通过立法程序、解释程序进行应有权利推定，但由于缺乏必要的社会经济文化条件支撑，反而容易引发新的权利结构的不稳定，或者由于难以落实推定的权利，从而减弱了权利推定的权威性和权利问题的严肃性。所以，经济社会文化条件对权利推定尤其是应有权利的推定构成了必要的限制。不是所有的向往之物都可以经由权利推定而不管特定时空下的社会经济文化条件而仅凭借立法、立法解释或司法解释成为明确的法定权利。例如，尽管按照"公正是权利的道德基础，它要求差距一经认定，就应当消除"① 的观点看来，足够的医疗服务应该给予所有的共同体成员，这也确实是社会上所希望的。但是，在一个第三世界国家，人员和医疗力量的缺乏或许意味着在可以预见的将来，这是不可能达到的目标。在拥有现代工业经济的共同体里，充分的就业，或者更准确地讲，消除非自愿失业，乃是社会上所希望的，但是，不可能推定出就业的法定权利，倘若这一权利意味着无论何时何地获得他们想要的一切种类的工作的权利。因为，由于自然的和经济的原因，即便推定了这种权利，但其相应的义务是政府和任何社会性权威机构都不能履行的。所以，也可以说，权利的推定应该充分考虑到社会能够担负起这种经济社会文化意义上的权利成本。社会成员应该享有的东西只有在既存的条件下可能享有而法律又未明确规定（隐含规定或法律遗漏或社会发展）时，才可以进行必要的权利推定，权利推定才能是可操作的和可实现的。

因此，对于权利推定的理解，尤其是对于法律权利推定的理解，不能仅仅满足于"天赋权利"或"自然权利"理论所主张的"任何个体只要来到这个世界，就可以享有多方面的权利"的抽象的理论预设。推定权利是由社会所赋予，个体唯有在一定的社会共同体之中才可能享有相关的推定权利，各种形式的社会共同体本身则构成了推定权利的不同依托。以人最基本的生存权利而言，在初民时代，某些地区的老人在失去劳动能力之后，往往被遗弃，后者意味着其生存权利的被剥夺，但在特定的历史时期

---

① ［英］A. J. M. 米尔恩：《人的权利与人的多样性——人权哲学》，夏勇、张志铭译，中国大百科全书出版社 1995 年版，第 150 页。

和历史区域，这种现象却被社会所认可，它表明，生存这种现代社会所承认的人之基本权利，并没有被当时相关社会共同体视为人生而具有、不可侵犯的权利。这种状况的出现，与一定历史条件下社会生活资源的有限性难以分离：这种有限性使上述社会共同体无法赋予失去劳动能力的成员以同等的生存权利。① 因此，脱离特定的社会条件，忽略权利的社会生存和社会承认，推定特定群体的法定权利意义上的生存权，仅将权利与个体的生存联系起来，就会显得抽象而苍白。

（三）伦理道德因素的限制

权利推定还必须在承认和遵守规则外的体现生活实际的"原则和政策"基础上进行，这些"原则和政策"中当然包括"社会的现实的伦理道德因素"。也就是权利推定除了受社会经济和文化等因素的限制外，也要依据"尊重原则"和"效果原则"② 并符合当时的社会伦理道德要求。比如我国司法中对于作为框架性权利的"隐私权"的保护就包含着很强烈的伦理因素，体现了对于每个人的私人空间和生活信息等的尊重和理解。③这一规定完全符合我国的道德要求和社会生活实际的需要，因而受到了民众普遍的认可和支持，最终中国语境下"隐私权"的产生发展保护，从法官根据事实情况逐案进行确认的寄生于名誉权时代的传统隐私权产生与发

---

① 杨国荣：《你的权利，我的义务——权利与义务问题上的视域转换与视域交融》，载《哲学研究》2015 年第 4 期，第 48 页。

② 尊重原则就是要求对人的价值和自由给予最大的承认和尊重，视人为目的。效果原则就是在接受尊重原则的基础上还需要给每个人带来最大的满足，实现主体最大的善。参见刘雪斌：《权利分析：一种伦理学的视角》，载徐显明主编：《人权研究》（第四卷），山东人民出版社 2004 年版，第 120—158 页；强昌文：《契约伦理：看不见的和谐》，http://www.ahfxh.org.cn/news_detail.asp? id=1238. 2008 年 3 月 1 日。

③ 由于我国法律没有明确规定隐私权的内容，导致这个实际存在并为道德支持的应有权利受到侵害以后却没有办法获得法律救济，造成法律实践中的大量问题。这样，最高人民法院最终在 1993 年 8 月 3 日作出的《关于审理名誉权案件若干问题的解答》中通过司法解释对于侵害隐私权的行为按照侵害名誉权的方式处理，实际上承认了隐私权作为一种法定权利，也就保护了公民的应有权利。参见梁慧星：《民法总论》，法律出版社 2001 年版，第 135 页。

展，到最终在 2010 年实施的《中华人民共和国侵权责任法》第 2 条首次明确规定"隐私权"，2017 年实施的《民法总则》第 110 条、2018 年修正的《妇女权益保障法》第 42 条第 1 款的明确规定，隐私权保护进入传统隐私权与个人信息隐私权并存的隐私权独立保护时代，再到 2020 年通过的《民法典》中确立的隐私权与个人信息分别保护时代。隐私权从推定权利转变为法律明确规定的权利，隐私权保护发生了从间接保护模式到直接保护模式的重大转变。① 反过来，如果权利推理是在缺乏伦理原则指导下进行或者说推定的权利不符合社会的道德要求的话，那么这种推定的权利就不可能成为真正的对于公民有意义的权利。

比如，克隆人技术有其功利价值，尤其是治疗性克隆研究能够获取医疗知识、治疗多种疾病，因此，有些国家在法律上允许从事治疗性克隆，英国 1990 年通过的《人类受精与胚胎法》允许治疗性克隆，尽管对克隆胚胎的生产和研究一样，要接受严格的监管。但也有一些国家基于保护胚胎生命和人的尊严的价值而禁止治疗性克隆。对于生殖性克隆技术，各国通过议会立法对其予以禁止是较为普遍的做法。目前至少有 30 个国家通过刑事立法对违法从事生殖性克隆的行为予以刑罚处罚。我国 2001 年实施、2003 年修订的《人类辅助生殖技术规范》明确规定禁止克隆人。根据《人类辅助生殖技术管理办法》的规定，违反《人类辅助生殖技术规范》从事克隆人的行为，可由相关行政部门给予警告、罚款，对于相关责任人给予行政处分，如果构成犯罪，应当承担刑事责任。根据我国 2010 年施行的《专利审查指南（2010）》的规定，通过克隆人技术进行的发明创造违反社会公德，不能被授予专利。我国对于克隆人技术的行政法规制主要体现于卫生部与科技部的部门规章，立法层级太低，有违宪法上的法律保留原则之嫌。② 那么，法律层面上没有明确的态度，是否意味着法官能够仅

---

① 翟羽艳：《间接保护模式到直接保护模式的重大转变》，载《学术交流》2020 年第 1 期，第 123 页。
② 参见孟凡壮：《全球视野下克隆人技术的法律规制》，载《福建师范大学学报（哲学社会科学版）》2019 年第 4 期。

仅依据"法不禁止即自由"的原则推定出人们有使用"克隆技术"克隆人的权利呢？我认为这实际上是不可能发生的。因为依据伦理观念，人的尊严与生命权是人类享有的最基本、最根本的权利，构成法治社会的理性与道德基础。克隆人技术对生命与人的尊严构成根本性冲击，克隆权，至少进行生殖性克隆的权利之立法认可和司法保护的伦理之关几乎是不可逾越的。因此，进行权利推定必须要符合社会伦理道德要求，通过司法中的权利推定保护新兴权利必须有相应的社会道德理由和伦理基础。再如，行乞权不为社会普遍的道德所赞许，公民没有道德义务去施舍，拒绝施舍行为也不会受到社会舆论的谴责，它不可能获得立法许可和司法保护。①

不只是法定权利需要有伦理基础，通过权利推定得出的推定权利同样要符合道德价值和具备伦理基础。所以，法官在依照法律规则所确定的权利进行案件审理的同时，也需要根据具体情况使权利规定符合错综复杂的社会生活要求。法官需要基于对社会道德原则的准确把握、对法的公平正义精神的信仰和追求，发挥自己的能动性和其所具备的法律专业知识优势，在案件审理中对于权利要求进行分析，发现和确认新的合乎伦理要求的权利，以保障人们的自由和正当利益获得实现。所以，由于立法的缺陷和社会实际需要，法官必须在司法过程中通过权利推定和权利冲突的解决来维护权利主体的利益。在这一过程中"尊重原则"和"效果原则"就以权利推定和权利冲突解决的依据和标准出现，正是依据伦理原则使法官行使自由裁量权来进行权利冲突解决和权利推定具有了伦理基础，也给予了被确认、被发现的权利和权利的保护以相应的社会道德理由和伦理基础。

---

① 相反，多数国家通过法律来限制行乞行为，甚至一些国家（如新加坡）法律将乞讨行为明确规定为犯罪行为。参见林喆：《"行乞权"之争的法理误区——兼评"法无明文禁止之处即可作权利的推定"命题》，载《北京行政学院学报》，2004年第3期，第58页。

第七章

权利推定与权利创设

一、作为权利发展基本方式的权利推定与权利创造

权利推定与权利创设是包括新兴权利在内的权利的两种生成方式和途径。权利推定是从一定的已知的法律资料出发结合社会、经济、文化、法律的发展单独或综合运用形式推理和辩证推理的方法进行的对隐含权利的揭示和认定的过程与结果。这个概念具有很强的包容性。但这里，作为权利发展基本方式意义上的权利推定，我强调的主要是通过辩证推理的方式来探究的更深层面上的权利的隐含性或是一种外部的权利推定，它是一种以权利发现为核心的缓慢的权利进化路线，更类似一种权利发现或是对潜在之权利的一种应予法律明确规定之诉求。它强调的是通过"解释"的方式对法律中的"隐含权利"的"揭示"与"发现"，是一种"有中生有"的逻辑。而权利创设是指对那些新的情势下产生的无法从既有法律中推导出来，无法通过单纯的扩张性解释方式将其容纳进去的而又认为必须予以保护的利益，通过立法程序的方式将其创造性地规定下来的权利确认过程。权利创设通过法律的修改创制而实现，在普通法国家还包括司法过程中的个案性权利创设。相对于通过解释现有法律而实现的"权利推定"而言，它更强调的是对"新"权利的"新"规定，是一种"无中生有"的逻辑。在这个意义上，权利推定与权利创造是关于权利和关于法律的两种不同的认识路径。

　　在秉持法律是有待于发现的东西，而不是可以制定颁布的东西，社会中的任何人都不可能强大到可以将自己的意志等同于国家之法律的理念的国家里，例如罗马和英国，"发现"法律的任务被授予给法学家和法官，而立法的主要目的是整理过去的裁决，重新表述浓缩几个世纪以来法庭所阐述的既有的法律。这实际上是对立法机关的仅仅依凭多数人的或暂时的多数人联合的一时的意志而进行的法律创设进而进行的权利创设的一种反对与质疑。

　　事实上，时至今日，不管是在英美法系还是在大陆法系各国，情况已经完全改观了。民主力量的加强和意志理论的兴起以及社会发展变化的加速，都使得普通的立法之法甚至宪法越来越明显地直接体现有幸制定法律的人的偶然意志，在这种行为后面隐藏的观念是，法律的功能不是原原本本地表述作为长期演变过程之产物的那种法律，而是表述作为某种全新的理路和前所未有的决策之产物的应然之法。①

　　可见在这个意义上所理解的权利推定含有较多的权利发现的成分，因此它和权利创设构成了权利发展的两条不同的路径。当权利推定是以既存的法律，尤其是以一种应然意义上的法律或道德权利为推定的出发点时，它所强调、维护以及表达的是一种以人权为主导的权利哲学或权利理念，它所反对的是一种仅仅将权利看作是由立法机关随意创设的或依借一种立法程序的托词进行的少数人利益的或多数人利益的强制。

　　尽管关于自然权利或道德权利的提法被边沁、格雷、霍姆斯等人所反对。他们认为权利仅仅是法律权利，所谓的道德权利或自然权利不过是无尽的"纸上宣泄"和"高跷上的胡言乱语"。② 以边沁为例，他主要以如下两种方式攻击自然权利概念。③ 一是认为权利是实在法的结果，否定性

---

① ［意］布鲁诺·莱奥尼等：《自由与法律》，秋风译，吉林人民出版社2004年版，第17页。

② 参见哈特：《功利主义与自然权利》，载［英］H. L. A. 哈特：《法理学与哲学论文集》，支振锋译，法律出版社2005年版，第156、199—201页。

③ 转引自［英］哈特：《功利主义与自然权利》，载［英］H. L. A. 哈特：《法理学与哲学论文集》，支振锋译，法律出版社2005年版，第200页。

的说法自相矛盾，不过是荒谬的宣传而已。与实在法和法律权利不同，自然法和自然权利都是不存在的实体，人们不知道立基于自然权利的法律，缺乏检测自然权利存在与否的统一标准，也不存在解决自然权利争议的理性的解决方法或客观的裁决程序。二是认为自然权利概念的使用无法与政府权力的运作相协调从而导致无政府主义的危险，或者空洞无物。①

当我们重新审视上述这种所谓的对自然权利的攻击性论述时，我们可以发现边沁一脉关于权利仅仅为一种功利性的表达和多数人意志的操控的认识所立基于其上的"法律权利是客观的和可以把握的，而道德权利容易走向主观和难以把握"的观点也是存在着很大的问题的。事实上，特定共同体都有一般容易被其成员接受的基本道德规范，正是这种共同的道德规范奠定了社会生活的伦理可能性，以及在一定的意义上也奠定了由于吸纳了基本道德的因素而容易被认同的法律强制的可能性，由此法律才摆脱了一种单纯的强制性逻辑。事实上，所谓的法律与道德的分离也只有在法律容纳并及时地吸收其所处之特定时空最低限度的道德观念时，其制度的运作才是可能的、现实的和可持续的。也就是说，这种所谓的分离是有限度和条件的。一个法律制度必须展现出其与道德和正义的某些一致性，或必须依靠我们有服从法律制度的道德义务这种广为流传的社会信念。这也就是哈特所说的"最低限度的自然法"② 和富勒所强调的"法律的道德性"③，即法律中应容纳"义务的道德"④，即一种从人类行为的最低点出发的与以人类所能达致的最高境界作为出发点的"愿望的道德"⑤ 不同的道德。正是这种道德确立了使有序社会成为可能或者使有序社会得以达致

---

① ［英］哈特：《功利主义与自然权利》，载［英］H. L. A. 哈特：《法理学与哲学论文集》，支振锋译，法律出版社 2005 年版，第 199—201 页。

② ［英］哈特：《法律的概念》，张文显等译，中国大百科全书出版社 1996 年版，第 181—207 页。基于人的脆弱性、大体上的平等、有限的利他主义、有限的资源等这类以有关人类、他们的自然环境和目的的基本事实为基础的、普遍认可的行为的原则被认为是最低限度自然法的内容。

③ ［美］富勒：《法律的道德性》，郑戈译，商务印书馆 2005 年版，第 40—111 页。

④ ［美］富勒：《法律的道德性》，郑戈译，商务印书馆 2005 年版，第 8 页。

⑤ ［美］富勒：《法律的道德性》，郑戈译，商务印书馆 2005 年版，第 7 页。

其特定目标的那些基本规则。

同时，由于直接的权利创设是一种肯定性的立法，但事实却是，在任何群体或社会中，比起其他所有的感情和信念来，人们更容易就不应为之行为的感情和信念取得一致。所以，通过立法，保护人们不受他们不愿他人加之于己身的行为之侵害，比起一切基于人之"肯定性"欲望而来的立法之法，可能会更容易被确立，更容易获得广泛的成功。事实上，与对"否定性"欲望的看法相比，人们对"肯定性"欲望的看法通常更难取得一致，更难清晰地厘定。① 也许有人认为，为了判断人类行为中哪些是坏的方面，我们必须知道什么是完美的。每一项行动都必须根据它对完美生活的贡献来得到裁断。如果没有一幅关于人类生存之理想状态的图画摆在我们面前，我们就既没有标准来确定义务，也没有标准来为人类能力之表现开辟道路。因此，应该以一种肯定性的立法，以一种权利创造来规划人的生活。② 事实上，正如富勒所分析的那样，所有道德判断都必须建立在某种关于完美概念之上这一观点在历史上曾经被用来推出两种截然对立的涉及道德判断之客观性的结论。一个论式是：我们能够知道并同意什么是坏的，这是一项经验事实。由此可以推导出来的一个结论便是，我们的思想背后存在着某种关于何谓完美的共享图景。另一个论式是，显然，人们无法就何谓完美达成共识。但是，由于缺乏一项关于何谓完美的共识（这是一项显然不存在的共识）会导致我们不可能做出关于"什么是坏的"的有意义的判断，一个必然的结论便是：我们在"什么是坏的"这一问题上达成的表面上的共识其实是一种在社会条件影响、适应以及共享偏见等因素下产生的幻象。针对这看似不同的两个论式，富勒敏锐地指出它们共同分享的一个前设，即我们无法知道什么是坏的，除非我们知道什么是完美的。也就是，除非先接受一套全面深入的愿望的道德，否则我们无法理性地辨识出道德义务，进而在道德义务与法律义务之关联性的意义上也就无

---

① ［意］布鲁诺·莱奥尼等：《自由与法律》，秋风译，吉林人民出版社2004年版，第21页。

② ［美］富勒：《法律的道德性》，郑戈译，商务印书馆2005年版，第13页。

法合理规定法律义务。他进而从人类基本经验入手，对上述这个前设提出了质疑，① 并进一步认为如果"我们必须先知道什么是完美的，然后才能认识到什么是不好的或者刚刚达标的"这种道德论辩正确的话，评估百分之五偏离完美状态的情况就会应该比判断百分之九十偏离完美状态的情况容易得多。但事实上却是，当实际上遇到具体的个案时，我们的常识告诉我们：我们可以适用更为客观的标准来衡量对刚好符合要求的表现之偏离，但要用这种标准来衡量接近完美的表现却很难。正是在这种常识性观念的基础之上，我们建立起我们的制度和惯例。②

　　基于这种"否定性"共识更容易被达成，以及"关于什么是不好的"比"关于什么是好的"更容易被辨识的人类认知情况的基本常识，所以，事实上，直接以"权利"方式表达的立法在立法的比重中并不占很大比例。一般权利创设也往往是以义务的形式表达出来的，进而要通过逻辑上的权利推定转化成一种权利话语或表述。而在义务规范中，同样也是否定性共识比肯定性共识相对容易达成。"制定一条规定不得伤害他人的普遍性法律规范，是一件十分容易的事，但是，要制定一条规定每个人都必须帮助处于困境中的他人的普遍性法律规范，就不那么可行了。"③ 较之于悉数列举允许事项，悉数列举禁令更容易一些；罗列人们不能做的事情并监督人们不做，比罗列人们有权做的事情并监督人们不做无权做的事，难度要小一些。④ 也正基于此，否定性规则把行动的具体细节以及对行为后果的评价留给行为者本人以保障行为人拥有较多的自由。因此，私法上的强制性规范是以否定性规范为常态的。在这个意义上，权利推定又是权利创造的一种逻辑性的展开。在以"禁止"为参照系的私法的立法模式下，"法不禁止即自由"原则赋予"私人立法自由"，在奉行意定主义的相对权

---

① ［美］富勒：《法律的道德性》，郑戈译，商务印书馆2005年版，第13—14页。
② ［美］富勒：《法律的道德性》，郑戈译，商务印书馆2005年版，第39页。
③ ［英］彼得·斯坦、［英］约翰·香德：《西方社会的法律价值》，王献平译，中国人民公安大学出版社，1990年，第5页。
④ 参见Tom G. Palmer, *Realizing Freedom*：*Libertarian Theory*，*History and Practice*，Washington：Cato Institute，2009，p. 32。

领域，在不违反禁令这一国家立法者用以控制法律行为这一私人立法的质量的上级规范的基础上，私人以法律行为进行着广泛的个别规范的创设，个别性的约定权利由此而生成。也正是在这个意义上，私法上的法律行为具有法律规范的品格，其法源地位亦可得到认可。① 基于自由立法当然也包括设权的权利推定之内容的授意，私主体在法律禁令的框架里展示出自我规划的积极性。

通过法律的修改创制而实现权利创设，有很大一部分是把通过权利推定获得的结果进一步予以明示化。比如可以从一般人格权中推导出的隐私权、婚姻自主权等新兴权利，基于本身的较强正当性和保护必要性，逐步得到了法律的明确的认可，在推定权利的基础上又获得了法律上的明示性的加持，在这个意义上，权利创设不是割裂于权利推定，而是对权利推定的补强，或是以明确的规范效力，使推定权利从论证负担中获得了解脱，权利人可以直接据此获得更为便捷的法律保护。当然，这种法律上的确认是一种广义上的法律上的确认，所以，如下情形的权利创设也是存在的。即借助于权利推定而证成的新兴权利虽未被写入法律之中却也得到了司法解释、法规、规章、规范性文件的认可，如《最高人民法院关于审理利用信息网络侵害人身权益民事纠纷案件适用法律若干问题的规定》和《电信和互联网用户个人信息保护规定》便对信息权作了规定。

二、权利推定与权利创造的互动

上述这种权利推定或权利创造的区分仅仅是一种理论上的抽象，在具体的法律实践中它们之间更多表现为一种推定成分或创造成分程度上的差异，两种因素只有通过互相影响、彼此采纳才能共同维护既有权利结构的稳定性和促进权利的发展。事实上，在法律实践中，权利推定与权利创造都彼此影响着对方。

---

① 参见朱庆育：《民法总论》（第二版），北京大学出版社 2016 年版。

（一）权利推定对权利创造的影响

权利推定是一个与权利发展有关的概念，指的是在发现、确认和创造新的权利类型和权利概念时展开的逻辑思维过程。这个思维过程主要作为判断新兴权利之正当性的一种工具模型，也是权利发展的标尺。权利推定就是一种辩证推理过程。将权利推定作为辩证推理来理解，不仅因为权利推定不是形式逻辑在推定和论证新兴权利过程中的简单应用，更为重要的是它需要研究那些作为推定前提的关于权利的判断以及作为推定结论的权利本身的内容。这些作为权利推定前提和结论的判断往往来自道德、习惯、实在法，充斥了大量的价值衡量，并且这些充当前提和结论的判断本身还随着时代的发展不断变化。因此，作为立法前置程序的权利推定过程不可能仅仅局限于形式逻辑，而往往更是一种价值的判断和对特定时空下诸多影响着应然的权利转化为实然的法定权利之社会经济文化等因素的综合考量。

通过权利推定的论证，权利才能够获得正当之名。通过权利推定的论证才能使权利创造在程序的合法性之余获得权利实质内容的正当性。在以权利创造为标志的权利立法程序中引入权利推定，作为一种体现在权利立法提案中的关于拟定之权利的论证与推导，事实上构成了一种对权利创造之立法之法的软性规范。也就是说，权利创造不仅仅是一种关于未来利益的表达与规划，更不是立法的任性，在强调权利立法之创造性的同时也应该在权利创造的立法过程中充分考虑既有的社会经济文化条件以及现有的法律原则、规则，注意法律体系内部的稳定性。通过应有权利或既有权利推定方式将萨维尼所看重的那种"内在的民族精神"反映在法律中或是赋予埃利希所强调的那种"活法"以法律的地位。权利推定强调通过对法或权利之发现来调和将创造的权利视为唯一之法律或权利而可能引发的诸多弊端。这种权利推定对强调权利之创造性的立法而言是一种潜在的软性规范。这种调和的结果就是表现为一系列立法程序的价值优化，在权利创造的立法程序中融入民主、交涉、理性、效率、平衡和中立等符合现代政治文明的价值。

民主的真正价值不是消灭差异，而是基于差异，通过自由、平等和公开的利益表达和利益交涉，把不同的、分散的意志整合成妥协或调和意义上的多数意志。因此，在权利创造的立法过程中首先是承认并尊重利益的千差万别而不是以所谓的独断的多数来压制或扼杀少数的意志，然后确保不同的利益得以平等且真实的表达，有效且充分地博弈，进而在可接受的妥协和平衡基点上形成与多数强权或多数暴政迥然不同的多数意志，"以便使各种利益中的大部分或我们文化中最重要的利益得到满足，而使其他的利益最少的牺牲"①，实现一种帕累托最优。民主政治的精髓在立法程序上的体现就是要保证每位代表或议员不因其身份、财产、文化、地位，甚至情感的"毫厘"差异而能平等、真实、充分和有效地代表其所代表的利益群体。立法程序的民主所应当创造的制度氛围是尊重少数基础上的多数决议。它依次体现为：平等表决、容忍差异；充分博弈、有效集中；保留少数意见、执行多数决定。为此，立法程序的设定，尤其要重视切实保障少数人的言论权、动议权、对多数意见的正当挑战权以及否决权。通过对少数人提供阻碍对其不利的法案通过的权利，从而使法的通过完全基于深思熟虑而绝非多数人的任性和冲动。

交涉是指立法决策参与者运用各自的法定程序权力进行充分辩论、协商和妥协，以最终达成各方都愿意并能够接受的多数结果。当事人之间的平等性、解决方案的可选择性和妥协性、决策结果的双赢性等都是立法程序交涉性的集中体现。交涉是一个谈判的、讨价还价的过程，是一个彼此认知利益、相互妥协利益和理性选择利益的过程。立法程序的交涉性使得每位立法决策者完全公开其所掌握的决策信息成为必要。反之，保密乃至垄断信息，便不可能形成广泛和充分的交涉，当然也就不可能在各种利益诉求都得以声张的基础上达到真正的共识。

基于立法者的"非完美性"需要立法程序予以理性"纠偏"，基于现代社会经济发展模式的"系统化"和"精确化"需要立法程序促进理性决

---

① 转引自孙潮、徐向华：《论我国立法程序的完善》，载《中国法学》2003年第5期，第57页。

策，理性价值要求权利创造的立法过程应当是深思熟虑的制度性安排。立法程序的理性化首先通过其持续过滤和有效淘汰机制得以实现，通过立法程序的理性化来防止任意立法之权利创造所可能导致立法之权利与应有之权利之间的冲突以及对应有的法定权利的破坏，从而保障自由免受一时偏见和意气用事的侵犯。其次通过顺序机制得以张扬。对任意甚至恣意予以遏制这一核心功能决定了立法程序讲究议事环节的前后相继，即将决策权分解为一个个交涉的、联动的、前后相继的，并最终导向结果的过程性子权力，从而使专制语境下的瞬间决断因过程化而得以被阻断。

效率价值是指民主意义上的效率，而不是为了满足效率而牺牲民主价值。它要求以程式化、标准化规则来提高立法效率，以"截断"措施来保证立法效率，以强制还原信息机制来实现立法效率。

平衡价值首先要求立法程序提供一种多数与少数的动态平衡。渗透着"少数服从多数"原则的立法程序使多数意见在经历若干程序的过滤后成为合法的公意。同时，立法程序通过设置多重"否决门"，为少数的挑战、质疑和否定多数意见提供制度保障。其次，立法程序提供了充分民主与及时决议的平衡。完善的立法程序既保证立法者平等行使权利，充分表达意愿，又保证立法有章可循，有效决议。最后，立法程序提供了维持原制度与创造新制度的平衡。通过程序的制约和保证实现法律的稳定与变动之间的平衡。

中立性的程序价值使得法律更容易被认同。的确，法律之所以被人们接受，是因为它是在中立的立法程序规制下制定的。程序是他们唯一能达成一致的地方。因为他们一旦同意了程序，则无论是何结果，都必须接受所同意的程序带来的结果。①

可见，权利推定对权利创造的影响主要是通过在权利创造的立法程序中引入上述价值因素，以此来规范或引导权利创造，使其更接近权利推定所体现或包括的那种对既有权利、既有法律予以尊重的权利进化思想，从

---

① 参见孙潮、徐向华：《论我国立法程序的完善》，载《中国法学》2003 年第 5 期，第 57—60 页。

而使权利创造成为一种有根据的创造。通过外部权利推定所内含的权利实质内容的正当性在程序规范中对权利创造进行实质性的规范与引导，从而使立法之法所进行的权利创造不仅仅是简单的多数人意见的表达，而且能够在此之外获得一种内容上的正当性论证。权利推定正是这种隐蔽的前置程序。在某种意义上，正是每一个代表对其所提议案以及其中的权利表达所进行的详细论证和推导是其权利之提案能够获得认可并进而在立法程序中胜出的一个重要方面。

这种影响的结果就是从一个或几个判断出发，通过演绎或者归纳的逻辑展开，得出一个关于欲为立法所确立或认可的权利的正当性判断并在现代立法程序中最终由于这种先前的思虑而容易使一种权利创造的方案更容易胜出。

（二）权利创造对权利推定的影响

同样，权利创造也对权利推定产生影响，这就是权利推定中也有权利创造的成分，权利创造为权利推定注入了更大的灵活性从而使其能够更好地适应社会生活的发展。正如弗兰克所认为的那样，在变动不居的社会状态中，法律的不确定性正是人们对实际生活采用积极实用的法律态度之最佳契机。其巨大的社会价值就在于，人们可以根据社会的实际需要来确立法律的含义及内容，使其更为有益地适应社会实践的期待与展望。①

在某种程度上，正是法律或权利本身所无法克服的不确定性使得权利推定必须加入权利创造的成分而非简单的权利守成才能在特定时空里更为有益地适应社会实践的期待与展望。而且这种权利不确定的空间越大，权利推定所依据的标准也就越是外部化和抽象化，权利推定中的权利创造成分也就越多。

我们可以通过解释推理这种权利推定方法说明权利推定中的权利创造成分是如何伸缩的。在没有规则或规则不合适的时候，我们依据对原则的解释和具体化，从中推定出具体的可适用的权利。原则的适用必须借助于

---

①　转引自刘星：《法律是什么》，中国政法大学出版社1998年版，第90页。

解释性的推定行为，将原则的抽象意义具体化，从而使其模糊之处变得具体化，这个"法律原则的具体化"过程可以分为不同的阶段：首先，确定哪些法律原则是个案应予适用的规范；其次，寻找这些有待适用之法律原则的"下位原则"；再次，依据法律原则提出更强理由，宣告相应的法律规则无效，同时建构新的法律规则或提出原法律规则的例外规则；最后，法官考量受裁判之个案的具体情况，对建构的新规则或例外规则再作进一步的解释，形成"个案规范"，这才是真正的裁判规范或是被称为真正可直接适用的或是规范与事实已经容纳为一体的"技术意义上的法条"。

在有规则的时候，也依然存在着一个规则的解释的问题。正如德沃金所认为的那样，法规文本有两种相互区别的含义，一种是描述属于实体的印有文字的文件，另一种是描述更为复杂的立法意图的法意。① 在德沃金看来，关于立法意图或法意的争论是一种关于法律的"理论之争"。尤其是在疑难案件中，解释法律规范的目的一般不是为了澄清法律文本的字面意义（严格解释），而是通过解释的方法，探究和推定出隐藏在法律文本或法律规则之中的"依据"或标准。这是一个以一般的法律概念为基础，对完整的法律体系进行反思，并结合了目的和政治道德的"想象性重构"过程。想象性重构是为了补救由于客观条件所造成的沟通不足。因为许多法律规则是由已经作古的立法者制定的，法官不可能叫醒他们来了解立法意图。即使立法者还活着，法官也没有时间、没有条件事事请示立法者，对立法的背景和目的进行全面调查。这个建立在法律整体性基础上的对法律的想象性重构在某种意义上是在主观立法目的无法探悉或是由于现实发生了变化而在考虑了必要的规则之客观目的的情况下的一种适度的权利创造。这种以对规则之客观目的的探究为线索的解释性的权利推定尽管也离不开语言分析，但它仅仅将语言看作理解的中介。在理解过程中，语言的多义性会使理解具有无数的可能性。所以，解释推定不能采用形式逻辑的线形思维方法。特别是"在解释和运用含有'正义'、'公平'、'正当'、

---

① 转引自张保生：《法律推理的理论与方法》，中国政法大学出版社 2000 年版，第 311 页。

'合理'、'过错'、'显失公平'、'动机'等词语的法律规范时，形式逻辑的作用同样是有限的。在这种情况下，法官必须借助辩证逻辑，从概念的内容和形式的对立统一、灵活性和确定性的统一来确定它们所反映的或应该反映的现实内容，以做到正确地理解和适用法律规范"①。

解释性权利推定中所蕴涵的权利创造成分是权利推定的客观性与主观性之辩证统一的表现。客观性包含着忠实原意的要求，但它同时还要考虑"现有条件""符合当前需要"的要求。实现忠实原意的要求有两个困难：首先，人们基于不同的价值对什么是"原意"有不同的主观理解。其次，对"原意"的识别不能离开立法目的。但是，成文法经常是竞争各派或利益集团之间妥协的产物，妥协的存在使目的难以并经常不能被识别。因此，需要发挥一定的主观创造性来决断或明晰"原意"。而正是通过这种主观能动的权利创造才能适时地解释法律条文以满足法律颁布以后的社会发展，而不是过分追求原意，从而避免了可能走向客观性的反面。解释性权利推定中的权利创造成分及时地弥补了特定时期立法者预见的历史局限性。这种解释性权利推定的创造性在特定的历史中曾发挥着重新界定概念术语和推动法律变革的创新功能。例如，美国最高法院针对禁止一个州"在其管辖权内剥夺任何个人受法律平等保护的权利"的宪法规范前后所作的解释在意义上就发生了明显的变化。在1868年的一次解释中，最高法院对第十四修正案关于平等保护的词句增加了一些对各州政府的法律约束。在1896普莱西诉弗格森案（Plessy v. Ferguson）至1954布朗诉教育委员会案（Brown v. Board of Education）年间，最高法院将这种约束解释为：公共设施对于"隔离却平等的"不同种族不得禁止，这是一个要求设施平等的解释。而从1954年开始，最高法院将这种约束力明确地解释为：不论种族之间是否平等，禁止安置任何将他们之间隔离开来的公共设施。②

---

① 张文显：《二十世纪西方法哲学思潮研究》，法律出版社1996年版，第17页。

② William Read, *Legal Thinking*, University of Pennsylvania Press, 1986, pp. 42—43.

第八章

权利推定与法律实践

权利推定是对法律实践中出现的一种特定的权利实践现象的理论概括。司法实践中对隐私权和胎儿权利的确认与保护都是综合运用多种权利推定方式来促进权利发展的比较典型的个案，权利推定也是司法实践中新兴权利救济的优选路径，但权利推定在为司法实践中更广泛的权利保护和权利发展提供充分空间的同时，也从三个不同的方面制约着法律实践中的司法自由裁量权，从而保证了法律实践在对隐含权利或新兴权利进行司法确认或确证基础上予以充分保护的妥当性。

一、法律实践中权利推定促进权利发展的个案例举

（一）隐私权的权利推定

在西方社会，权利推定和宪法解释、法律推理、司法审查过程紧密地联系在一起。法官和法律评论者从法律（权利）来源而不是从明确的宪法语言中推导出宪法权利的实践和理论曾受到过大量的批评。几乎所有的批评都来自那些"右翼"或"保守派"，而且所有的批评都集中在那些权利推定所产生的结果一般被认为是反映了"左翼"或"自由主义者"的观点的案件上。可以想象这种批评的单向性和宪法解释所受到的批评很相似，左翼更多地依赖本文以外的权威来源并对宪法语言作松散的解释，右翼拒绝这种方法而喜欢严格依赖明确的文本语言和原初的理解。但是，有意思

的是，结果并不如此。根据粗略的检查，很显然，右翼的法官和学者一直就和那些左翼的法官和学者一样依赖于在宪法语言中并不明确的推理和权威来达到和他们的意愿一致的结果。所以，当使用权利的"影射性推定"① 去得到"右翼"所想要的结果时，就并不会产生来自"严格的宪法"和"原初意图"理论的主张者们的批评。但是，当使用权利的"影射性推定"而没有得到"右翼"所想要的结果时，情形却相反。

正如"影射性推定"这一名称所表明的那样，这个术语可以很好地描述道格拉斯法官在1965年的格里斯沃德诉康涅狄格州案（Griswold v. Connecticut）中运用的关于隐私权之司法认定的权利推定。正是通过这种司法中的权利推定，最终，美国最高法院才首次明确承认隐私权的法律地位。

这是一起对禁止散发和使用避孕工具的制定法条例提出挑战的案件。尽管道格拉斯法官拒绝任何把法院的功能定位在"站在超级立法者的位置上决定涉及经济问题、商业事物或社会状态的法律智慧、法律需求和法律恰当性"的意图。但是，在此案件中，他却说，争议中的制定法是基于"夫妻间的私密关系"运作的，有必要对该制定法进行更深入的探讨。②最终，在这一案件中，最高法院宣布禁止避孕的制定法无效，因为它侵犯了隐私权。

接下来，道格拉斯法官回顾了权利法案的文本，指出：宪法和权利法案中并没有提到结社权，也没有提到儿童在其父母所选择的学校里的受教育权和学习任何特定的学科或任何外语的权利。然而第一修正案却被解释为包括了这些并没有被明确提到的权利。通过皮尔斯诉姐妹会案（Pierce v. Society of Sisters），为子女选择受教育学校的自由权作为父母选择自由也根据第一修正案和第十四修正案可以推定为针对国家同样适用。通过迈耶

① penumbra 原是天文术语，指日食、月食或太阳黑子的半影，这里指宪法条款核心含义之外隐含的、边缘性的、模糊不清的含义，需要在特殊的语境下作建构性诠释；例如 right to privacy（隐私权）指美国宪法明确列举权利之外人民所保留的权利，这些权利没有在宪法中明确规定，正是通过对宪法条款的 penumbra 的建构性诠释而明确的。这就是一种影射性解释推理的权利推定。
② 381 U. S. 482 (1965).

诉内布拉斯加州案（Meyer v. Nebraska），承认了公民在私立学校学习德语的权利。换言之，国家必须尊重第一修正案的精神，不可以缩减可提供的知识的范围。言论、出版自由的权利不仅包括发表或出版的权利也包括散发、接受、阅读的权利（Martin v. Struthers）和探询、思考与讲授的自由（Wieman v. Updegraff）。这是整个大学共同体的自由（Sweezy v. New Hampshire，Barenblatt v. United States，Baggett v. Bullitt）。缺少这些外围权利的保护和配合，特定权利就是不可靠的。①

　　注意到在过去已经发现了依赖权利法案中更一般的陈述而存在的具体权利，道格拉斯继续审查权利法案中的具体规定。他注意到第一修正案保护结社，第三修正案保护公民免于和平时期在他们自己家中未经他们同意为士兵提供住所，第四修正案明确确认个人的人身、居所、证件、动产免受不合理的搜查和没收，第五修正案不得自证其罪条款"为公民创造了一个隐私空间，政府不可以强迫他进行损害自身的自首"。最后，注意到第九修正案明确规定"宪法中对某些权利的列举不应被解释为否认或蔑视人们享有的其他权利"。道格拉斯根据上面描述的各种规定，推论出一个足以颠覆康涅狄格州制定法条例的隐私权。② 在这种权利推定的基础上，道格拉斯大法官写出了判决意见，主张"权利法案所开列的权利保证书有自己的阴影地带，它来自支撑着权利法案存在与主旨的那些保证条款自身必要的扩展"③。于是，尽管宪法根本没有提到隐私权，但隐私权是第一、三、四修正案所保护和服务的价值。道格拉斯大法官回到了第九修正案的文本，认为这一文本是支持如下的考虑的：尽管文本自身没有明确规定隐私权等权利，但诸如隐私权等阴影地带的权利受一项或几项修正案的保护已经足以证明它们能够从一般的宪法权利中被演绎出来。④ 因此，尽管道

---

① 　381 U. S. 482-483（1965）.

② 　Glenn H. Reynolds, Penumbral Reasoning on the Right, *University of Pennsylvania Law Review*, Vol. 140, No. 4（Apr., 1992），pp. 1333—1348.

③ 　转引自李晓辉：《信息权利推理研究》，吉林大学 2004 年博士学位论文，第 136 页。

④ 　转引自李晓辉：《信息权利推理研究》，吉林大学 2004 年博士学位论文，第 136—137 页。

格拉斯不试图将第九修正案视为宪法保护的独立渊源，但却认为它的确指明了法院的职能在于否决立法和行政机关侵犯其他基本权利的行为。从修正案的文本及其起源来看，美国宪法第九修正案不过是一个解释规则，表明权利法案在没有列举的领域不具有增加联邦政府权力的意图，而其本身并不是权利的保证抑或针对侵权的禁令。然而，在格里斯沃德诉康涅狄格州案（Griswold v. Connecticut）中，第九修正案已经被解释为是对有关权利存在的积极主张，那些权利存在于"未书写的宪法中"，虽未得以列举但受其他条款保护。1973年最高法院宣布的罗伊诉韦德案（Roe V. Wade）的判决，再一次肯定了隐私权的独立地位。

（二）胎儿权利的权利推定

在世界各国，司法实践中关于胎儿权利的保护，实际上也遵循着权利推定的逻辑并反映着权利推定的价值。这一般通过立法或司法中的法律拟制来实现权利推定。梅因、萨维尼、伯尔曼、富勒都对"法律拟制"及罗马法和后来的英美法中大量的"法律拟制"的价值进行过经典的阐述。①法律拟制是将不同的法律事实、法律行为等赋予相同的法律意义。典型的法律拟制是指法律明文规定的拟制，即法律有意识地将两个不同的事实构成等同，以期待取得预期的法律后果。这种拟制通常都以"视为"为标志。例如，我国《民法典》第18第2款规定："十六周岁以上的未成年人，以自己的劳动收入为主要生活来源的，视为完全民事行为能力人。"在法律没有规定拟制的情况下，如果有将不相同的情形作相同对待的必要性，也可以通过司法中的法律拟制方式弥补法律规定的漏洞。以胎儿权利或利益的法律保护为例，在立法中通过以价值论证为内核的外部权利推

---

① ［英］梅因：《古代法》，沈景一译，商务印书馆1959年版；［德］萨维尼：《论立法与法学的当代使命》，许章润译，中国法制出版社2001年版；［美］伯尔曼：《法律与革命（第2卷）——新教改革对西方法律传统的影响》，袁瑜珺、苗文龙译，法律出版社2008年版，"第九章：英国法律科学的转型"；Lon L. *Fuller Legal Fictions*, Stanford University Press, Stanford California, 1967.

定，最终在立法例中以法律拟制的方式附条件①地视胎儿为有权利能力者，承认胎儿的附条件的民事法律主体地位，或在司法实践中，通过权利推定的方法，拓展法律拟制的立法例中对胎儿权利的有限的保护范围。

综观关于胎儿民事权利能力的立法例，大致有否定与肯定两种立场，在绝对否认胎儿具有权利能力立法方面，以 1964 年的苏俄民法典为代表；在肯定胎儿之民事权利能力的立法例中，又存在概括主义（总括保护主义）和列举主义（个别保护主义）两种不同的立法模式。概括主义是指于民法典的总则编中一般性地规定胎儿的民事权利能力，即凡涉及胎儿利益之保护时，视为其已经出生。列举主义是指于民法典的总则编中不设胎儿民事权利能力的一般性规定，而于各分编中涉及胎儿利益的保护时，个别地规定胎儿的民事权利能力，即胎儿原则上无权利能力，但于受赠、继承、抚养等若干例外情形视为有权利能力。② 罗马法"胎儿权利"的法律拟制在"与真实相反但被视为真实"的认识论基础上，③ 立基于基督教三位一体，上帝的"位格"以及"位格神"与"位格人"之间存在的永恒脐带关系之理念这一神学基础为胎儿生命的独立价值辩护，④ 对胎儿权利

---

① 凡是肯定胎儿民事权利能力的立法例，都无一例外地为胎儿民事权利能力之取得设定了法定条件，此即"活体出生"（非为死体、非死产者）。就此法定条件的效力，在比较法上形成了两种不同的观点。一种观点认为，在胎儿出生之前其即取得了民事权利能力，倘若将来为死产时，则溯及地丧失民事权利能力，是为附法定的解除条件说或者限制的人格说；另一种观点认为，胎儿于出生之前并未取得民事权利能力，至其完全出生且非死产时，方溯及地取得民事权利能力，是为附法定的停止条件说或者人格溯及说。参见郑玉波：《民法总则》，中国政法大学出版社 2003 年版，第 106 页。

② 参见尹田：《论胎儿利益的民法保护》，载北大法律信息网；王洪平：《论胎儿的民事权利能力及权利实现机制》，载《法学论坛》2017 年第 4 期，第 37 页。

③ 罗马法法律拟制在认识论存在论上有五个特点：（1）对不真实或可能有的真实情况假设为真实；（2）以"不真"为"真"的目的必须是正当的，即具有正当的伦理价值取向；（3）拟制要受到法律的严格限制；（4）法律拟制在程序上一般比照相仿的原有案件进行审判；（5）法律拟制一旦以假为真，都不具抗辩性，不容置疑地成为法律上的真实。参见温晓莉：《论法律虚拟与法律拟制之区别——法哲学的时代变革》，《北大法律评论》2007 年第 1 辑。

④ 参见温晓莉：《罗马法人格权与胎儿权利的神学基础》，载《东方法学》2014 年第 1 期。

进行有限的保护，即限定于保留继承份额的情况。法国、德国沿袭了这种列举主义或个别主义的立法例。其中德国民法典适当扩展了对胎儿的保护范围，在继承、抚养的损害赔偿请求权等方面给予保护。即便如此，法国、德国等国家的法院通过判例突破了对胎儿保护的狭窄范围，扩展了对胎儿的权利保护。例如，德国联邦法院承认过一个孩子对其胎儿期间受到的损害的赔偿请求权。该孩子的母亲在怀孕前因接受一个性病病人的输血，本人染上了性病，在其怀孕过程中又传染给孩子。联邦法院还在另一个案件中承认了一个孩子的损害赔偿请求权。这个孩子在出生前因其母亲受伤，致使其因此受到伤害。① 德国联邦法院原来区分对胎儿的直接侵害与间接侵害，间接侵害乃是先使母体受到损害，之后使受孕的胎儿遭受损害，如母亲因接受注射，被传染 B 型肝炎，再传染给胎儿。但后来的判例不再对此区分，只要能证明损害及一定的因果关系后，即可获得赔偿。② 我国民法通则时代，实质上也是采用了这样一种个别主义的立法例。我国民法通则第 9 条规定，"公民从出生时起到死亡时止，具有民事权利能力，依法享有民事权利，承担民事义务"，而对胎儿的权益保护问题未作例外规定，即未作将胎儿拟制为民事主体。但是，我国继承法第 28 条却有胎儿保留份的明文规定，"遗产分割时，应当保留胎儿的继承份额"。也有一种观点认为，民法通则时代，对于胎儿利益的保护，没有作概括性的规定，继续由继承法以个别主义的方法就胎儿的继承作了规定，但继承法中胎儿保留份的规定仅仅是遗产分割的一项原则，是依通常情况下避免出生的胎儿处于不利境地，有损于人权的维护，对胎儿的利益予以的特殊保护，但并不承认其有继承能力。③ 因此，民法通则时代，尽管有继承法对胎儿利益保护的个别规定，但不能认为是对胎儿部分权利能力的承认。④

① ［德］卡尔·拉伦兹：《德国民法通论》（上），王晓晔、邵建东等译，法律出版社 2003 年版，第 126—127 页。
② 黄立：《民法总则》，中国政法大学出版社 2002 年版，第 76 页。
③ 参见彭诚信主编：《继承法》，吉林大学出版社 2000 年版，第 261 页。
④ 参见谭启平：《论民法典第 16 条的限缩解释——以胎儿不能成为征地补偿对象而展开》，载《东方法学》2020 年第 4 期。

但是，瑞士民法典在胎儿权利保护的立法模式上开始有根本性突破，以胎儿出生为活体为限，视胎儿与已出生婴儿一样具有民事权利能力，即"胎儿，只要其出生时尚生存，为出生前即具有权利能力的条件"（第31条第2项）。我国《民法总则》和《民法典》采取的也是此种概括主义立法模式。我国《民法总则》第16条、《民法典》第16条均明确规定："涉及遗产继承、接受赠与等胎儿利益保护的，胎儿视为具有民事权利能力。"① 而采用个别保护模式的日本民法，不仅在继承方面保护胎儿，其保护范围也及于侵权领域，规定"就损害赔偿请求权，视为已出生"（第721条）。

从这些规定来看，一是对胎儿的保护均是通过拟制胎儿为民事主体的方式，在继承、侵权等领域的保护视胎儿为已出生；二是对胎儿的保护不拘泥于自然人自出生之日起具有权利能力的教条，而按照公平合理的理念，给予实事求是的保护，保护范围越来越宽，或者是在立法模式中，从个别主义到概括主义，或者即便是在个别主义的立法模式下，或立法保护的范围日渐拓宽，或以司法案例来拓宽立法保护的范围。

在当前司法实践中，除胎儿继承权纠纷因原继承法和民法典继承编均

---

① 对此，学者们认为其弥补了民法通则的遗憾，属于民法总则的创新，在胎儿利益保护的问题上我国立法取得了长足的进步。[参见龙卫球：《〈民法总则〉的立法意义和创新》，载《北京航空航天大学学报（社会科学版）》2017年第4期；王利明、周友军：《我国〈民法总则〉的成功与不足》，载《比较法研究》2017年第4期]学界普遍认为，该条规定一般性地赋予胎儿民事权利能力，有学者认为我国对胎儿利益的保护"采取有条件地承认胎儿民事主体地位的立法模式"（参见张鸣起主编：《民法总则专题讲义》，法律出版社2019年版，第79—80页），有学者认为"胎儿为形成中的人，已经具有人的生命和身体，具有人格尊严，应该在与其尊严相应的范围内具有部分权利能力"。（参见杨立新：《〈民法总则〉中部分民事权利能力的概念界定及理论基础》，载《法学》2017年第5期）但亦有学者认为学界对该条规定的合理性及解释上可能存在的问题关注不够，特别是对该条是否一般性地赋予胎儿民事权利能力，如何确定胎儿利益保护的范围等问题进行了追问，并从权利能力制度的本质要求与民法体系解释的基本要求予以分析，认为事实上无法得出胎儿具有民事权利能力并能成为民事主体的结论。（参见谭启平：《论民法典第16条的限缩解释——以胎儿不能成为征地补偿对象而展开》，载《东方法学》2020年第4期；李永军：《我国〈民法总则〉第16条关于胎儿利益保护的质疑——基于规范的实证分析与理论研究》，载《法律科学》2019年第2期）

有关于胎儿保留份的规定，且属于民法典第 16 条明确列举的胎儿利益保护项目，实务中一般没有争议之外，在民法典第 16 条未列举的损害赔偿和征地补偿等涉及胎儿利益保护的案件中，甚至在民法典第 16 条已明确列举的接受赠与的涉及胎儿利益保护的案件中，无论是裁判尺度还是学界认识均不统一。应在对"等"字进行恰当解释的基础上，进行合理的分类化胎儿权利或利益保护范围的权利推定。以目前学界和实务部门讨论较多的胎儿损害赔偿请求权为例，司法实践中胎儿的损害赔偿请求权主要可分为两类：一类是胎儿受到第三人的不法侵害，导致出生时缺陷或疾病，从而请求侵权人承担损害赔偿责任的请求权；另一类是胎儿将来的扶养人因第三人侵权导致死亡，胎儿向侵权人主张扶养费的请求权。对于第一类案件，有学者认为只有承认胎儿的权利能力，他的生命、身体和健康才能够成为一种法定的权利，对于这些权利的侵害才构成违法行为。① 换言之，民法典第 16 条规定的"等"字应包括胎儿遭受不法侵害的损害赔偿请求权。有学者认为，胎儿于出生前受到的侵害在其出生后具有损害赔偿请求权，与其在胎儿时期是否具有权利能力无关，因为两者仅仅是因果关系，根本不需要用权利能力问题来解决。② 即便民法典第 16 条不能涵盖胎儿遭受不法侵害的损害赔偿请求权，也不会影响胎儿对自己利益的救济。③ 尽管第二种观点否认对胎儿的损害赔偿请求权方面的民事权利能力的拟制，甚至也否认一般意义上的包括法律明确列举的胎儿遗产继承、接受赠与方面的民事权利能力的拟制，但并不否认以胎儿活体出生为适用的对胎儿利益的保护。

对于第二类案件，在胎儿出生后向侵权人主张扶养费的案件中，法院

① 参见刘召成：《准人格研究》，法律出版社 2012 年版，第 198 页。
② 参见李永军：《我国〈民法总则〉第 16 条关于胎儿利益保护的质疑——基于规范的实证分析与理论研究》，载《法律科学》2019 年第 2 期。
③ 参见谭启平：《论民法典第 16 条的限缩解释——以胎儿不能成为征地补偿对象而展开》，载《东方法学》2020 年第 4 期。

的通行做法是支持赔偿胎儿的扶养费，但也存在例外。① 在胎儿尚未出生，父母作为原告代其直接向侵权人主张扶养费的案件中，有的法院要求胎儿出生后另行起诉;② 有的法院认为，仅仅涉及遗产继承及接受赠与时，才视胎儿具有民事权利能力，案涉损害赔偿请求，尚未出生的胎儿不能视为原告的被抚养人;③ 还有的法院直接支持了原告主张扶养费的请求，但在判决书主文部分，附加了"若胎儿娩出时为死体，则该款项不予支付"的条件。④ 由此可见，我国司法实践中对胎儿损害赔偿请求的处理方式不尽相同，但通行做法却支持出生之后的胎儿行使其损害赔偿请求权。即对胎儿权利能力的拟制进而对胎儿权利或正当利益的保护不限于遗产继承、接受赠与，也拓展到胎儿损害赔偿领域，即民法典第 16 条"等"包含胎儿的损害赔偿请求权，尽管该请求权和遗产继承、接受赠与一样，是以胎儿活体出生为适用的前提条件。

综上所述，民法通则时代，我国法律虽然仅在继承领域对胎儿权利有特殊规定，但说明我国民法具有不拒绝保护胎儿合法权利的基本精神。民法总则乃至民法典时代，我国《民法典》除 1155 条规定"遗产分割时，应当保留胎儿的继承份额"之外，第 16 条明确规定:"涉及遗产继承、接受赠与等胎儿利益保护的，胎儿视为具有民事权利能力。"再次印证了上述这个推定式的基本判断，本此精神，可以推定在侵权领域也应当保护胎儿的合法权益，即保护胎儿的合法权益是符合这种精神的。这体现了一种从具体权利到权利精神再到具体权利的权利推定思路，正是在这种权利推

---

① 例如，福建省光泽县人民法院认为:"《中华人民共和国民法总则》第十六条规定的遗产继承、接受赠与等特定事项时，胎儿视为具有民事权利能力。我国现行法律对于胎儿利益保护除该条规定的特定事项外，尚未增加'损害赔偿请求'的内容。本案中，叶某 2 因交通事故死亡时，叶某 1 尚未出生，不属于受害人叶某 2 生前依法应当承担扶养义务的被扶养人，其主张被扶养人生活费无法律依据，本院对联合财保光泽支公司的抗辩意见予以采纳。"参见福建省光泽县人民法院（2018）闽 0723 民初 5 号民事判决书。
② 参见山东省夏津县人民法院（2017）鲁 1427 民初 2480 号民事判决书。
③ 参见广东省惠州市惠阳区人民法院（2017）粤 1303 民初 3550 号民事判决书。
④ 参见黑龙江省牡丹江市爱民区人民法院（2019）黑 1004 民初 921 号民事判决书。

定精神的指引下，最高人民法院（2018）最高法行申 7016、7017、7019、7021 号行政裁定书中尽管认为由于李明轩等人的出生时间均晚于 2016 年 4 月 11 日，最终以李明轩等人不符合"三府（2016）78 号"规定的原籍村民认定的条件，驳回其诉讼请求，但对民法总则第 16 条持"扩大解释"的立场，明确指出："胎儿的合法权益应当得到保障。……其享受的权利却是相当广泛的，除了遗产继承和接受赠与，还有其他涉及胎儿利益保护的情况，在司法实践中要结合具体情形判断是否属于胎儿权益保护范围。……在征收集体土地时，应把胎儿列为安置对象进行补偿。尤其是对集体经济组织全部集体土地予以征收的，进行安置补助时必须保障被征地农民原有生活水平不降低、长远生计有保障，并且要充分考虑胎儿的特殊情况，给予特别保障。"① 尽管在具体的通过扩张解释进行的权利推定的操作过程中，需要审慎对待"法律拟制"立法技术运用的解释规则，满足体系解释的法律融洽性要求，考虑其可能产生的道德和法律风险。

二、权利推定是法律实践中新兴权利司法救济的优选路径

近年来，学界围绕新兴权利这一权利研究领域备受关注的问题，无论

---

① 参见最高人民法院（2018）最高法行申 7016、7017、7019、7021 号行政裁定书。

是从法理学角度展开的概念分析①、证成标准②、入法途径③、相关的法学方法论问题④以及立基于实践哲学的权利分析理论对新兴权利之分类、证成以及功能的融贯解释的建构⑤，还是从部门法学角度展开的对各种具体新兴权利的分析论证⑥，均取得了丰硕的研究成果。与此同时，法律实践

---

① 关于新兴权利的概念分析有两种进路：一是以姚建宗教授为代表的探讨"新"的含义和标准，参见姚建宗：《新兴权利论纲》，《法制与社会发展》2010 年第 2 期，二是以谢晖教授为代表的通过区分"新兴"权利和"新型"权利（法定权利）的不同，来探讨由"新兴"向"新型"权利转化的途径及相关基础，参见谢晖：《论新型权利的基础理念》，《法学论坛》2019 年第 3 期。

② 周赟提出对新兴权利必须或是从对不公平分配的调适或是从对可掌控资源的拓展的逻辑基础上证成或证伪。参见周赟：《新兴权利的逻辑基础》，《江汉论坛》2017 年第 5 期；雷磊提出了三个标准：权利的概念标准即被保护的合理性、法律体系的可容纳性即能从实在法的基础权利中通过权利推定的方法推衍出来、被实现的可能性。参见雷磊：《新兴（新型）权利的证成标准》，《法学论坛》2019 年第 3 期。陈彦晶以不同的角度对新兴权利的生成基础和权利证成进行了的论述。参见陈彦晶的《发现还是创造：新型权利的表达逻辑》，载《苏州大学学报》（哲学社会科学版）2017 年第 5 期。

③ 参见刁芳远：《新型权利主张及其法定化的条件——以我国社会转型为背景》，《北京行政学院学报》2015 年第 3 期；王庆廷：《新兴权利渐进入法的路径探析》，《法商研究》2018 年第 1 期；王庆廷：《新兴权利间接入法方式的类型化分析》，载《法商研究》2020 年第 5 期。

④ 段卫利：《新兴权利案件的裁判方法分析——以欧盟"被遗忘权第一案"为例》，《学习与探索》2019 年第 6 期；孙跃：《法律方法视角下新兴权利的司法困境类型与应对》，《北京交通大学学报》（社会科学版）2021 年第 1 期；王方玉：《新兴权利司法推定：表现、困境与限度——基于司法实践的考察》，《法律科学》2019 年第 2 期；王方玉：《新兴权利司法证成的三阶要件：实质论据、形式依据与技术方法》，《法制与社会发展》2021 年第 1 期。

⑤ 朱振：《认真对待理由——关于新兴权利之分类、证成与功能的分析》，载《求是学刊》2020 年第 2 期。

⑥ 主要涉及某项具体新兴权利的具体权能、效力、属性、制度规范设计、法律保护等。此类研究数量最多，研究领域也较广，人格权、财产权、环境权、民生权等各领域均有涉及。以人格权领域的基因权这一新兴权利为例，例如，王康：《基因平等权：应对基因歧视的私法政策》，载《东方法学》2013 年第 6 期；王康：《基因隐私权的司法创设、法理阐释及未来期待》，载《理论月刊》，2015 年第 8 期；郭少飞：《作为物质型人格权之"基因权"的理论证立与法律保护》，载《求是学刊》2020 年第 5 期；等等。

中，进入司法视野中的新兴权利也在不断增多，① 面对形形色色的范围极其宽泛和松散的自发的流变的因而也是多元的本质上属于自然权利范畴的新兴权利，如何在法律层面上经立法和司法机关在对社会关系及其内在规定性予以把握的基础上的意志决断予以识别进而将其确认为自觉的、成型的因而也是统一的新型权利，从而摆脱模糊、偶然和盲目的面相而转为获得明确、普遍、自觉的制度化实现形式，对于动态地保障人们权利的不断实现、扩充权利体系的内容、形成一个优良的权利文化、以一种正当而有效的方式化解冲突、实现法治以及控制权力等等诸多社会功能的发挥极具现实紧迫性。

虽然，在制定法国家，立法似乎是确认新兴权利的首要机制和主导机制。无论是倚重建构理的激进主义立法，还是依"个案裁判的特殊化救济——司法解释的规范化续造——法律规定的普遍化建构"对新兴权利进行保护的循序渐进主义立法，② 还是行政立法保护论，③ 其最终目标都是要建构起权利保障的法律制度体系。通过立法程序进行法律权利的"创制"与"设定"，或是在确实存在相应的权利诉求的时候通过立法对以其他形式存在的权利进行法律权利的"确认"与"转化"，从而实现新兴权利法律化不失为保护新兴权利的重要路径，如此新兴权利的司法救济也有了法律依据，更加"名正言顺"。但事实上，立法机制的稳定性与新兴权利现象的变动性、立法能力的有限性与新兴权利生成的无限性、不同类型立法正义的一般化与新兴权利诉求的个别性方面存在难以消解的疏离，④ 这种新兴权利法律化的方式的局限性也是值得注意的。基于新兴权利立法保护

① 以新兴权利的具体权利形态（诸如遗忘权、同性婚姻权、亲吻权、祭奠权、民生权等）为关键词在中国法律资源库进行检索，截止到 2021 年 2 月 1 日，得到遗忘权 2 例、同性婚姻权和亲吻权案例各 1 例、祭奠权 304 例、民生权 196 例。
② 参见王庆廷：《新兴权利渐进入法的路径探析》，载《法商研究》2018 年第 1 期。
③ 参见王保民、祁琦媛：《新兴权利的行政立法保护》，载《北京行政学院学报》2018 年第 2 期。
④ 参见张昌辉：《新兴权利确认：司法路径的正当性阐释》，载《宁夏社会科学》2017 年第 3 期。

的不足，我国确实存在着大量应被法律确认的"漏列的权利"，相关案件诉之司法，基于公力救济的程序正当性、诉权的人权属性以及实质正义实现等现代法治理念，要求司法机关即便面临"法无明文规定"困境，也不得对抗"司法不能拒绝裁判"的基本原理，① 面对符合社会发展趋势的新兴权利，司法若不担当一定的责任，过于坚持司法克制主义，过于强调司法不能僭越立法权的界限，不能为社会制定规则，那么面对以习惯权利或道德权利形态存在的新兴的权利诉求，一味置之不理，不仅与法律中的权利体系的开放性结构的理念不相吻合，而且或许会招致一些破坏性后果。尽管并非所有的新兴权利最终都可以通过司法中的权利推定获得救济，特别是那类在习俗性、道德性意义上存在的新兴权利，其能否通过外部意义上的权利推定获得法律上的认可或实际法律行动中的支持，一直是一个困扰司法实践的问题。但是如果司法在许多权利纠纷中多一些担当，能适当地回应社会需求，在司法程序中考虑个案实质正义，对符合社会发展趋势的并能满足"实质论据、形式依据、技术方法"这一司法新兴权利证成三递进要件标准②的新兴权利诉求给予及时的司法救济，会促进其进一步发展甚而被纳入法律范围，这一定程度上也推进了法律权利体系的发展。正是基于上述考虑，也是基于司法作为权威的纠纷解决机制、利益的个别调整机制和个案正义的再分配机制的比较优势，以及基于司法较之于行政在确认与保障新兴权利方面所具有的专业性对驳杂性、权利义务分析性的善用对不善用、终局性对非终局性以及司法案例指导制度完善下的新兴权利的可普遍性优势，③ 司法救济可能是对新兴权利进行保护的较佳路径。在新兴权利的司法保护中，具有普遍效力的司法解释、个案中的权利推定、个案中的权利创设以及通过指导性案例对个案中权利推定和权利创设予以首肯是较为常见的方式。

---

① 庄绪龙：《"法无明文规定"的基本类型与裁判规则》，载《法制与社会发展》2018年第2期。
② 参见王方玉：《新兴权利司法证成的三阶要件：实质论据、形式依据与技术方法》，载《法制与社会发展》2021年第1期。
③ 谢晖：《论新型权利的基础理念》，《法学论坛》2019年第3期，第18—19页。

由最高人民法院针对司法实践中遇到的涉及新兴权利的问题进行解释，此类司法解释具有普遍的司法效力，在整个法律渊源体系中占据重要位置，与宪法、法律、法律解释有着紧密的联系，关系到公民权利的司法保障。对新兴权利的概念认定、标准、法律效力等问题可由司法解释作出说明。虽然司法解释权，尤其是事实上的补充立法权、规则创制权可以对新兴权利进行较之于新兴权利立法更为及时的保护，但因长期以来最高人民法院对解释权的行使具有较强的扩张性，尤以"规定"和"补充规定"名义发布的解释，造法性特征最为鲜明，解释权的行使存在越位嫌疑，司法解释，尤其事实上是新兴权利创设的司法解释，虽然有存在的现实原因（主要可归结为如下方面：一是在"宜粗不宜细"立法理念下，人大自身立法存在较多漏洞，加之社会转型新问题层出不穷，且全国人大常委会释法活动不能满足司法需求；二是司法执行中央政策，完成政治任务的现实需求；三是法官能力不足；四是判例制度缺位），虽就程序性司法规则创制权有立基于现实需求进而在根基探寻的基础上提供制度构建的理性提议，① 但在实质合法性和合理性上也备受质疑。②《立法法》第 104 条对司法解释的制定主体、启动因由、解释对象、除外情形、解释标准和监督机制等问题作出规定，对司法解释权限的重新界定③，案例指导制度的建构与不断完善，一定程度上正是对备受质疑的司法解释造法乱象的制度纠偏。

通过指导性案例对个案中权利推定和权利创设予以首肯是回应抽象司法解释之弊的一种制度改进。《〈最高人民法院关于案例指导工作的规定〉实施细则》第 2 条规定中的"应当参照"表述不仅没有制止对指导性案例

---

① 参见赵钢、王杏飞：《论民事司法权中的司法规则创制权》，《中国法学》2011 年第 3 期。

② 对司法解释造法性现象的分析与批评可参见袁明圣：《司法解释"立法化"现象探微》，《法商研究》2003 年第 2 期；纪诚：《最高人民法院司法解释——一个初步的考察》，中国政法大学出版社 2007 年版。

③ 参见刘风景：《司法解释权限的界定与行使》，《中国法学》2016 年第 3 期。

法律效力的争议，反而引发更为集中的讨论。从较为明确的"规范拘束力"①、"事实拘束力"②，到中间形态的"具有一定制度支撑的说服力"③，再到比较模糊的"拘束力"④，再到"指导性案例是中国法院的司法裁判中基于附属的制度性权威并具有弱规范拘束力的裁判依据"，是"既不同于判例在普通法系中的法源地位，也不同于判例在民法法系中被作为非法源来对待的境遇"的"准法源"⑤，不一而足。自 2010 年正式建立案例指导制度至 2020 年，由于法律效力尚未明确、指导性案例遴选规则缺少合理性使针对性案例供给不足、适用标准存在疑问等原因，应当参照适用的实效不如人意，相关实证研究表明，判例资源进入裁判活动的频次依然相对较低、裁判重视度不足、个案适用分歧明显等问题突出。⑥ 因此，在宣法性指导案例之外，即便释法性、造法性指导案例中涉及新兴权利确认与创设，如何明确赋予指导性案例法律效力，激发地方法院和法官参与指导性案例制度的活力，增加指导性案例的数量和类型、优化法院系统内案例资源竞争的市场环境、保证针对性案例供给以强化其满足各种司法实践需求的能力，在确保指导性案例适用范围之案情与法律适用同质性的基础上，准确把握"相似性"，充分发挥案例指导的制度效能以减少司法机关对抽象司法解释的过度依赖是充分发挥指导性案例新兴权利保障功能的重中之重。

司法个案中权利推定与权利创设较之于具有普遍约束力的司法解释和

① 参见李仕春：《案例指导制度的另一条思路——司法能动主义在中国的有限适用》，载《法学》2009 年第 6 期。
② 参见胡云腾、于同志：《案例指导制度若干重大疑难争议问题研究》，载《法学研究》2008 年第 6 期。
③ 参见张骐：《再论指导性案例效力的性质与保证》，载《法制与社会发展》2013 年第 1 期。
④ 参见董皞、贺晓翊：《指导性案例在统一法律适用中的技术探讨》，载《法学》2008 年第 11 期。
⑤ 参见雷磊：《指导性案例法源地位再反思》，《中国法学》2015 年第 1 期。
⑥ 参见方乐：《指导性案例司法适用的困境及其破解》，载《四川大学学报（哲学社会科学版）》2020 年第 2 期；孙良国、李屹：《指导性案例制度功能"软着陆"的解释论思考》，载《江西社会科学》2020 年第 3 期。

立法中的新兴权利创制与认可，因其回应新兴权利诉求的门槛较低、速度及时、形式灵活、试错成本低廉、效果较好等优势，① 往往成为新兴权利司法救济的优选路径。在权利推定，尤其是以现行法律规定为依据进行的权利推定而非以纯粹的伦理道德、风俗习惯或自然本性为依据进行的权利推定，亦即，在弱创造性成分的权利推定而非强创造性成分的权利推定与权利创设，尤其是并不在于强调对社会关系规定性进行简单复写的客观之真而在于其"意志决断"的主观之效的权利创设而非强调权利创设亦应立基于社会发展、伦理道德正当性及事物自然本性探究基础上的客观性与价值性双重约束意义上的权利创设可以明确区分的预设下，其中个案中的权利推定因其较之于个案中权利创设在满足被保护的合理性这一新兴权利证成的概念标准或伦理学标准和被实现的可能性这一新兴权利证成的社会学标准之外，在"被既有法律体系所容纳"的合法性标准上或法学标准上更容易证成。对于新兴（新型）权利而言，被既有法律体系所容纳或者说被法律体系中的特定规则所规定有两种途径：一是被立法机构所认可并明文规定于法律规则之中，二是被司法机构在适用法律规则时解读出来，也即证明一项新兴（新型）权利已在语义上为特定规则所涵盖，所以虽然未见于法律明文，但却是该规则所规定之权利的"衍生权利"或者"下位权利"。因为基础权利（如生命、自由、财产、尊严等）在数量上总是有限的，新兴（新型）权利几乎都不是什么基础权利，而多为衍生权利。从包含基础权利的法律规范中推衍出一项新兴（新型）权利就涉及所谓的权利推定方法。② 因此，应当充分发挥司法的能动作用，优先通过司法中的权利推定这一司法能动在方法上的一种体现这一相对稳妥的技术手段，进行新兴权利的确认与救济。通过对司法实践的考察可以发现，司法机关会以现行法律规定、伦理道德、风俗习惯或自然本性等作为依据来推定认可新

---

① 参见王庆廷：《新兴权利渐进入法的路径探析》，载《法商研究》，2018 年第 1 期，第 31—32 页；参见谢晖：《论新型权利的基础理念》，《法学论坛》2019 年第 3 期，第 18—19 页。

② 参见雷磊：《新兴（新型）权利的证成标准》，《法学论坛》2019 年第 3 期。

兴权利。① 不可否认，司法实践中的权利推定是新兴权利得以获得"正当身份"的重要途径，但是，形形色色的新兴权利诉求中与司法中的权利推定关联较为密切且争议较小的是那类"过去的法律文本和现行的同类法律文本都没有非常明确地在具体的法律条文中确认和规定某种法律权利，但从相关法律的具体条文的规定中可以合乎逻辑而合法地推导出某种将受到既定法律的肯定与保障的法律权利的也属于'新兴'权利范畴"② 的新兴权利。对于需要借助外部权利推定进行的新兴权利确认，必须做好充分的个案司法保护必要性与可行性论证。同时，新兴权利司法救济不是一味地对所有新兴权利诉求的附和式的回应，司法机关也应当在充分说理的基础上，扮演好"拒绝"新兴权利的角色，以规避权利泛化与权利虚位的风险。

在通过司法个案中的权利推定进行新兴权利救济中，需要注意的是权利推定所依据基础事实的位序问题以及所涉及的法律解释方法的次序问题。首先，在权利推定所依据的基础事实方面，应按照权利推定创造性的大小，遵循先规则后原则、先具体条款后概括条款、先必要条件后最佳理由、先法律事实后社会事实的逻辑，优先进行创造性程度较小的权利推定。依次在"权利义务一致性"基础上，基于具体法律规则的义务、责任规定推定对应的权利，从以"例示概括型法条"为载体的空白权利条款中创生出与明示权利同一范畴的新兴权利，从复数的具体的法律规范中通过归纳或目的解释建构新兴权利，从基础权利规范中衍生出新兴权利，从复数的基础权利规范中通过归纳或目的解释建构新兴权利，从新兴权利能够被作为价值基础和兜底条款的概括性权利所涵盖中证明出新兴权利，从伦理道德、风俗习惯或自然本性等推定新兴权利。其次，对于"新兴权利"诉求，司法实践中的权利推定常态路径优于非常态路径。司法实践中权利推动的常态路径是从法律中未有的权利推向法律中已有的权利。大多数案

---

① 参见王方玉：《新兴权利司法推定：表现、困境与限度——基于司法实践的考察》，载《法律科学》2019 年第 2 期。

② 姚建宗：《新兴权利论纲》，载《法制与社会发展》2010 年第 2 期。

件由于在法律中找不到当事人诉求的权利，没有被认可，而是以相近权利作出判决，如亲吻权案例，法官通过将其与精神损害赔偿规定建立逻辑联系，予以一定的权利救济。非常态路径是对当事人提出的新诉求予以确认。在实践中，有个别案件最后被法官确认。比如由于车祸造成男子性功能丧失，男子对肇事方提出的性权利受侵害以及受伤者的妻子提出的性权利受到侵害的指控都分别获得了法院的认可。① 最后，在上述权利推定所涉及的法律解释方法中位次的确定问题。茨威格特曾正确地指责说，法律解释学说的缺陷具体在于，在各种解释标准中并未找到一个"确定的次序"。② 尽管一种解释方法的深究可能必然会导致另一个解释方法的介入和延续。但是，必须估计到不同的方法导致矛盾的结果这种可能性。因此，一个程序会被认为是合法的，这经常在法院的实践中被感知到，即是个案地选择那些导致满意结果的解释方法。③ 尽管如此，但一直以来，也并不缺乏在不同解释方法之间确立次序关系的努力。一般而言，文义解释是法律解释方法体系中的首选方法，具有基础性的意义。成文法文字及其蕴含的"文义"是任何解释的"起点"，这合乎事物的本质。立法者最终是使用法律条文作为媒介传达其"信息"的。同时，文义一般来说是确定"规范意旨"的最重要的"证据"。④ 在规范存在模糊、歧义或评价开放等情形时，引入体系解释、历史解释、目的解释等方法中的一种或多种去证明新兴权利存在的基础。以文义为起点与界限，但不孤立地解释法律条文，而是以其所在语境中的含义为准，也是诠释学上的常理。文义和体系经常留有"规范意旨缺陷"，所以，要结合被解释规范的法律政策目的，目的性的问题是必须要查明的问题，即使基于法律文字，法律意旨似乎清楚。

① 刘作翔：《司法中弥补法律漏洞的途径及其方法》，载《法学》2017 年第 4 期，第 60 页。
② 转引自［德］卡尔·恩吉施：《法律思维导论》，郑永流译，法律出版社 2014 年版，第 95 页。
③ 转引自［德］卡尔·恩吉施：《法律思维导论》，郑永流译，法律出版社 2014 年版，第 95—96 页。
④ ［奥］恩斯特·A. 克莱默：《法律方法论》，周万里译，法律出版社 2019 年版，第 26—27 页。

而法律产生的历史，经常给出对于法律目的很关键的信息。在这个意义上，目的解释方法在法律解释方法体系中具有中枢性的控制力量。①

　　需要注意的是，基于程序正义与实体正义的关系，基于法治的程序理念，司法中权利推定的过程印证了哈贝马斯的"法律商谈理论"，在司法程序中由不同诉讼主体经过充分的沟通、辩论、意见交涉后，方由司法主体得出权利推定结果，这有助于增强其可接受性。这种通过正当程序设置提升权利推定的可接受性与个案中的权利推定，尤其是基于伦理道德或风俗习惯等纯粹生活事实确认新兴权利，或者说基于生活事实补充法律漏洞从而"创造"新兴权利意义上的基于生活事实的权利推定中法官必须充分考虑案件中的"权利"的社会基础，必须在特定的社会语境中寻求新兴权利的正当性意义上的推定权利的实体意义上可接受性同样重要，甚至更为重要。通过司法中的这种建立在多元主体意见交涉之基础上的合情、合理、合法的权利推定，从而产生"新兴"权利。

　　在任何社会的任何时候，无论是在理论上还是在实践中，通过权利推定而确认某种权利或者某些权利的正当性与合法性，可以说都是常规性的权利发展路径。在我国，这种司法程序下的沟通协商基础上的权利推定也是权利发展的一个非常重要的方式和途径。权利推定作为"新兴"权利得以产生的相对稳妥的方式和途径，在当代中国一般说来还主要是在具体的法律实践中出现的，即首先是具体案件的当事人及其律师，就当前法律意义上的案件事实所涉及的当事人的权利提出权利主张和权利要求，并从理论和实践两个层面进行充分的论证与说明，而一旦这种论证和说明得到法庭的采纳，就表明这种推定的权利得到了法庭的认同并被法庭认可为合法；而一旦这种推定的权利得到社会的普遍而广泛的认同并在日常生活与具体的司法实践中得到社会与法律的支持，那么这种推定出来的权利当然地就成为一种"新兴"权利。

　　通过权利推定进行的新兴权利的司法救济的展开有时也需要程序中的

①　［奥］恩斯特·A.克莱默：《法律方法论》，周万里译，法律出版社2019年版，第147—148页。

司法能动主义和功能外的司法能动主义的支撑。程序中的能动主义，即突破法定受案范围、拓展诉讼主体资格，为新兴权利敞开救济之门。这为案件审理中的多元主体之间在意见交涉与互动中的司法中的权利推定的展开提供了更广阔的空间。北京海淀区法院对"田永诉北京科技大学拒绝颁发毕业证、学位证行政诉讼案"的立案审理就突破法定受案范围而言就是一种程序中的司法能动主义。① 而在成文法未做修改的前提下，司法实践中公益诉讼的开启无疑是对诉讼主体资格的拓展。所以，面对那些符合社会发展趋势且亟待救济的新兴权利，司法应不囿于受案范围、诉讼主体资格的限制使之进入司法程序中，然后在司法程序中通过方法上的能动主义以及功能外的能动主义使某种新兴权利得以法律救济和法律化。功能外的能动主义，即在立法不足的前提下，最高人民法院可以对相关法律规定的权利内涵挖掘与权利主体延展，从而产生"新兴"权利并以司法解释的形式加以保护。这在当代中国也是"新兴"权利产生的又一个非常重要的方式和途径。虽然这种司法的准立法功能的行使是有违我国权力格局和立法体制的。但对于我国这样的一个法治相对不发达的国家来说，基于我国法律制定、修订的严重滞后性，司法实践经常面临着具体法律适用方面的很多困境和难题，同时考虑到对整体素质尚不高的法官在个案中滥用司法解释权的限制，司法解释的这种功能超越在一定程度上得到了政治层面与社会层面的认可。② 我国自 20 世纪 80 年代以来就确立了我国司法实践中一个非常重要的制度安排，那就是包括最高人民法院和最高人民检察院在内的我国最高司法机关享有就司法实践中具体应用法律的问题进行司法解释的权力，这种司法解释实际上与相关的法律及其具体规定在司法实践中具有几乎同样甚至更为重要的意义。在我国大量的司法解释尤其是民商事法律的司法解释中，我国最高司法机关就独立地创设、恰当地修正、严格地通

---

① 此前学生起诉高校的此类案件法院一概不受理，该案的立案审理对此后"刘燕文诉北京大学案"等一系列类似案件的立案受理打下了基础。参见徐钝、郑记：《新兴权利救济：司法能动立场的证成与运作》，载《理论与改革》2010 年第 6 期。

② 参见张卫平：《转换的逻辑—民事诉讼体制转型分析》，法律出版社 2004 年版，第 251 页。

过权利推定的方式揭示出并确认了不少对于法律的明确规定而言完全属于"新兴"权利的隐性的法律权利。比如，在胎儿权利的权利推定上我国相关法律实践所确认对胎儿继承权的保护，以及进一步的比如妈妈在怀孕期间受到击打等伤害而致使胎儿在出生时就明显地表现出受到了伤害例如残疾，从而所享有的胎儿的损害赔偿请求权，等等，就属于这种情形。

当然，在民法领域适用权利推定具有很大的空间，因为民法原则上不实行法定主义，对合法权益的保护不以民法有明文的具体规定为条件，法院具有很大的裁量余地。在刑法和行政法领域，在受法定主义严格限定的情形下，就不能随意以权利推定的方式填补法律权利体系的漏洞。事实上，无论是在哪一个法律领域的司法实践中，权利推定在为司法实践中更广泛的权利保护和权利发展提供充分空间的同时，也从如下三个不同的方面制约着法律实践中的司法自由裁量权，从而保证了权利保护的司法正当性和适当性。

三、权利推定对司法自由裁量权的制约

司法中的权利推定之所以不同于所谓的司法中的权利创造或司法立法，主要是因为整个权利推定的进程从如下三个不同的方面制约着法律实践中的司法自由裁量权。其一，它是以"隐含法律"之揭示或型塑为内在控制机制，因而不同于任性的权利创造或是任意的司法立法，或者说，正是司法中权利推定所担负的"隐含法律"或"隐含权利"的发现、揭示或型塑及此基础上的"隐含法律权利"的适用为司法立法或司法之权利创造提供了一种价值导引和软性规范，从而也构成了对司法自由裁量权的正当制约，规范着自由裁量的方向。其二，它是以"多元主体参与沟通"为基础的，而不是一元主体的专横决断，权力的适当分布与扩散以及意见的充分平等交流增强了权利推定的理性成分，进而加强了权利推定的可接受性。其三，司法中权利和权利推定的多层次限定使得司法实践中的权利推定在不同的司法实践层次上有不同的规范和制约，从而保证了司法中权利推定的质量。

（一）以"隐含法律"之发现为基础的制约

司法中的权利推定之所以不同于所谓的司法中的权利创造或司法立法，主要是因为，它是以"隐含法律"之揭示或型塑为内在的控制机制，而不是任性的权利创造或是司法立法，或者说，正是司法中权利推定所担负的对"隐含法律"或"隐含权利"的发现、揭示或型塑职能及在此基础上的法律或权利适用为司法立法或司法之权利创造提供了一种价值导引和软性规范，从而也构成了对司法自由裁量权的正当制约，规范着自由裁量的方向。

在疑难案件的司法实践中，往往需要通过权利推定来揭示或"隐含法律"。"隐含法律"的形成是十分复杂的。这种法律具体内容之获得依赖于对一般性的原则、政策、法律学说、政治理论甚至政治道德等内容进行的推论。在形成隐含法律的具体内容时，法官是在建立一个完整的法律理论，这一理论是由潜在的一般性原则、政策、学说（如法律的概念）、道德等构成的，这些一般性的原则、政策、学说（如法律的概念）、道德的复杂内容是具体法律的背景"根据"。从整体上看，法律的成分既包括了具体的规则内容，又包括了上述背景"根据"。隐含的具体规则内容和这些背景"根据"，不能用可经验实证观察的"识别功能"的基本标准加以确定。它们是与作为实践参加者的法官的主观目的及价值判断密切联系在一起的。与社会学家及历史学家研究社会历史资料不同，法官是在较强的主观目的及道德主张下探寻证明法律实际是什么。

"隐含法律"最重要的特点在于其内容必须通过推论才能获致，因为，其具体内容的产生，依赖对特定的原则、政策、学说及政治道德观念等一般内容的推论。而且，这种推论通常是在法律实践中发生的。而"明确法律"通过查找而无须推论便可获致。在里格斯诉帕尔玛案①中，格雷法官实际主张，有关遗嘱的制定法中包含了这一隐含法律：不论在何种情况

---

① Riggs v. Palmer, see N. Y. 506, 22N. E. 188 (1889).

下，有效遗嘱都应予执行。伊尔法官实际上主张并非如此。① 正是经由不同的主观目的及道德主张，他们针对继承权的内涵、边界、主体范围等进行了一种"理论之争"，并在理论之争中逐渐获得一种清晰的认识。然而，权利推定并不因此而结束，"隐含法律"逐渐变为"明确法律"以后，还是总会有新的"隐含法律"需要不断地通过在司法实践中得以揭示。

　　建立在"隐含法律"理论基础上的权利推定之司法实践有其深远的理论渊源。在 20 世纪上半叶的英美法理学中，可以发现"隐含法律"观念的两个主要理论渊源：卢埃林的晚期理论和庞德的部分理论。前者认为，在法律的具体规则依赖的体系背景中，通常存在相对确定的规则、原则、准则和价值，它们或明或暗存在着能够产生明确答案的依据。② 后者认为，如果相信法律体系仅仅包括一些明确的具体规则，它们为具体明确的实际情况规定明确具体的法律结果，从中可以得出明确具体的判决结论，那么，这便将法律体系想象得过于狭窄。在具体规则之外，法律体系还包括大量的一般原则。这些原则有时被明确地确认甚至公布，有时被推断为最为合理的准则根据，从而能够解释明确确立的规则的存在。它们不仅可以用来解释使其得以体现的具体法律规则，而且可以当具体法律规则不明确或不存在时被用来构成判决的一般准则。③ 在 20 世纪中叶，富勒又从另一个方面，分析了"隐含法律"的概念。在富勒看来，任何法律的明确表达形式（如制定法）都不会穷尽其中包含的"法律内容"，法律的条文和其中包含的法律内容是两个不同的概念。针对一项制定法规定"遗嘱须在两名主体资格合格的证人面前签署方为有效"的文字，人们一般不会否认，这条文字中也包含了"遗嘱分别在两名合格主体面前签署同样有效"的法律含义。虽然制定法文字就后种情况并未写出更多的文字，但在其中可以

---

① ［美］德沃金：《法律帝国》，李常青译，中国大百科全书出版社 1996 年版，第 14—19 页。

② Hart, *Essays on the Jurisprudence and Philosophy*, Oxford：Clarendon Press, 1983, pp. 133—134.

③ Roscoe Pound, The Theory of Judicial Decision I. The Materials of Judicial Decision, *Harvard Law Review*, Vol. 36, No. 6（Apr., 1923）, pp. 641—662.

推出与此一致的法律内容。这类可推出的法律内容就是"隐含法律"。①
在六七十年代，德沃金本人亦从法律内容的成分上论证原则一类的准则也
是法律的一部分。② 与庞德类似，他以为某些原则一类的准则并不明确表
达于成文法律中，它们潜在地存在于法律体系中。③

关于司法造法、司法中的权利创造所引发的争议一方面是通过上文我
们所说的对其正当性的赞同式论辩获得部分的解决，另一方面则正是通过
这里我所集中谈到的关于"隐含法律"或"隐含权利"的推定直接从一种
更高的前提或更根本的意义上被消解掉了。因为如果"隐含法律"是存在
的，则"发现法律"的方法便不单是查找式的，它需要"推定"作为发现
的另一基本手段。就"法律漏洞"而言，这些法学家通常认为，法律存在
着种种疏漏，所以要么用立法手段，要么用司法手段来填补之，而填补则
又属于"创制"而非"发现"。但是，如果"隐含法律"本身就是法律体
系中的法律，则漏洞一般是不存在的，因为从法律体系中的"根据"和原
则可以推论无数的具体的"隐含法律"，这样，当基本法律体系存在时，
无数的具体法律总是被"发现"的。"隐含法律"是暗含于法律体系中的，
因此，在"理论争论"中，法律实践者在推论式地"发现"并说明法律是
什么。

而且，正如德沃金所认为的那样，"隐含法律"的不明确性并不意味
着"隐含法律"是不确定的。④ 无论是"明确法律"还是"隐含法律"，
都是以法律体系中蕴含的原则、政策、道德、普遍接受的信仰、学说及观
念等为背景"根据"的。基于相同的文化背景，人们完全可以知道或大致
了解这些背景"根据"，并从中推论出具体的法律权利和义务。对于区别

---

① Lon L. Fuller, *Anatomy of the Law*, New York: Frederick A. Praeger, 1968, pp. 61—157.
② Ronald M. Dworkin, Social Rules and Legal Theory, *The Yale Law Journal*, Vol. 81, No. 5
（Apr., 1972），pp. 860—876. ［美］德沃金：《法律帝国》，李常青译，中国大百科全
书出版社 1996 年版，第 10、37 页。
③ 刘星：《法律是什么》，中国政法大学出版社 1998 年版，第 158 页。
④ ［美］德沃金：《法律帝国》，李常青译，中国大百科全书出版社 1996 年版，第
201—245 页。

于政策的法律原则来说，情况更是如此。此外，即使就"明确法律"而言，现代国家的各种规定也越来越具有技术性和专业性，越来越浩如烟海，在没有专业法律工作者的帮助下，一般公众同样难以以简洁的方式明确知道法律的具体内容，他们有时同样需要推论的方式，以获得法律的具体知识。因此，如果认为法律的确定性是指一望即可知，那么，在现代社会中根本就不存在这样的法律确定性。就可预测性来说，人们一般都理解自己文化背景中的法律制度蕴含的基本原则、政策或政治道德，既然具体法律依据的是这些"根据"，人们当然也可以依赖这些"根据"知道自己的权利和义务，从而预测自己行为的法律后果。从法律原则来看，人们更能从中预测具体的权利和义务，从而预测具体的法律后果。

（二）以"多元主体参与沟通"为基础的制约

在民事司法实践中，适用权利推定具有很大的空间，因为民法原则上不实行法定主义，对合法权益的保护不以民法有明文的具体规定为条件，法院具有很大的裁量余地。但法院的这种裁量要获得正当性和提高其可接受性，那就决不能是法院单方的武断的意见表达，而更多地要依凭案件所涉及的多元利益主体的参与。司法程序和司法仪式则为这种平等主体的利益表达和沟通协商提供了一个舞台，从而通过权利主体之间的意思自治一方面来不断调整约定权利，另一方面则又通过保证意思自治原则的有效性并在司法中延续这种意思自治原则从而不仅进一步防止了权力对权利的侵害，而且也增强了通过此种方式在司法中进行的权利推定的可接受性及在此基础上的司法判决的可接受性，从而也提高了权利实现的可能性。

大部分的司法仪式特别是公共审判中所包含的司法仪式的意义是：提醒诉讼当事人，作为良好公民他们必须服从于在他们所在的社会中得到普遍认可的规范。然而这些规范越模糊，为一个具体案件所达成的一项发生效力的规则中同意因素的直接性和真实性就越大。① 因此，同样的情形是，

---

① ［美］马丁·夏皮罗：《法院：比较法上和政治学上的分析》，张生、李彤译，中国政法大学出版社 2005 年版，第 9 页。

在规范越模糊的地方，或越抽象的地方，权利推定的空间也越大，权利推定要考虑的价值因素和价值选择的分量也越大。这个时候，应强调利益或利害关系人的同意因素或权利推定的民主性成分，在民主和同意的情形下，结合权利推定主体的专业技能来进行权利推定。在这种情况下，同意因素和民主成分在某种意义上连同法律原则一同构成了司法自由裁量权的制约因素。

在法律的框架里，按照"法不禁止即自由"的权利推定原则，当事人之间在意思自治的基础上形成大量的受法律保护的约定性权利，它们构成了"小文字法"和"小文字法"下的"权利"。正是这种个人之间互相交涉而创造出的"小文字法"，重新构成了自己的生活世界，从而使在现代社会中，一般的法作为排除人们自主自律意思的外在系统而侵入人们生活世界的异化过程在某种程度上得到了有效的遏制。① 这种"小文字法"下的权利的形成不仅仅是发生在诉讼结构之外，而且在司法诉讼中也不断地调整着自身，并根据总的法律结构和社会情势的变更在原有的约定权利的基础上进行着恰当的权利推定。

因此，在这种以当事人为主导的多主体共同参与的权利推定模式下，司法的自由裁量在"法"之规范之外有了一种经参与者彼此充分论辩和"同意"的正当基础，从而使得在此基础上的权利推定不再是法官的武断的决策，而是一种充分沟通基础上经过权利论证而达成的权利共识。

（三）以权利和权利推定的"层次性"为基础的制约

就权利的层次性而言，是指成文法国家，权利是逻辑严密、层级清晰的体系，司法实践中进行的权利确立，应按照权利的层级进行。权利的层次包括（1）最上位的宪法基本权利，这种权利由宪法予以规定，来源于人民的合意，非经法定程序不能改变，（2）在该原理性权利之下的具体权利，以及（3）为保护具体权利而实现其内容的手段性权利。较之于宪法

---

① ［日］棚濑孝雄：《纠纷的解决与审判制度》，王亚新译，中国政法大学出版社2004年版，第150页。

基本权利，具体权利和手段性权利则可以根据社会的需求进行适实更新和变化。因此，权利推定必须在上位权利概念的指导下进行，不能突破宪法基本权利，只能在权利体系范围内进行合理扩展与衍生。法官在适用法律过程中，一般是以既有法律为前提，根据相应的司法解释、立法解释，对个案所提出的新的权利诉求进行推理和论证，针对事实，以法定权利为依据，判断该行为是否为某项权利，并寻求新型权利与法定权利的内在逻辑联系。因此这是一个与个案具体情况相联系的权利确立，而不是一个立法意义上的抽象的权利确立。当权利被以司法判决的方式确定下来之后，它只针对个案有效，而不能发挥判例法的作用，当然，它对于之后的相似的案件审理有一定的指导意义，但仅是指导上的意义，而非"遵循先例"的法定义务。该判决的效力本身限定了司法自由裁量权的效力范围，即只对个案有效。① 权利的层级性的一方面制约着基层法院进行权利推定时的自由裁量权，另一方面是制约着基层法院进行权利推定的范围和幅度。经由权利推定确立的推定权利大多是具体权利和手段性权利。

权利推定并不仅仅发生在法律制定与立法解释的立法实践中，它更多地发生在司法实践中，并以如下各种形态存在着。我所谈到的司法中的权利推定的层次性主要是针对这种不同的存在形态之间的层次和同一存在形态内部的不同层次而言的。第一，这种权利推定的"层次性"是指司法中的权利推定包括作为法律适用前提的权利推定、法律适用中的权利推定和作为法律适用结论的权利推定三个不同的层次。第二，这种权利推定的"层次性"是指司法中权利推定应依次做如下考虑：首先，考虑进行规则性的权利推定；其次，考虑进行原则性的权利推定。其中，在进行规则性的权利推定时，则应依次做如下考虑：（1）优先考虑规则所蕴涵的权利、义务、责任要素之间的逻辑关系；（2）考虑规则的语意解读；最后，考虑规则所反映的立法意图和规则的客观意图。在进行原则性的权利推定时则应依次做如下考虑：　（1）优先考虑已经被法律所实定化的法律原则；

---

① 葛松琰：《司法判定与新型权利》，山东大学 2010 年博士学位论文。

（2）考虑尚未被实定化的法律原则。

上述这种司法中权利推定的层次性一方面制约着法院，尤其是基层法院进行权利推定时的自由裁量权，另一方面是制约着法院，尤其是基层法院进行权利推定的范围和幅度。

作为法律适用前提这个层面上的司法中的权利推定往往是通过司法解释的形式来完成的，具有适用于类似案件和类似情形下的普遍性。所以，这个层面上的权利推定是可以作为法律适用前提的权利推定。

作为法律适用中的权利推定这个层面上的权利推定则是法官在进行法律适用时，在作为法律适用前提的既有的法律及相应的立法解释、行政解释及司法解释的基础上，针对个案所提出的必要的权利诠释和权利确证过程，是指针对现实的权利行为事实，在司法实践中以何种准则和标准认可该行为的合法性而推定出的权利确认和权利限定过程。其程序是，以"明示权利"为依据，然后再依据具体的推定标准做出某种行为是否为权利的评价。其特点是，在"明示权利"与推定的权利之间未必有逻辑联系。知情权在现代社会非常重要，但知情权是否就意味着我们可以要求政府公开其所有的情报和信息呢？显然不能，因为基于此种权利要求具体的行为时，还需要参照其他标准，如法律精神、法律原则、职权关系、利益关系等进行综合判断。这个层面上的权利推定是一种情景化了的权利推定，是与个案的具体情况结合在一起的权利推定。

经过这个权利推定过程之后，最终以司法判决的方式确定下来的发生法律效力的权利推定就是最后一个层面上的权利推定，它是只针对个案有效。作为法律适用结论的权利推定是指针对个案的具体化了的只适用于该案件的推定权利的具体化表达。这种效力的限定性限定了作为一定意义上的司法自由裁量之结果的权利判决之效力范围，因而也可以理解为是在一定程度上制约了司法的自由裁量权。

结　语

　　权利推定的问题远比我们上述所试图展现出来或力图讨论的问题要更为复杂。尤其涉及应有权利推定的时候，尤其在无法用简单的形式逻辑进行恰当的权利推定，而必须借助辩证逻辑并结合具体的社会情势以及法官的价值选择及对法律地形图和法治理想图景的把握而作出以"隐含法律"为依据的容纳了"原则、政策、规则、概念、权利义务关系"等诸多法律因素的权利推定的时候，对权利推定进行笼统的肯定或否定的表态是毫无意义的。针对具体案件操作中特定的权利推定，我们必须从推定的依据、推定的程序、推定的主体、推定的内容等多个方面来把握或衡量该权利推定是否妥当和必要。在没有普通法传统的制定法国家以及普通法传统已经逐渐式微而制定法又没有明确规定应有权利推定问题和"法不禁止即自由"原则的国家中，更容易引发权利推定的争议。

　　而权利推定所依凭的或所予以揭示的"隐含法律"问题也因为往往被认为影响到了法律的确定性和可预测性而受到如下某种程度上的攻击。有论者以为，在法律成分上，如果接受法律不仅包括"明确法律"，而且包括"隐含法律"的话，那么法律的确定性和可预测性这两个人们普遍接受的价值便会出现危机。[①] 就法律的确定性而言，人们创立法律便是希望这类规范不同于较为不明确的其他规范如道德，以便行为有案可查、有章可循。但是，如果"隐含法律"是不明确的，这便使上述希望无法实现。换

---

　　① 刘星：《法律是什么》，中国政法大学出版社 1998 年版，第 160 页。

238

言之，如果接受"隐含法律"，便须放弃确定性这个价值。就法律的预测性而言，明确的法律可以使人较为准确地预测自己行为的法律后果，如果不知道法律的明确规定，便无法作出预测从而无法作出日常安排。显然，"隐含法律"蕴含的权利义务的规定是不明确的，对其作出预测也是较为困难的。如果承认"隐含法律"是法律的一部分，便难坚持法律的可预测性。① 在这种论断的基础上，进而认为在法律的确定性和可预测性与法治问题有着密切联系的基础上，权利推定某种程度上所依凭的"隐含法律"危及了"法治"。按照一般法律理论的说明，法治在于法律具有最高的政治权威，在治理方式上体现为法律的统治而非人的统治。显然，实现法治首先要求法律具有确定性和可预测性。此外，这一问题还与法律的正当性问题有关。如果法官可以探讨隐含法律，那么法官手中似乎便握有一种其正当性受到严重怀疑的权力。

事实上，支持上述这种质疑的假定更多的是一种法律上的神话。法律和权利总是处在一个确定与不确定互相交织的动态演进过程之中。权利推定一方面似乎是加大了法律与权利的不确定性，另一方面却又是为了明晰法律与权利，促进法律与权利的不断明确。而关于权利推定危及"法治"的观点，则一定程度上是将"法治"庸俗化而导致的一种机械的结论。亚里士多德以及后来其他学者们对"法治"的经典论述以及法治实践的历史都一再表明法治有两个基本的内涵，即"已成立的法律获得普遍的服从，而大家所服从的法律又应该本身是制订得良好的法律"②。"法治"所内含的意思之所以是一种"良法之治"而不仅仅是"法律之治"就说明了"法治"不拒绝"权利推定"，而是要求一种以内在的隐含法律的"良善"为基础的"权利推定"，以此来避免或克服某个特定时期的"恶法之治"。

把宪法的解释权授予一定类型的法院的违宪审查制度，在保护权利、扩大权利保护空间的同时，也相应地扩大了司法中权利推定的空间，从而引发了依据宪法进行权利推定的问题。比如，如何理解并解决从宪法中推

---

① 刘星：《法律是什么》，中国政法大学出版社 1998 年版，第 160 页。
② ［古希腊］亚里士多德：《政治学》，吴寿彭译，商务印书馆 1985 年版，第 199 页。

定出来的权利与部门法中的权利或与从部门法中推定出来的权利发生冲突的问题？这里隐含着一个法律权利效力交叉的问题，即法定的明确权利与推定的法定权利之间的效力，位阶较低的法律权利与位阶较高的法律权利之间的效力相互交叉的问题。任何对宪法的理解都包含着权利推定的成分，即都包含着在整体性理解宪法的基础上，对宪法中隐含权利进行揭示的权利推定成分。如果否定了这种宪法中隐含的权利的意义，而只认可哪怕是法律效力位阶较低的，但却是明确的法定权利的话，所谓的宪法审查制度和宪法司法化以及宪法审判的意义无疑也就会被大大地削弱。

吊诡的是，一方面，按照我们所普遍理解的那样，制定法越是抽象、越是一般化、越是模糊，法官进行权利推定的空间似乎就越大。另一方面，我们又不得不直面这样一个相反的但却同样真实的问题，即，正是制定法的扩张在某种程度上不是缩小了却是加大了法官进行权利推定的空间。制定法越多，需要的司法解释也就越多，而权利推定存在于其间的司法"解释"不可避免具有创造性，即使在"立法意图本可能用明显或直接的语言表达"的情形下，亦复如此。真正的问题并不是在一方面（无创造性）司法"权利推定"与另一方面（有创造性的）司法"权利推定"之间存在着截然分野，而是一个创造性程度大小的问题，以及法院进行权利推定的模式、限度以及是否可被接受的问题。

事实上，在法律实践中，如果对法官通过发挥一定程度的创造性进行的必要的应有权利推定加以恰当规范的话，则并不会导致剥夺或篡夺立法机关权利推定或权利创造的权力。法官在司法实践中对个案中所涉及的权利进行"整合""阐明""铸造"的"应有权利推定"的事实并不会使其成为立法者。在司法与立法程序之间仍存在一种基本的区别。诚然，从实质的观点来看，即便司法和立法两种程序皆为创制法律的过程。但是，两者的模式或程序存在深刻的差异。对于这种差异，拉兹作出过如下深入的分析。拉兹认为法官创制法律和议会立法之间的差别首先在于法官创制的法律在法律地位上不同于立法。严格地说，法官创制的法律像制定法一样有约束力和效力。但法官有权通过区别和推翻先例而改变法官创制的法律。这就意味着法官创制的法律经常要被修正。从这一意义上讲，法官创制的法律要比制定法较少有"约束力"。法官创制法律的可修正性对了解普通法和制定法之间的差别以及立法机关和法院之间在创造法律功能方面的差别是极为重要的。其次，法官创制法律倾向于一点一滴改造的方式。法院通过一个判决对某一实体法领域进行巨大改造的能力是极为有限的。事实上，法官创制法律的主要方式是在无规定争端中填补漏洞，在有规定争端中区别前例，这一事实本身也限制了由法院来规定新的和范围更广泛的原则的机会。最后，只有案件的判决根据才是有约束力的。法院决不能发布一个管辖整个领域的法典。它基本上只能规定单一的规则和原则。即使退一步讲，法官创制法律和议会立法没有实质的差别，也可以从如下角度论证司法中应有权利推定的正当性和必要性。其一，即使在承认议会至上的条件下，法院创制法律之民主也不亚于议会的授权立法。其二，就法院创制的法律是追溯既往的法律这一点而论，对无规定的案件和其他任何疑难案件来说，根本问题是没有可预期的法律，所以也就谈不到反对溯及既往的法律。其三，法院行使创制法律的权力的一个重要理由是立法机关没有及时立法，因而法院不得不行使创制法律的权力。①

尽管如此，事实上，正如我们上述所展示出来的那样，权利推定在法治实践中是不可避免的，我们甚至可以说，颁布法律和其他立法行为正是在下面暗含权利推定的假定基础上进行的，即有关人员依照法律文化所公认的规则，在已颁布的法律文本的基础上，可适当另立法律规范。此外还假定，如果某个规范是有效的，那么根据"有效"这个词的公认意义，作为前一规范的推断的那些规范也是有效的；因此也就是假定法律承受者由于他们承认法律条款中所表达的规范为有效，因而必须承认该规范的推断也是有效的规范。

因此，国家机关依据法律进行判决之前，或者公民普遍地履行法律规定的命令之前，对构成有效法律条文的条款作出解释，进而在解释中进行

---

① 沈宗灵：《现代西方法理学》，北京大学出版社1992年版，第221页。

一种权利推定是非常必要的。因而，权利推定不是一个可有可无的问题，不是一个因为其存在争议或是容易引发争议而可以忽略或回避的问题。相反，在社会主义法治建设的实践中，我们应该认真对待权利推定，积极通过完善权利推定制度来尽量缩减权利推定可能存在的消极方面。

参考文献

一、马克思主义经典著作

1.《马克思恩格斯全集》第 7 卷，人民出版社 1959 年版。

2.《马克思恩格斯选集》第 3 卷，人民出版社 1972 年版。

二、中文著作

1. 张文显：《法哲学范畴研究》（修订版），中国政法大学出版社 2001 年版。

2. 张文显：《二十世纪西方法哲学思潮研究》，法律出版社 1996 年版。

3. 张保生：《法律推理的理论与方法》，中国政法大学出版社 2000 年版。

4. 吴玉章：《法治的层次》，清华大学出版社 2002 年版。

5. 吴玉章：《论自由主义权利观》，中国人民公安大学出版社 1997 年版。

6. 沈宗灵：《现代西方法理学》，北京大学出版社 1992 年版。

7. 程燎原、王人博：《权利及其救济通论》，山东人民出版社 1998 年第 2 版。

8. 张恒山：《法理要论》，北京大学出版社 2002 年版。

9. 解兴权：《通向正义之路——法律推理的方法论研究》，中国政法大学出版社 2000 年版。

10. 张骐：《法律推理与法律制度》，山东人民出版社 2003 年版。

11. 姚建宗：《法理学——一般法律科学》，中国政法大学出版社 2006 年版。

12. 葛洪义：《探索与对话：法理学导论》，山东人民出版社 2000 年版。

13. 夏勇：《人权概念起源——权利的历史哲学》（修订版），中国政法大学出版社 2001 年版。

14. 黄立：《民法总则》，中国政法大学出版社 2002 年版。

15. 周汉华：《现实主义法律运动与中国法制改革》，山东人民出版社 2002 年版。

16. 刘星：《法律是什么》，中国政法大学出版社 1998 年版。

17. 戚渊等：《法律论证与法学方法》，山东人民出版社 2005 年版。

18. 孔祥俊：《法律规范冲突的选择适用与漏洞填补》，人民法院出版社 2004 年版。

19. 孔祥俊：《法律解释方法与判解研究》，人民法院出版社 2004 年版。

20. 王卫国：《过错责任原则：第三次勃兴》，浙江人民出版社 1987 年版。

21. 舒炜光：《科学认识论的总体设计》，吉林人民出版社 1993 年版。

22. 黄茂荣：《法学方法与现代民法》，中国政法大学出版社 2001 年版。

23. 梁慧星：《民法总论》，法律出版社 2001 年版。

24. 薛波主编：《元照英美法词典》，法律出版社 2003 年版。

25. 沈宗灵主编：《法理学》，高等教育出版社 1994 年版。

26. 梁治平主编：《法律解释问题》，法律出版社 2000 年版。

27. 郑成良主编：《现代法理学》，吉林大学出版社 1999 年版。

28. 邓正来、[美] 杰弗里·亚历山大主编：《国家与市民社会——一种社会理论的研究路径》，上海人民出版社 2006 年版。

29. 北京大学哲学系外国哲学史教研室编译：《十六世纪—十八世纪西欧各国哲学》，商务印书馆 1975 年版。

30. 朱振：《法律的权威性——基于实践哲学的研究》，上海三联书店 2016 年版。

三、中文译著

1. ［美］韦恩·莫里森：《法理学》，李桂林等译，武汉大学出版社 2003 年版。

2. ［美］E·博登海默：《法理学、法律哲学与法律方法》，邓正来译，中国政法大学出版社 1999 年版。

3. ［美］罗斯科·庞德：《法理学》（第一卷），邓正来译，中国政法大学出版社 2004 年版。

4. ［德］拉德布鲁赫：《法学导论》，米健、朱林译，中国大百科全书出版社 1997 年版。

5. ［德］贡塔·托依布纳：《法律：一个自创生系统》，张骐译，北京大学出版社 2004 年版。

6. ［意］布鲁诺·莱奥尼等：《自由与法律》，秋风译，吉林人民出版社 2004 年版。

7. ［法］勒内·达维德：《当代主要法律体系》，漆竹生译，上海译文出版社 1984 年版。

8. ［英］弗里德利希·冯·哈耶克：《自由秩序原理》，邓正来译，生活·读书·新知三联书店 1997 年版。

9. ［英］H. L. A. 哈特：《法理学与哲学论文集》，支振锋译，法律出版社 2005 年版。

10. ［美］诺内特、［美］塞尔兹尼克：《转变中的法律与社会：迈向回应型法》，张志铭译，中国政法大学出版社 1994 年版。

11. ［波］齐姆宾斯基：《法律应用逻辑》，刘圣恩等译，群众出版社

1988 年版。

12. ［美］波斯纳：《法理学问题》，苏力译，中国政法大学出版社 1994 年版。

13. ［美］史蒂文·J·伯顿：《法律和法律推理导论》，张志铭、解兴权译，中国政法大学出版社 2000 年版。

14. ［美］德沃金：《法律帝国》，李常青译，中国大百科全书出版社 1996 年版。

15. ［英］弗里德利希·冯·哈耶克译：《法律、立法与自由》，邓正来、张守东、李静冰译，中国大百科全书出版社 2000 年版。

16. ［美］富勒：《法律的道德性》，郑戈译，商务印书馆 2005 年版。

17. ［英］哈特：《法律的概念》，张文显等译，中国大百科全书出版社 1996 年版。

18. ［奥］凯尔森：《法与国家的一般理论》，沈宗灵译，中国大百科全书出版社 1996 年版。

19. ［英］麦考密克、［奥］魏因贝格尔：《制度法论》，周叶谦译，中国政法大学出版社 1994 年版。

20. ［法］皮埃尔·勒鲁：《论平等》，王允道译，商务印书馆 1988 年版。

21. ［日］棚濑孝雄：《纠纷的解决与审判制度》，王亚新译，中国政法大学出版社 2004 年版。

22. ［日］川岛武宜：《现代化与法》，申政武等译，中国政法大学出版社 2004 年版。

23. ［美］R. T. 诺兰等：《伦理学与现实生活》，姚新中等译，华夏出版社 1988 年版。

24. ［美］杰克·唐纳利：《普遍人权的理论与实践》，王浦劬等译，中国社会科学出版社 2001 年版。

25. ［英］戴维 M. 沃克编：《牛津法律大辞典》，北京社会科技发展研究所组织翻译，光明日报出版社 1988 年版。

26. ［英］洛克：《政府论》（下），叶启芳、瞿菊农译，商务印书馆 1964 年版。

27. ［英］H. L. A. 哈特：《法理学与哲学论文集》，支振锋译，法律出版社 2005 年版。

28. ［意］卡佩莱蒂：《比较法视野中的司法程序》，徐昕译，清华大学出版社 2005 年版。

29. ［法］布迪厄、［美］华康德：《实践与反思》，李猛、李康译，中央编译出版社 2004 年版。

30. ［荷兰］斯宾诺莎：《伦理学》，贺麟译，商务印书馆 1958 年版。

31. ［美］史蒂芬·霍尔姆斯、凯斯·R. 桑斯坦：《权利的成本——为什么自由依赖于税》，毕竟悦译，北京大学出版社 2004 年版。

32. ［英］A. J. M. 米尔恩：《人的权利与人的多样性——人权哲学》，夏勇、张志铭译，中国大百科全书出版社 1995 年版。

33. ［美］罗纳德·德沃金：《认真对待权利》，信春鹰、吴玉章译，中国大百科全书出版社 1998 年版。

34. ［德］哈贝马斯：《在事实与规范之间——关于法律与民主法治国的商谈理论》，童世骏译，生活·读书·新知三联书店 2003 年版。

35. ［美］凯斯·R·孙斯坦：《法律推理与政治冲突》，金朝武等译，法律出版社 2004 年版。

36. ［美］盖多·卡拉布雷西：《制定法时代的普通法》，周林刚等译，北京大学出版社 2006 年版。

37. ［英］约瑟夫·拉兹：《法律体系的概念》，吴玉章译，中国法制出版社 2003 年版。

38. ［美］玛丽·安·格伦顿：《权利话语——穷途末路的政治言辞》，周威译，北京大学出版社 2006 年版。

39. ［美］马丁·夏皮罗：《法院：比较法上和政治学上的分析》，张生、李彤译，中国政法大学出版社 2005 年版。

40. ［美］约翰·亨利·梅里曼：《大陆法系》，顾培东、禄正平译，知识出版社 1984 年版。

41. ［英］梅因:《古代法》,沈景一译,商务印书馆 1959 年版。

42. ［德］卡尔·拉伦茨:《法学方法论》,陈爱娥译,商务印书馆 2003 年版。

43. ［德］弗里德里希·包尔生:《伦理学体系》,何怀宏、廖申白译,中国社会科学出版社 1988 年版。

44. ［美］摩根:《证据法之基本问题》,李学灯译,台湾世界书局 1982 年版。

45. ［古希腊］亚里士多德:《政治学》,吴寿彭译,商务印书馆 1985 年版。

46. ［英］霍布斯:《利维坦》,黎思复、黎廷弼译,商务印书馆 1985 年版。

47. ［德］康德:《法的形而上学原理》,沈叔平译,商务印书馆 1991 年版。

48. 戴维·米勒、韦农·波格丹诺（英文版）主编,邓正来（中译版）主编:《布莱克维尔政治学百科全书》（修订版）,中国政法大学出版社 2002 年版。

49. ［英］鲍桑葵:《关于国家的哲学理论》,汪淑钧译,商务印书馆 1995 年版。

50. ［美］乔恩·R·华尔兹:《刑事证据大全》,何家弘等译,中国人民公安大学出版社 1993 年版。

51. ［法］卢梭:《社会契约论》,何兆武译,商务印书馆 1980 年版。

52. ［德］古斯塔夫·拉德布鲁赫:《法律智慧警句集》,舒国滢译,中国法制出版社 2001 年版。

53. ［德］卡尔·拉伦兹:《德国民法通论》（上）,王晓晔、邵建东等译,法律出版社 2003 年版。

54. ［英］K·R·波珀:《科学发现的逻辑》,查汝强、邱仁宗译,科学出版社 1986 年版。

55. ［英］卡尔·波普尔：《猜想与反驳：科学知识的增长》，傅季重等译，上海译文出版社 1986 年版。

56. ［美］艾伦·德肖维茨：《你的权利从哪里来?》，黄煜文译，北京大学出版社 2014 年版。

57. ［美］斯科特·夏皮罗：《合法性》，郑玉双、刘叶深译，中国法制出版社 2016 年版。

58. ［英］尼尔·麦考密克：《法律推理与法律理论》，姜峰译，法律出版社 2018 年版。

59. ［美］罗纳德·德沃金：《身披法袍的正义》，周林刚、翟志勇译，北京大学出版社 2014 年版。

60. ［德］莱奥·罗森贝克：《证明责任论》（第五版). 庄敬华译，中国法制出版社 2018 年版。

61. ［美］卡尔·威尔曼：《真正的权利》，刘振宇等译，商务印书馆 2015 年版。

62. ［美］朱尔斯·科尔曼、［美］斯科特·夏皮罗主编：《牛津法理学与法哲学手册》，杜宴林等译，上海三联书店 2018 年版。

四、英文资料

1. William Read, *Legal Thinking*, University of Pennsylvania Press, 1986.

2. S. J. Stoljar, *An Analysis of Law*, The Macmillan Press Ltd., 1984.

3. G. W. Paton, *Jurisprudence* (*4th edition*), Oxford University Press, 1972.

4. Lon L. Fuller, *Anatomy of the Law*, New York: Frederick A. Praeger, 1968.

5. Thomas Ersking Holland, *The Elements of Jurisprudence*, Oxford University Press, 1917.

6. Neil MacCormick, *Legal Reasoning and Legal Theory*, Oxford University Press, 1978.

7. Hart, *Essays on the Jurisprudence and Philosophy*, Oxford: Clarendon Press, 1983.

8. Jeremy Waldron, A Right – Based Critique of Constitutional Rights, *Oxford Journal of Legal Studies*, Vol. 13, No. 1 (Spring, 1993).

9. Henry T. Terry, Legal duties and rights, *The Yale Law Journal*, Vol. 12, No. 4 (Feb., 1903).

10. Rowan Cruft, Rights: Beyond Interest Theory and Will Theory, *Law and Philosophy*, Vol. 23, No. 4 (Jul., 2004), pp. 347–397.

11. Roscoe Pound, The Theory of Judicial Decision I. The Materials of Judicial Decision, *Harvard Law Review*, Vol. 36, No. 6 (Apr., 1923).

12. J. Raz, Legal Rights, *Oxford Journal of Legal Studies*, Vol. 4, No. 1 (Spring, 1984)

13. Glenn H. Reynolds, Penumbral Reasoning on the Rights, *University of Pennsylvania Law Review*, Vol. 140.

14. Joel Feinberg, the nature and values of rights, *Journal of Value Inquiry*, 4 (1970)

15. Gene B. Sperling, Judicial Right Declaration and Entrenched Discrimination, *The Yale Law Journal*, Vol. 94, No. 7 (Jun., 1985).

16. Harry Willmer Jones, Statutory Doubts and Legislative Intention, *Columbia Law Review*, Vol. 40, No. 6 (Jun., 1940).

17. Charles D. Breitel , The Lawmakers, *Columbia Law Review*, Vol. 65, No. 5 (May, 1965).

18. Diana T. Meyers, Right–based Rights, *Law and Philosophy*, Vol. 3, No. 3, 1984.

19. Alan Gewirth, Why Rights are Indispensable, *Mind*, Vol. 95, No. 379 (Jul., 1986).

20. Ronald M. Dworkin, Social Rules and Legal Theory, *The Yale Law Journal*, Vol. 81, No. 5 (Apr., 1972).